Wilhelm Gerstung • Jens Mehlhase

Das große Feng Shui Haus- und Wohnungsbuch

Eine umfassende Darstellung aller wesentlichen
Feng-Shui-Situationen im Haus- und Wohnungsbereich
mit praktikablen Lösungen

WINDPFERD

Wichtiger Hinweis

Die in diesem Buch vorgestellten Informationen sind sorgfältig recherchiert und wurden nach bestem Wissen und Gewissen weitergegeben. Dennoch übernehmen Autoren und Verlag keinerlei Haftung für Schäden irgendeiner Art, die direkt oder indirekt aus der Anwendung oder Verwendung der Angaben in diesem Buch entstehen. Die Informationen in diesem Buch sind für Interessierte und zur Weiterbildung gedacht.

Impressum

3. Auflage 2004
2. veränderte Auflage 2000

© 1998 by Windpferd Verlagsgesellschaft mbH, Aitrang
Alle Rechte vorbehalten
Umschlaggestaltung: Kuhn Grafik, Digitales Design, Zürich
Zeichnungen im Innenteil: Peter Ehrhardt
Grafiken: Jens Mehlhase, Uwe Hiltmann, (Jens Klingelhöfer)
Lektorat: Uwe Hiltmann, Niedernhausen/Ts.
Layout/Satz: *panta rhei!* – MediaService Uwe Hiltmann, Niedernhausen/Ts.
Herstellung: Schneelöwe, Aitrang

ISBN 3-89385-282-4

Printed in Germany

Dieses Buch widmen wir den alten daoistischen Weisen
und allen Meistern,
die das System des Feng Shui entdeckt und
zum Wohle der Menschheit
weiterentwickelt und angewendet haben

Inhaltsverzeichnis

Vorwort

Der vorliegende Band ist der **zweite Teil** einer mehrbändigen Reihe zum Thema Feng Shui. Die Reihe ist so konzipiert, daß das Gesamtgebiet des Feng Shui in einzelne, relativ abgeschlossene Themen aufgeteilt wird. Dabei soll jeder Band auch für sich den Zugang zu dem jeweiligen speziellen Thema ermöglichen.

Dieser Band zeigt als zweiter Teil dieser Reihe die verschiedenen Feng-Shui-Situationen in Haus und Wohnung auf und bietet praktikable Lösungen für die Probleme an. Thema von Band 2 ist auch eine genaue Beschreibung der unsichtbaren Strukturen, so z. B. der Aura des Hauses bei verschiedenen Hausformen mit Erläuterung der einzelnen Probleme.

In diesem Band behandeln wir schwerpunktmäßig diejenigen Energien und Einflüsse, die anhand von natürlichen oder vom Menschen geschaffenen Formen erfaßt werden können

Im ersten Band dieser Reihe, dem „Großen Feng-Shui Gesundheitsbuch", lag der Schwerpunkt der Betrachtung bei den unsichtbaren Energien, die sich auch nicht an Hand äußerer Formen bestimmen ließen, sondern lediglich mit Biotensor (auch Einhandrute genannt) oder Pendel aufzufinden waren. In diesem Band behandeln wir schwerpunktmäßig diejenigen Energien und Einflüsse, die anhand von natürlichen oder vom Menschen geschaffenen Formen erfaßt werden können.

Für die genaue Bewertung der Energien und Einflüsse ist es jedoch weiterhin wichtig, eine direkte Bestimmung vorzunehmen. Einige Menschen sind in der Lage, Energien „einfach so" zu spüren. Andere benutzen dafür den Biotensor oder das Pendel. Unsichtbare Strukturen lassen sich auch gut mit einer L-Rute finden. Die richtige Benutzung des Biotensors oder Pendels und auch der L-Rute werden wir in diesem Buch eingehend besprechen. Es wird Ihnen möglich sein, sämtliche Inhalte des Buches mit dem Biotensor oder Pendel sowie L-Rute nachzuvollziehen und für sich zu Hause individuell umzusetzen.

Mittlerweile ist auch der dritte Band der Feng-Shui-Reihe erschienen, „Das große Feng Shui Garten- und Pflanzenbuch". In diesem dritten Band liegt der Schwerpunkt auf der Gestaltung von Grundstück und Garten. Dabei werden die Wirkungen von mehr als 700 Garten- und Zimmerpflanzen beschrieben.

In der zweiten Auflage dieses zweiten Bandes haben wir auch die Feng Shui Power Disc 99 beschrieben, mit der seit Erscheinen der ersten Auflage viele gute Erfahrungen gemacht werden konnten. Die Wirkung der Feng Shui Power Disc 99 wird schwerpunktmäßig ab S. 161 sowie ab S. 181 erläutert. Es war leider nicht möglich, bei allen beschriebenen Feng-Shui-Problemen auf die konkrete Möglichkeit des Einsatzes der Feng Shui Power Disc 99 hinzuweisen.

Einführung in Feng Shui

Feng Shui kommt aus dem Chinesischen und heißt übersetzt „Wind und Wasser". Feng Shui ist die Kunst des Lebens in Harmonie mit unserer sichtbaren und unsichtbaren Umgebung. Leben in Harmonie bedeutet Gesundheit, Wohlbefinden, beruflichen Erfolg, persönliches Glück und spirituelles Wachstum.

Um dieses Ziel zu erreichen, ist es notwendig, die für uns positiven Kräfte zu stärken und die negativen Kräfte zu meiden. In den alten Hochkulturen, so auch im alten China, war der Mensch bemüht, Harmonie zwischen sich und seiner Umgebung herzustellen. Hierfür war es erforderlich, die Gesetzmäßigkeiten der sichtbaren und unsichtbaren Welt zu studieren und zum Wohle des Menschen anzuwenden. Durch gezieltes Anwenden der Regeln des Feng Shui können wir u. a. die für uns geeignete Umgebung finden und, wenn notwendig, gezielt verändern.

Chinesisches Schriftzeichen für Feng Shui

Die Kunst des Feng Shui wird in China seit mehr als 3.000 Jahren praktiziert und hat sich dabei auch immer wieder den wechselnden Lebens- und Wohnbedingungen angepaßt. Für die unterschiedlichen Aufgaben in den verschiedenen Landschaften Chinas entwickelten sich verschiedene Feng-Shui-Schulen. Diese Schulen arbeiten nach verschiedenen Prinzipien, ergänzen sich jedoch zu einem ganzheitlichen Feng-Shui-System.

Die Formschule

In den bergigen Regionen Südchinas entwickelte sich die *Formschule* des Feng Shui. Über die Beobachtung der vielfältigen Landschafts- und Flußformen kamen die alten Feng-Shui-Meister zu einer sehr differenzierten Bewertung der einzelnen Formen hinsichtlich ihrer positiven und negativen Wirkung auf den Menschen. Das Zusammenwirken von Bergformen und Flußläufen bestimmte den besten Ort für eine menschliche Siedlung. Dieser günstige Ort wurde auch *Xue* genannt.

Es gibt viele klassische Feng-Shui-Texte, die sich mit dem Einfluß und der speziellen Wirkung der verschiedenen Landschafts- und Flußformen beschäftigen. Später entstanden weitere mittlerweile auch klassische Texte zum Einfluß der vom Menschen geschaffen Formen, speziell den Haus- und Gartenformen. In der modernen Feng-Shui-Literatur wird auch Stellung genommen zu Hochhausbauten, Straßen- und Stadtlandschaften sowie technischen Einrichtungen wie Elektroinstallation im Haus oder auch Satellitenschüsseln.

Bergformen (alte chinesische Zeichnung)

Die Kompaßschule

In den Ebenen Nordchinas entstand die *Kompaßschule* des Feng Shui mit einer differenzierten Betrachtung von Richtungseinflüssen und zeitlichen Einflüssen. Bereits vor 1.000 Jahren wurde die Anwendung des magnetischen Kompaß' für das System des Feng Shui beschrieben.

Die Bewertung der Energien am Ort erfolgte mit Hilfe des Kompaß' (Luopan), der speziell zu diesem Zweck entwickelt wurde. Erst nach der Verwendung für Feng-Shui-Bewertungen wurde der Kompaß von den Chinesen auch für die Seefahrt eingesetzt.

Die Analytische Schule

federnder Stahldraht

Gewicht an der   Handgriff
Spitze (z. B. Stahlring)

Einhandrute, die moderne Form der Wünschelrute

Die *Analytische Schule* des Feng Shui basiert auf einer direkten Wahrnehmung oder Bestimmung von Energien, Strukturen oder sonstigen Einflüssen. Die gemachten Erfahrungen und Wahrnehmungen werden analysiert und in einem theoretischen Gesamtkonzept zusammengeführt.

Für die direkte Bestimmung von Energien, Strukturen und anderen Einflüssen haben sich heutzutage insbesondere Biotensor*, Pendel und L-Rute bewährt. Auch andere Methoden, wie z. B. die Kinesiologie, sind für eine solche direkte Bestimmung geeignet.

Feng Shui heute

Ein Paar L-förmige Ruten

Feng Shui sogar auf Regierungsebene

Heute wird Feng Shui beispielsweise in Hong Kong, Taiwan, Singapur, Malaysia und vielen weiteren Ländern alltäglich angewandt. So ziehen z. B. in Hongkong und Singapur Architekten meistens einen Feng-Shui-Experten zu Rate, bevor ein Neubau begonnen wird. In China selbst hat sich die Feng-Shui-Tradition trotz Verfolgung zumindest in ländlichen Gegenden bis heute erhalten. In Japan wird *Kaso*, wie Feng Shui dort heißt, weiterhin bis in die Regierung hinein praktiziert. Die heutigen Feng-Shui-Experten bedienen sich wie ihre Vorgänger im klassischen China aller erwähnten drei Schulen, oft ergänzt durch eigene Intuition und Erfahrung. Auch heute noch behalten die meisten Feng-Shui-Berater im Fernen Osten genauere Angaben über ihre Vorgehensweise lieber für sich. Es ist deshalb für westliche Betrachter oft schwer, hinter den blumigen Umschreibungen die Gesetzmäßigkeiten des Feng-Shui-Systems zu erkennen.

---

* „Biotensor" ist ein eingetragener Markenname. Andere Einhandruten bzw. Tensoren sind für die hier beschriebenen Zwecke prinzipiell genauso geeignet.

Kapitel 1

Aufspüren von Strukturen und Energien mit Biotensor, Pendel und L-Rute

Die Arbeit mit Biotensor, Pendel und L-Rute

Biotensor, Pendel und L-Rute ermöglichen es uns, auf eine präzise Frage aus einem uns nicht oder nur ungenügend bewußten eigenen Wahrnehmungsbereich eine positive oder negative Antwort zu erhalten. Dabei geht es um die Sichtbarmachung unserer eigenen Wahrnehmung. Biotensor, Pendel und L-Rute können also nur anzeigen, was wir selbst spüren. Bei entsprechender Fragestellung sind wir in der Lage, unsere Wahrnehmung über eine Muskelreaktion sichtbar zu machen. Wir erhalten dann eine Reaktion von Biotensor, Pendel oder L-Rute.

> **Biotensor, Pendel und L-Rute können nur anzeigen, was wir selbst spüren**

Die meisten von Ihnen werden keinen Biotensor zu Hause haben. Da Sie aber wahrscheinlich trotzdem den Wunsch verspüren, die geschilderten praktischen Versuche gleich durchzuführen, beschreiben wir Ihnen, wie Sie die gleichen Versuche mit einem Pendel machen können. Sie können sich ohne Probleme zu Hause binnen fünf Minuten ein eigenes und gut funktionsfähiges Pendel herstellen, sofern Sie noch keines besitzen. (**Im Anhang auf Seite 236 finden Sie kurz beschrieben, wie Sie sich selbst ein Pendel herstellen können.**)

Reaktionen des Biotensors

Umfassen Sie den Griff des Biotensors mit der Hand. Achten Sie darauf, daß Sie sich nicht verkrampfen. Wenn Sie einen Biotensor mit einem Ring als Gewicht an der Spitze benutzen, sollte der Ring in etwa waagerecht ausgerichtet sein. Die Anzahl der einzelnen möglichen Biotensor-Reaktionen (Ausschläge) ist begrenzt. Es gilt also, der einzelnen Reaktion des Biotensors eine eindeutige Bedeutung zuzuordnen. Diese Zuordnung geschieht auf dem Wege der für uns selbst eindeutigen gedanklichen Festlegung. In der Regel wird die Reaktion für JA und NEIN festgelegt. Es empfiehlt sich, eine weitere Reaktion für KEINE ANTWORT zu bestim-

> **Es gilt, der einzelnen Reaktion des Biotensors eine eindeutige Bedeutung zuzuordnen**

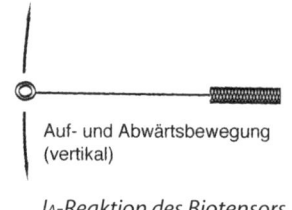

Auf- und Abwärtsbewegung
(vertikal)

Ja-Reaktion des Biotensors

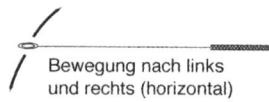

Bewegung nach links
und rechts (horizontal)

Nein-Reaktion des Biotensors

keine Bewegung

*Keine-Antwort-Reaktion
des Biotensors*

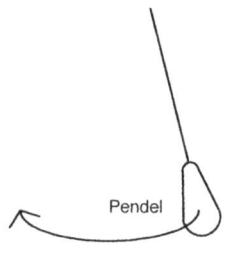

Pendel

Bewegung im Uhrzeigersinn
(Rechtsdrehung)

Ja-Reaktion des Pendels

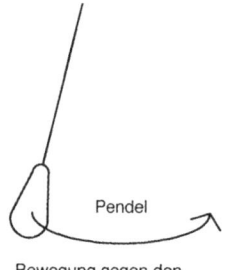

Pendel

Bewegung gegen den
Uhrzeigersinn (Linksdrehung)

Nein-Reaktion des Pendels

men. Es empfiehlt sich ferner, der Auf- und Abwärtsbewegung (vertikal) des Biotensors die Antwort JA zuzuordnen, der Bewegung nach links und rechts (horizontal) die Antwort NEIN. Haben sich bei Ihnen andere Reaktionen für JA und NEIN bzw. KEINE ANTWORT bewährt, dann bleiben Sie dabei.

Das Pendel und seine Reaktionsmöglichkeiten

Die meisten von Ihnen werden keinen Biotensor zu Hause haben. Da Sie aber wahrscheinlich trotzdem den Wunsch verspüren, die geschilderten praktischen Versuche gleich durchzuführen, beschreiben wir Ihnen, wie Sie die gleichen Versuche mit einem Pendel machen können. Sie können sich ohne Probleme zu Hause binnen fünf Minuten ein eigenes und gut funktionsfähiges Pendel herstellen, sofern Sie noch keines besitzen. (**Im Anhang auf S. 236 finden Sie kurz beschrieben, wie Sie sich selbst ein Pendel herstellen können.**)

Auch den Pendelausschlägen sollten Sie eindeutig die Bedeutung JA, NEIN und KEINE ANTWORT zuordnen. Wir empfehlen der Pendelbewegung im Uhrzeigersinn (Rechtsdrehung) die Bedeutung JA, der Pendelbewegung gegen den Uhrzeigersinn (Linksdrehung) die Bedeutung NEIN zuzuordnen. Steht das Pendel still (keine Bewegung) ist die empfohlene Zuordnung KEINE ANTWORT. Haben sich bei Ihnen andere Reaktionen für JA und NEIN bzw. KEINE ANTWORT bewährt, bleiben Sie dabei.

Testen Sie Ihren Biotensor oder Pendel: Wasser oder Apfelsaft?

Machen Sie eine praktische Übung: Nehmen Sie eine Schüssel und füllen Sie diese mit Wasser. Halten Sie die Spitze des Biotensors (das Pendel) am besten über die Schüssel, und stellen Sie sich nun laut oder einfach in Gedanken die Frage: *„Ist in der Schüssel Wasser?"* Haben Sie sich richtig programmiert, wird sich der Biotensor auf und nieder – also vertikal – bewegen, d. h. ein JA anzeigen. (Das Pendel bewegt sich im Uhrzeigersinn, also rechtsherum.) Sollten sich Biotensor oder Pendel nicht bewegen oder eine andere Reaktion zeigen, wiederholen Sie die Frage so lange, bis Sie ein eindeutiges JA bekommen. Sollte trotz mehrfacher Versuche eine nur schwache Reaktion oder keine Reaktion erfolgen, nehmen Sie Biotensor oder Pendel in die andere Hand und beginnen Sie noch einmal. Es kann sein, daß die Reaktion nun stärker ist. Es ist wichtig, daß Sie eine Reaktion auf Ihre Frage prinzipiell für möglich halten, da Sie sich sonst blockieren können.

12

Wenn Sie dies sicher beherrschen, testen Sie die NEIN-Reaktion. Fragen Sie z. B.: *„Ist dies Marmelade?"* Nun muß eine NEIN-Reaktion erfolgen, das heißt, der Biotensor muß sich nach links und rechts – also horizontal – bewegen. (Das Pendel bewegt sich gegen den Uhrzeigersinn, also linksherum.) Sie stellen nun noch andere Fragen, die verneint werden müssen, z. B.: *„Ist dies Apfelsaft?"* Sie wiederholen dies so lange, bis Sie eine sichere NEIN-Reaktion haben. Dann wiederholen Sie diese Übung auch mit anderen Gegenständen, bis Sie sich mit der NEIN-Reaktion sicher fühlen. Stellen Sie möglichst keine verneinenden Fragen, da Sie dann leicht verwirrt werden können, das heißt fragen Sie besser nicht: *„Ist dies kein Wasser?"*

Jetzt legen Sie die Reaktion für KEINE ANTWORT fest. Fragen Sie z. B.: *„Welche Farbe hat das Wasser?"* Es kann jetzt nur die Reaktion für KEINE ANTWORT geben, das heißt, Biotensor oder Pendel bewegen sich nicht.

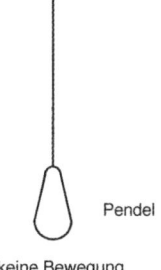

Pendel

keine Bewegung

KEINE-ANTWORT-Reaktion des Pendels

Suchen Sie die Aura des Hauses

Sie haben jetzt gelernt, mit Biotensor und Pendel umzugehen. Wenden Sie Ihre Kenntnisse nun praktisch an, und bestimmen Sie die Aura Ihres Hauses. Um das ganze Haus herum gibt es eine feinstoffliche Struktur, die sich in zwei Hüllen gliedert. Wir zählen diese Hüllen von der Hauswand aus von innen nach außen und nennen die innere Hülle erste Hülle, die äußere zweite Hülle. Diese Hüllen suchen Sie nun. Nehmen Sie Ihren Biotensor oder Ihr Pendel, und begeben Sie sich nach draußen. Am besten nehmen Sie auch ein längeres Bandmaß oder einen Zollstock mit, damit Sie den Abstand der beiden Hüllen von der Hauswand bestimmen können. Sorgen Sie auch dafür, daß Sie Ihre Ergebnisse am Boden markieren können. Die zu begehende Strecke sollte möglichst frei von Hindernissen sein, damit Ihre volle Aufmerksamkeit bei der Hüllensuche bleiben kann. Zum Markieren auf dem Rasen können Sie beispielsweise kleine Stöcke nehmen, auf Sandboden können Sie auch Markierungen mit der Fußspitze setzen. Praktisch ist es auch, von der Hauswand im rechten Winkel nach draußen ein Bandmaß von mindestens sechs Metern Länge auszulegen. Alternativ können Sie natürlich auch drei Zollstöcke aneinanderlegen.

Um das ganze Haus herum gibt es eine feinstoffliche Struktur, die sich in zwei Hüllen gliedert

Die Reaktion des Biotensors bei der Suche nach den Aura-Hüllen des Hauses

Bei der Suche nach den beiden Aura-Hüllen des Hauses mit dem Biotensor hat sich folgendes bewährt: Stellen Sie sich ca. sechs Meter von der Hauswand entfernt auf. Wenden Sie sich der Hauswand zu und gehen Sie langsam auf diese zu. Halten Sie dabei den Biotensor still, solange Sie die zweite Aura-Hülle noch nicht gefunden haben. Stellen Sie laut oder in Gedanken folgende Frage: *„Ist hier die zweite Aura-Hülle des Hauses?"* Stellen Sie sich darauf ein, daß der Biotensor dann ausschlägt, wenn sich der Ring des Biotensors in der Hüllenstruktur befindet. Wenn Sie die gesuchte Hüllenstruktur gefunden haben, zeigt Ihnen der Biotensor sofort ein JA an. Der Biotensor wird solange ein JA anzeigen, wie sich der Ring in der Hüllenstruktur befindet. Verlassen Sie mit dem Ring des Biotensors die Struktur, steht er wieder still. Diese Methode bedeutet, daß Sie, solange sich der Ring des Biotensors nicht in der gesuchten Struktur befindet, keine Reaktion des Biotensors haben wollen. Haben Sie die zweite Aura-Hülle gefunden, markieren Sie ihre Lage und Ausdehnung und suchen Sie dann die erste Aura-Hülle.

Der Biotensor wird so lange ein JA anzeigen, wie sich der Ring in der Hüllenstuktur befindet

Bei der Suche nach der ersten Hülle der Haus-Aura gehen Sie analog vor. Dabei gehen Sie weiter langsam auf die Hauswand zu mit der Frage: *„Ist hier die erste Aura-Hülle des Hauses?"* Wenn Sie ein JA bekommen, haben Sie die erste Hülle der Haus-Aura gefunden. Markieren Sie wiederum Lage und Ausdehnung.

Mit Hilfe des Maßbandes oder der Zollstöcke können Sie jetzt den Abstand der Hüllen vom Haus und deren Dicke ablesen. Notieren Sie sich Ihre Ergebnisse.

Es gibt eine zweite Möglichkeit der Reaktion des Biotensors, wenn Sie die Aura-Hüllen suchen: Sie stellen von Anfang an präzise die o. a. Frage. Dann wird Ihr Biotensor von Anfang an die Reaktion NEIN anzeigen, d. h. sich horizontal bewegen. Sie haben hier die Reaktion NEIN, wenn Sie sich nicht in der Aura-Hülle des Hauses befinden. Wenn Sie die gesuchte Hülle gefunden haben, wird die Reaktion sofort auf JA umschlagen.

Die Pendelreaktion bei der Suche nach den Aura-Hüllen des Hauses

Bei der Suche nach den beiden Aura-Hüllen des Hauses mit dem Pendel hat sich folgendes bewährt: Stellen Sie sich ca. sechs Meter von der Hauswand entfernt auf. Wenden Sie sich der Hauswand zu und gehen Sie langsam auf diese zu. Halten Sie dabei das Pendel still, solange Sie die zweite Aura-Hülle noch nicht gefunden haben. Dies bedeutet, Sie wollen keine Pendelreaktion, so-lange Sie die gesuchte Aura-Hülle nicht gefunden haben. Stellen Sie laut oder in Gedanken folgende Frage: *„Ist hier die zweite Aura-Hülle des Hauses?"* Wenn Sie mit dem Pendel die zweite Aura-Hülle durchschreiten, schwingt das Pendel sofort hin und her, d. h. auf Sie zu und von Ihnen weg. Diese Reaktion dauert so lan-ge, wie Sie die zweite Aura-Hülle durchqueren. Haben Sie die zweite Aura-Hülle durchschritten, steht das Pendel wieder still. Zur genaueren Lokalisierung können Sie auch nochmal von der an-deren Seite die zweite Aura-Hülle durchqueren.

Haben Sie die zweite Aura-Hülle gefunden, markieren Sie ihre Lage und Ausdehnung, und suchen Sie dann die erste Aura-Hül-le. Dabei gehen Sie analog vor. Sie halten das Pendel still und gehen weiter langsam auf die Hauswand zu mit der Frage: *„Ist hier die erste Aura-Hülle des Hauses?"* Wenn das Pendel hin und her schwingt, d. h. auf sie zu und von Ihnen weg, haben Sie die erste Hülle der Haus-Aura gefunden. Markieren Sie wiederum Lage und Ausdehnung.

Mit Hilfe des Maßbandes oder der Zollstöcke lesen Sie jetzt den Abstand der Hüllen vom Haus und deren Dicke ab. Notieren Sie sich Ihre Ergebnisse.

Haben Sie mit dem Pendel beim Suchen nach Strukturen mit einer anderen Pendelreaktion gute Erfahrungen gemacht, bleiben Sie dabei.

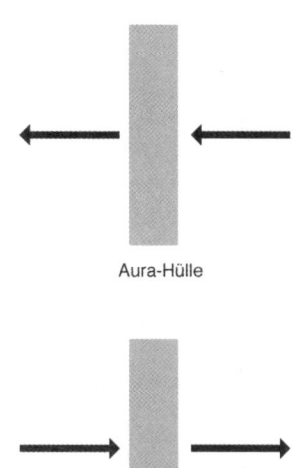

Aura-Hülle

Aura-Hülle

Durchschreiten der Aura-Hülle eines Hauses von zwei Seiten her

Spüren Sie die Aura-Hüllen des Hauses direkt mit der Hand

Sie können die Aura-Hüllen auch direkt mit der Hand fühlen. Ma-chen Sie folgende Übung: Begeben Sie sich ca. sechs Meter von der Hauswand weg, und stellen Sie sich mit dem Gesicht zur Wand auf. Winkeln Sie Ihren rechten Arm so an, daß die Innenfläche Ih-rer Hand auf die Hauswand zeigt. Bewegen Sie sich nun langsam auf die Hauswand zu (s. Abbildung auf der nächsten Seite). Sie wer-den zunächst den Beginn der zweiten Aura-Hülle des Hauses spü-ren. Sie können dabei entweder einen leichten Widerstand (Gegen-druck), ein Kribbeln, ein Wärme- oder Kältegefühl, ein Ziehen oder einen kleinen „Stromschlag" verspüren. Sollten Sie ein anderes Gefühl spüren, so ist dies auch richtig. Verspüren Sie bei der An-näherung mit der Handinnenfläche plötzlich einen anderen Ge-schmack, Geruch oder ein Gefühl in einem anderen Körperteil als Hand oder Unterarm, so kann auch dies Teil Ihrer Wahrnehmung der zweiten Aura-Hülle sein. Bei mehrmaligem Üben tritt möglicher-weise zusätzlich das beschriebene Gefühl in der Hand auf. Die in-

Spüren der Aura mit der Hand

```
ca. 130 cm ┆ zweite Hülle
         ┆
         ca. 310 cm ┆ ca. 440 cm
erste ─────────────┆───────────
Hülle
ca. 130 cm         ┆ ca. 40 cm
─────────────────┴───────────
         Hauswand
```

Der Abstand der ersten und zweiten Aura-Hülle des Hauses zum Haus

nere Grenze der zweiten Aura-Hülle spüren Sie am besten, wenn Sie aus der Gegenrichtung kommen. Da die Dicke der zweiten Aura-Hülle mindestens ca. 130 cm beträgt, gehen Sie noch etwa zwei Meter weiter nach innen, wenn Sie die äußere Grenze passiert haben. Nun suchen Sie die innere Grenze der zweiten Aura-Hülle, indem Sie sich vom Haus entfernen.

In gleicher Weise suchen Sie auch die erste Aura-Hülle, die allerdings nur etwa 40 cm dick ist.

Sie haben jetzt gemerkt, daß es möglich ist, feinstoffliche Strukturen zu spüren. Wenn Sie mit Biotensor oder Pendel arbeiten, machen Sie nur das sichtbar, was Sie selbst wahrnehmen.

Die Dicke der beiden Aura-Hüllen und ihr Abstand vom Haus ist unabhängig von der Grundfläche und Höhe des Hauses, d. h. die Maße sind in etwa konstant. Wir finden die zweite Hülle in einem Abstand zum Haus beginnend von 440 cm, reichend bis 310 cm, sie ist also ca. 130 cm dick. Die erste Hülle finden wir von 170 cm bis 130 cm, also mit einer Dicke von ca. 40 cm. Diese Werte gelten für konventionell gebaute Häuser, deren Wände nicht aus Stahlbeton sind. Bei Betonhäusern können beide Hüllen etwas dicker werden und sich auch zwischen 30 und 50 cm nach außen verschieben. Bei sogenannten Fertighäusern mit dünnwandigen Bauelementen in den Außenwänden sind die Dicken der beiden Aura-Hüllen eher etwas geringer als bei konventionell gebauten Häusern.

Vergleichen Sie diese Werte mit den von Ihnen selbst bestimmten. Wenn Sie wesentlich andere Werte ermittelt haben, messen Sie erneut mit Biotensor oder Pendel nach. Möglicherweise haben Sie andere feinstoffliche Strukturen bestimmt. Eine weitere, sehr leicht zu erlernende und sichere Methode, feinstoffliche Strukturen zu bestimmen, ist die Bestimmung mit der L-Rute.

Sie können Strukturen auch mit der L-Rute messen

Die L-förmige Rute findet insbesondere Verwendung, um feinstoffliche Strukturen aufzuspüren. Sie besteht in der Regel aus einem L-förmig gebogenem Metall und wird meist paarweise benutzt. Der lange Arm ist im allgemeinen 35 bis 50 cm lang, der kurze 10 bis 15 cm. Man findet auch L-Ruten, deren kurzer Arm in einen Holzgriff eingelassen ist oder in einem Kugellager steckt. Die Herstellung einer L-Rute ist kein großes Problem. Sie können beispielsweise einen Schweißdraht von 45 bis 65 cm Länge so biegen, daß ein entsprechend langer kurzer und langer Arm entsteht.

Die L-Rute und ihre Reaktionsmöglichkeiten

Die beiden kurzen Arme der L-Rute werden mit den Händen so umfaßt, daß die langen Arme oberhalb der Hände in etwa waagerecht nach vorne zeigen. Bei der Reaktion JA drehen sich im allgemeinen die langen Arme zueinander. Bei der Reaktion NEIN drehen sich die langen Arme nach außen. Bei der Reaktion KEINE ANTWORT bewegt sich die L-Rute nicht.

Wird die L-Rute so gehalten, daß der lange Arm unterhalb der Hand nach vorne zeigt, ist die Drehbewegung im allgemeinen umgekehrt, bei der Reaktion JA nach außen, bei der Reaktion NEIN nach innen. Die Reaktion KEINE ANTWORT ist unverändert.

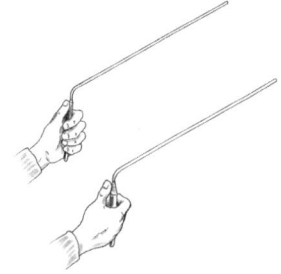

Haltung der L-Rute mit dem langen Arm oberhalb der Hand

Es gibt auch Personen, die mit nur einer L-Rute arbeiten. Nimmt man eine L-Rute nur in die rechte Hand, mit dem langen Arm oberhalb der Hand nach vorne zeigend, dreht sie sich bei der JA-Reaktion nach links (nach innen), bei der NEIN-Reaktion nach rechts (nach außen). Hält man sie in der linken Hand, dreht sie sich bei der JA-Reaktion nach rechts (ebenfalls nach innen), bei der NEIN-Reaktion nach links (nach außen). Bei der Reaktion KEINE ANTWORT bewegt sich die L-Rute nicht. Wird die L-Rute so gehalten, daß der lange Arm unterhalb der Hand nach vorne zeigt, ist die Drehbewegung in der Regel umgekehrt, bei der Reaktion JA nach außen, bei der Reaktion NEIN nach innen. Die Reaktion KEINE ANTWORT ist unverändert.

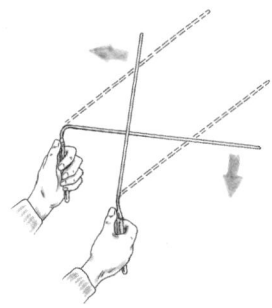

JA-Reaktion der L-Rute (Haltung mit dem langen Arm oberhalb der Hand)

Testen Sie die L-Rute in Ihrer Wohnung

Machen Sie wieder eine praktische Übung: Öffnen Sie eine beliebige Tür in Ihrem Haus oder Ihrer Wohnung. Stellen Sie sich in mindestens eineinhalb Meter Abstand vor diese Tür in Richtung der geöffneten Tür. Halten Sie das L-Rutenpaar locker in beiden Händen, den langen Arm der L-Rute jeweils über der Hand nach vorn gerichtet. Nun formulieren Sie Ihre Fragestellung laut oder in Gedanken: *„Ist hier eine feinstoffliche Struktur, die sich in der geöffneten Tür zwischen den Türrahmen befindet?"* Beim Durchschreiten der Tür müssen Sie ein JA bekommen, d. h. die beiden langen Arme der L-Rute werden sich in der Regel überkreuzen. Die beiden Arme der L-Rute überkreuzen sich entweder, wenn sich die L-Rute selbst zwischen den Türrahmen befindet oder aber, wenn Sie sich mit Beinen und Rumpf dort befinden. Es ist einfach die Frage, ob Sie die L-Rute in Ihren Händen oder Ihren übrigen Körper zur Lokalisation der feinstofflichen Struktur zwischen den Türrahmen benutzen. Die Reaktion der L-Rute kann aufgrund einer gewissen Trägheit etwas verzögert erfolgen. Gehen Sie also nicht zu schnell durch die Tür.

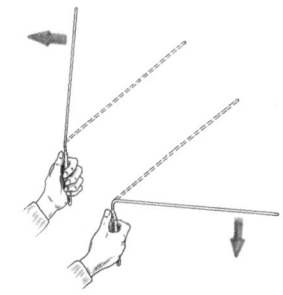

NEIN-Reaktion der L-Rute (Haltung mit dem langen Arm oberhalb der Hand)

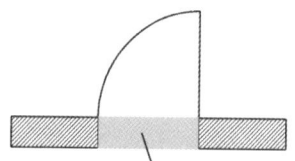

Feinstoffliche Struktur in der geöffneten Tür zwischen den Türrahmen

Es empfiehlt sich, die Türöffnung auch aus der Gegenrichtung zu durchschreiten, um die zeitliche Verzögerung (Trägheit der Reaktion) besser einschätzen zu können. Beobachten Sie genau die Stelle der Reaktion. Beim Durchschreiten der Türöffnung ist für Sie die Lage der feinstofflichen Struktur in der Türöffnung optisch nachprüfbar. Wenn Sie andere feinstoffliche Strukturen suchen, ist diese Nachprüfbarkeit im allgemeinen nicht gegeben. Sie sollten aus diesem Grunde diese Messung auch bei anderen Türöffnungen wiederholen, damit Sie sich Ihrer Rutenreaktion wirklich sicher sind.

Um mit der L-Rute Strukturen zu suchen, ist es in der Regel ausreichend, mit der JA-Reaktion zu arbeiten. Die Reaktion KEINE ANTWORT haben Sie, wenn die L-Rute sich nicht bewegt, d. h., wenn sie gerade nach vorn zeigt. Diese Haltung bzw. Reaktion benutzen Sie beim langsamen Gehen, solange Sie die gesuchte Struktur noch nicht gefunden haben.

Suchen Sie die beiden Hüllen der Haus-Aura mit der L-Rute

Stellen Sie sich wieder ca. sechs Meter von der Hauswand entfernt auf, und wenden Sie sich der Hauswand zu. Halten Sie nun das L-Rutenpaar locker in beiden Händen, die langen Arme der L-Rute jeweils oberhalb der Hände nach vorn zur Hauswand gerichtet. Halten Sie die L-Ruten still, während Sie langsam auf die Hauswand zugehen. Stellen Sie dabei laut oder in Gedanken folgende Frage: *„Ist hier die zweite Aura-Hülle des Hauses?"* Das L-Rutenpaar bewegt sich dann nach innen (JA-Reaktion), wenn Sie die Hüllenstruktur erreichen. Beim Verlassen der Hüllenstruktur bewegt sich die L-Rute wieder nach vorn in die Ausgangsstellung zurück.

Das L-Rutenpaar bewegt sich dann nach innen (JA-Reaktion), wenn Sie die Hüllenstruktur erreichen

Bei dem Versuch mit dem Türrahmen haben Sie registrieren können, ob sich bei Ihnen die L-Rute dann bewegt, wenn sich Ihre Hände mit der L-Rute in der gesuchten Struktur befinden, oder ob sie sich erst bewegt, wenn Sie mit Ihren Beinen und Rumpf in die Struktur hineingehen. Diese Beobachtung ist für Sie wichtig, damit Sie Lage und Ausdehnung der zweiten Aura-Hülle des Hauses genau lokalisieren können. Zur genaueren Lokalisierung können Sie auch nochmal von der anderen Seite die zweite Aura-Hülle durchqueren.

Haben Sie die zweite Aura-Hülle gefunden, markieren Sie ihre Lage und Ausdehnung, und suchen Sie dann die erste Aura-Hülle. Dabei gehen Sie analog vor. Sie gehen weiter langsam auf die Hauswand zu mit der Frage: *„Ist hier die erste Aura-Hülle des*

Hauses?" Markieren Sie auch Lage und Ausdehnung der ersten Aura-Hülle.

Welche Methode ist für Sie die beste?

Selbstverständlich ist es nicht nötig, mit *allen* vier oben beschriebenen Methoden feinstoffliche Strukturen am oder im Haus oder im Gelände zu suchen. Probieren Sie alle Methoden aus, um festzustellen, mit welcher Methode Sie am besten arbeiten können. Günstig ist es, die L-Rute in Kombination mit Biotensor oder Pendel zu benutzen. Insbesondere zur genauen Bestimmung der Lage einer Struktur und deren Ausdehnung sind Biotensor oder Pendel gut geeignet. Mit der L-Rute ist es oft recht einfach, insbesondere über eine längere Distanz, die Struktur erst einmal zu finden. Die Beschreibung der direkten Wahrnehmung einer Struktur mit der Hand war in erster Linie dazu gedacht, Ihnen zu zeigen, daß Sie in der Lage sind, unsichtbare Strukturen auch direkt wahrzunehmen. Diese Methode ist normalerweise anstrengender als die Arbeit mit Biotensor, Pendel oder L-Rute.

Probieren sie alle Methoden aus, um festzustellen, mit welcher Methode Sie am besten arbeiten können

Es gibt auch Personen, die feinstoffliche Strukturen visuell wahrnehmen. Dabei ist es hilfreich, insbesondere bei Wahrnehmung bislang unbekannter Strukturen, Biotensor oder Pendel zur Kontrolle zu Hilfe zu nehmen. Ferner besteht die Möglichkeit, daß eine Person sozusagen direkt „weiß", daß sich an einem bestimmten Ort eine konkrete Struktur befindet. Dazu bedarf es nicht einer Wahrnehmung visueller oder gefühlsmäßiger Art. Diese Art des direkten „Wissens" wird auch als *Paragnostik* (griech.: para = „neben", im Sinne von „anders"; gnosis = „wissen") bezeichnet.

Es gibt auch Personen, die feinstoffliche Strukturen visuell wahrnehmen

Im folgenden Kapitel möchten wir Sie etwas mehr mit den theoretischen Grundlagen des Feng Shui vertraut machen, damit Sie mit Biotensor, Pendel und L-Rute die Energien und Strukturen des Feng Shui klarer und eindeutiger bestimmen können.

19

Kapitel 2

Die unsichtbare Welt des Feng Shui

Die sieben Dimensionen des Feng Shui

Der Begriff Dimension ist vielschichtig. Allgemein gebraucht bedeutet Dimension soviel wie Ausdehnung, Ausmaß oder Bereich. Vielleicht erinnern Sie sich noch an Ihren Kunst- oder Zeichenunterricht während Ihrer Schulzeit. Wenn Sie einen Strich zeichnen, so wird dies 1. Dimension genannt. Die Fläche wird dann 2. Dimension genannt. Räumliches Zeichnen wäre dann die 3. Dimension. Während Einstein noch darüber nachdachte, wie eine mögliche 4. Dimension genau zu beschreiben sei, geht die theoretische Physik heute davon aus, daß es mehr als vier Dimensionen geben muß.

Die Lehre des Feng Shui geht davon aus, daß es sieben Dimensionen gibt

Die Lehre des Feng Shui geht davon aus, daß es sieben Dimensionen gibt. In einem renommierten Pariser Forschungsinstitut kamen Wissenschaftler bereits Ende der 70er Jahre durch theoretische Berechnungen zu der Erkenntnis, daß alle bekannten physikalischen Vorgänge nur dann erklärbar waren, wenn man von mindestens sieben Dimensionen ausging.

Die 3. Dimension

Wir werden von anderen Dimensionen beeinflußt

Wir leben als Mensch mit unserem physischen Körper (Körper aus Fleisch und Blut) und unserem nicht-physischen oder feinstofflichen Körper (Aura) in der 3. Dimension. Auch Tiere und Pflanzen, Gebäude, die Erde, unser Sonnensystem, ja das ganze bekannte Universum existiert in dieser 3. Dimension. Trotzdem wirken auf uns Einflüsse aus anderen Dimensionen, insbesondere aus der 4. und 5. Dimension. Hierzu gehören beispielsweise astrologische Einflüsse. Die Einflüsse aus höheren Dimensionen sind im allgemeinen dadurch gekennzeichnet, daß wir sie zwar beschreiben, ihre Mechanismen aber bestenfalls teilweise durchschauen können. Die Chinesen haben diese Einflüsse schon sehr früh genau registriert und beschrieben.

Die höheren Dimensionen

Neben der 3. Dimension existieren sechs weitere Dimensionen. Als höhere Dimensionen bezeichnen wir die Dimensionen 4, 5, 6 und 7 (in aufsteigender Reihenfolge). In diesen höheren Dimensionen läuft die **Zeit** zunehmend **langsamer**. Könnten wir z. B. eine Reise in die 4. Dimension machen und würden uns dort ein Jahr aufhalten, wären in unserer 3. Dimension bereits 100 Jahre vergangen. Ein solcher „Zeitreisender" würde bei seiner Rückkehr in unsere, die 3. Dimension, seine Familie nicht mehr wiedersehen, da diese dann schon gestorben wäre. Er selbst wäre aber nur ein Jahr älter geworden. Die Zeit läuft in der 4. Dimension also langsamer als in der 3. Dimension. Die Zeit in der 5. Dimension läuft wiederum langsamer als in der 4. Dimension usw.

In höheren Dimensionen läuft die Zeit zunehmend langsamer

Die niedrigeren Dimensionen

Als niedrigere Dimensionen bezeichnen wir die Dimensionen 2 und 1 (in absteigender Reihenfolge). In diesen niedrigeren Dimensionen läuft die **Zeit** zunehmend **schneller** als in der 3. Dimension. D. h., die Zeit läuft in der 2. Dimension schneller als in der 3. Dimension. In der 1. Dimension läuft die Zeit wiederum schneller als in der 2. Dimension. Die niedrigeren Dimensionen haben für uns eine geringere Bedeutung als die höheren Dimensionen.

Die niedrigeren Dimensionen haben für uns eine geringere Bedeutung als die höheren Dimensionen

Wie Energien zwischen den Dimensionen wechseln

Sowohl die positiven Energien des Feng Shui (von den Chinesen unter dem Begriff *Qi* zusammengefaßt) als auch die negativen Energien (von den Chinesen allgemein als *Sha* bezeichnet) befinden sich nicht ständig in der 3. Dimension, auch wenn uns dies zunächst so erscheinen mag. Sie wechseln vielmehr die Dimension an sogenannten **Schnittstellen**. Die für unsere Gesundheit und unser Wohlbefinden wichtigen Energien wechseln von der 4. oder 5. Dimension in unsere 3. Dimension. Diese Energien geben hier aber nur ein „Gastspiel", obwohl sie während dieses Gastspiels für uns von enormer Wichtigkeit sind. Über ihre Wirkungen auf uns werden wir Sie im Laufe dieses Buches noch ausführlich informieren.

Ihr Gastspiel in unserer 3. Dimension beenden sie dadurch, daß sie wieder in eine höhere Dimension (4. oder 5. Dimension) verschwinden. Das Hin- und Herwechseln zwischen den Dimensionen entzieht sich zwar unserer Wahrnehmung, wir können aber diese Schnittstellen trotzdem genau beschreiben und lokalisieren.

Qi und Sha befinden sich nicht immer in der 3. Dimension

Die Chinesen nennen Strukturen Li

Der Begriff *Li* wird von den Chinesen noch umfassender gebraucht als im Deutschen das Wort Struktur. So heißt zum Beispiel die Geographie im Chinesischen *Di Li* (zu übersetzen mit „die Strukturen der Erde"). Auch energetische Bahnen im Körper (z. B. Akupunkturmeridiane) und feinste Denkstrukturen gehören dazu. Aus der Akupunktur wissen wir, daß die dort beschriebenen Strukturen nicht nur die Zusammenhänge als philosophisches Konzept erklären sollen, sondern auch ganz real genutzt werden, um z. B. durch Nadelung, Moxa-Therapie, Akupressur u. a. konkrete Resultate zu erzielen. Wenn wir im System des Feng Shui den Begriff Li verwenden, meinen wir unsichtbare Strukturen, auf denen sich Energien und deren Träger bewegen.

Das Zusammenspiel von Struktur (Li), Träger und Energie lassen Sie uns an einem Beispiel erläutern:

Fährt ein Auto mit Insassen auf einer Straße, so wäre die Straße Li, das Auto wäre der Träger und die Insassen wären mit der Energie zu vergleichen.

Die 32 Ebenen der „unsichtbaren" Welt

Die sichtbare und die „unsichtbare" Welt

Die Einflüsse der Feng-Shui-Energien aus den höheren Dimensionen wirken auf den Menschen und seine Umgebung sehr differenziert. Um positive Energien zu verstärken oder negative Energien zu vermindern oder gar auszuschalten, bedarf es einer genaueren Kenntnis der Gesetzmäßigkeiten, wie diese Energien auf uns konkret wirken. Wir müssen Sie deshalb mit ein wenig Theorie beschäftigen.

In unserer 3. Dimension gibt es nicht nur das, was wir sehen, hören, schmecken, riechen oder tasten können. Sie haben bereits mit Biotensor, dem Pendel oder der L-Rute die Türstruktur und die Aura des Hauses gefunden. Wie Häuser hat auch unser Körper in der 3. Dimension einen nicht-materiellen Körper in Form der sogenannten Aura (für die meisten nicht sichtbar). Der sichtbare und nicht sichtbare Körper gehören jedoch zusammen und bilden eine Einheit. Dies gilt nicht nur für den Körper des Menschen, sondern auch für Tiere und Pflanzen, die ebenfalls eine Aura haben. Neben sichtbaren Gegenständen und Lebewesen, die zusätzlich eine unsichtbare Struktur haben, gibt es viele „unsichtbare Dinge", die ausschließlich im unsichtbaren Bereich existieren. Da die meisten Menschen nur das Sichtbare direkt wahrnehmen können, neigen sie manchmal dazu, das Unsichtbare für nicht-existent zu halten. Noch schwieriger ist es für sie, das Unsichtbare differenziert zu betrachten.

Ist ein Fensterglas gleichzeitig rot, blau und grün?

Drei Hellseher bekommen den Auftrag, zu beschreiben, was es in einem Zimmer an Unsichtbarem für sie „zu sehen" gibt. Der erste Hellseher sieht die Glasscheibe rot, der zweite blau, der dritte grün. Wer hat denn nun recht?

Unser Tip für Hellsichtige: Schauen Sie selbst, welche Farbe das Fensterglas hat. Möglicherweise sehen Sie das Fensterglas in keiner der drei genannten Farben, sondern in milchig-weiß. Wie ist dies zu erklären? Wahrscheinlich haben sowohl Sie als auch die drei Hellseher recht, Sie haben sich nur unterschiedlich programmiert. Sie haben entweder verschiedenen Energien wahrgenommen, die in der Tat jeweils verschiedene Farben haben. Es kann aber auch sein, daß Sie bzw. die Hellseher tatsächlich die Farbe des Glases auf verschiedenen unsichtbaren Ebenen gesehen haben. Diese Ebenen könnte man auch als Feinheitsgrade bezeichnen.

Unter Ebene werden hier nicht unterschiedliche Höhen im Raum verstanden. (Im Unterschied zum sichtbaren Bereich existiert im unsichtbaren Bereich z. B. eine Glasscheibe gleichzeitig auf verschiedenen Ebenen. Konkret: Die gleiche Glasscheibe ist zur gleichen Zeit im sichtbaren Bereich klar durchsichtig (ohne Farbe), im unsichtbaren Bereich dagegen sowohl rot, grün, blau und milchig-weiß. Man könnte auch sagen, daß es neben der sichtbaren Welt gleichzeitig mehrere verschiedene unsichtbare „Welten" gibt.)

Der Mensch ist 32mal unsichtbar

Im unsichtbaren Bereich zählen wir insgesamt 32 Ebenen. Es ist jedoch für unser Thema nicht erforderlich, die Besonderheiten jeder einzelnen Ebene zu besprechen. Im Einzelfall ist es hilfreich, einige Ebenen etwas näher kennenzulernen. Unser nicht-sichtbarer Körper, unsere Aura, existiert nämlich ebenfalls auf diesen 32 unterschiedlichen Ebenen. Auch die Energien, die für uns wichtig sind, wirken auf insgesamt 32 Ebenen auf uns ein.

Wir nennen die 32 Ebenen der Einfachheit halber Ebene 1 bis 32. Die Numerierung ist nicht zufällig gewählt, sie richtet sich vielmehr nach dem Feinheitsgrad im Verhältnis zueinander.

Wenn wir den sichtbaren Bereich als sichtbare Ebene bezeichnen würden, wäre sie die gröbste aller Ebenen. Wir wollen sie aber

Die 32 unsichtbaren Ebenen sind feiner als die sichtbare Ebene, lassen sich jedoch auch untereinander nach unterschiedlichen Feinheitsgraden ordnen

in die folgende Zählung der Ebenen nicht einbeziehen. Die 32 unsichtbaren Ebenen sind feiner als die sichtbare Ebene, lassen sich jedoch auch untereinander nach unterschiedlichen Feinheitsgraden ordnen.

Die erste unsichtbare Ebene ist die gröbste. Die zweite Ebene ist feiner als die erste. Wenn wir feiner sagen, können wir hier auch den Begriff feinstofflicher benutzen. Wir können also auch sagen, die zweite Ebene ist **feinstofflicher** als die erste. Bis einschließlich Ebene 10 werden die einzelnen Ebenen zunehmend feinstofflicher. Ab Ebene 11 hat der Feinheitsgrad so weit zugenommen, daß wir die 11. Ebene nicht mehr als feinstofflich, sondern als **nicht-stofflich** bezeichnen. Die 11. Ebene ist also nicht-stofflicher als die 10. Ebene. Die Feinheitsgrade nehmen auch ab der 11. Ebene weiter zu, so daß die 12. Ebene wieder nicht-stofflicher bzw. feiner ist, als die 11. Ebene usw.

Die Energien auf den 32 Ebenen

Die Ursachen für gesundheitliche Störungen finden sich oft auf den gröberen Ebenen

Ungünstige Energien, die auf unsere **Gesundheit am Schlafplatz** wirken, sind vor allem auf den gröberen Ebenen zu finden. Die Hauptwirkung ist häufig auf der 2. feinstofflichen Ebene, bei Störeinflüssen durch Metall auf der 1. feinstofflichen Ebene, teils in Kombination mit den anderen feinstofflichen Ebenen 2 bis 10 zu finden.

Energien, die über *Wu Xing* (auch als „Fünf Elemente" Holz, Feuer, Erde, Metall und Wasser bekannt) beeinflußt werden, wirken auf unterschiedlichen Ebenen. Es kommt darauf an, ob sie durch Materialien, Formen oder Farben beeinflußt werden.

Die Wirkung auf den gröberen Ebenen ist mehr körperlich, auf den feineren wirkt es mehr auf unsere geistigen Funktionen

Die positiven Qi-Energien wirken auf den Ebenen 2 bis 32. Die Wirkung auf den gröberen Ebenen ist mehr körperlich, auf den feineren wirkt es mehr auf unsere geistigen Funktionen.

Die Aura des Menschen

Auf diesen Ebenen existiert auch die menschliche Aura. Die Aura des Menschen ist so unterschiedlich ausgebildet, daß wir besser von *den* Auren auf den unterschiedlichen Ebenen sprechen können. Wenn Personen in der Lage sind, die Aura des Menschen wahrzunehmen, nehmen sie häufig nur ausgewählte Ebenen wahr. So kommt es häufig vor, daß zwei Personen, die die menschliche Aura beschreiben, unterschiedliche Ebenen beschreiben. Die Aura der 1. (feinstofflichen) Ebene ist relativ eng am menschlichen Körper. Sie wird von vielen als watteartig, milchig weiß, grau oder silberfarben beschrieben. Die Aura der 2. Ebene besteht aus meist eiförmigen Hüllen, die durch die Chakren mit dem Körper verbunden sind. Die Chakren bilden den Verknüpfungspunkt der Aura-Hüllen mit dem Körper. Auf der 3. Ebene finden wir ebenfalls eiförmige, etwas anders strukturierte Hüllen, die wiederum durch Chakren mit dem Körper verbunden sind. Auf der 4. Ebene ist die menschliche Aura wiederum anders strukturiert.

Die Hüllen der menschlichen Aura und auch die Chakren werden in der Regel farbig wahrgenommen. Die Chakren liegen auf der 2., 3. und 4. Ebene an der gleichen Stelle, haben jedoch auf den unterschiedlichen Ebenen jeweils eine andere Farbe. So wird das Herzchakra auf der 2. Ebene als grün, auf der 3. Ebene als rosa und auf der 4. Ebene als goldfarben wahrgenommen.

Die vielfältigen Strukturen der menschlichen Aura sind nicht Thema dieses Buches. Auch Tiere und Pflanzen haben auf allen 32 Ebenen eine Aura. Auch ein bewohntes Haus hat eine differenzierte Aura-Struktur. Mit Teilen dieser Aura-Struktur wollen wir uns jetzt befassen.

Auch ein bewohntes Haus hat eine differenzierte Aura-Struktur

Kapitel 3

Die Aura-Strukturen von Häusern und Gebäudekomplexen

Günstige Hausformen wirken sich günstig auf Energien und Strukturen im Haus aus und geben einen guten Schutz nach außen

Unter Feng-Shui-Gesichtspunkten gibt es günstige und ungünstige Hausformen. Günstige Hausformen wirken sich günstig auf Energien und Strukturen im Haus aus und geben einen guten Schutz nach außen. Eine Hausform, die auf jeden Fall günstig ist, ist die quaderförmige Hausform (Blockform). Darüber hinaus können jedoch weitere Hausformen als günstig gelten, die von einer höheren Dimension aus als günstige geometrische Grundform (Tetra-, Penta- oder Hexa-Form) erkannt werden. Auf diese Hausformen werden wir weiter unten eingehen. Wir wollen uns zunächst jedoch mit dem quaderförmigen Haus und seiner äußeren Aura-Struktur befassen.

Die äußere Aura-Struktur des Hauses

Die äußeren Aura-Strukturen des Hauses haben Sie schon mit Biotensor, Pendel, L-Rute oder auch direkt mit der Hand gemessen. Der komplette Aufbau der Aura des Hauses und damit auch ihrer äußeren Strukturen erfolgt erst ab einer bestimmten Hausgröße. Das Mindestvolumen eines Hauses in Quaderform muß hierfür ca. 180 Kubikmeter sein, die Mindesthöhe und Mindestbreite ca. 4 m. Ein Teilaufbau der Aura mit eingeschränkten Funktionen erfolgt jedoch auch unterhalb dieser Mindestgröße.

Der komplette Aufbau der Aura des Hauses und damit auch ihrer äußeren Strukturen erfolgt erst ab einer bestimmten Hausgröße

Die Aura-Struktur eines quaderförmigen Einzelhauses

Die Dicke der Hüllen der äußeren Aura-Struktur des Hauses und ihr Abstand vom Haus ist unabhängig von der Grundfläche und Höhe des Hauses, d. h. die Maße sind konstant. Wir finden (von innen betrachtet), wie weiter oben beschrieben, die erste Hülle in einem Abstand zum Haus von 130 cm bis 170 cm, also mit einer Dicke von 40 cm. Die zweite Hülle finden wir von 310 cm bis 440 cm, sie ist also ca. 130 cm dick. Bei ganz oder teilweise aus Stahlbeton gebauten Häusern können die Hüllen dicker werden und sich jeweils um mehr als 30 cm nach außen verschieben.

26

Diese Hüllen sind nicht nur um die Seitenwände des Hauses zu finden, sondern auch unter dem Haus unter Einschluß des Kellers. Die Abstände vom Boden des Kellers sind nach unten für die erste Hülle auch 130 bis 170 cm, für die zweite Hülle 310 bis 440 cm unter Berücksichtigung der Besonderheiten bei Beton.

Zwischen erster und zweiter Hülle befindet sich die sogenannte innere Geister-Aura. Bei Stahlbetonhäusern, deren erste und zweite Hülle auseinandergezogen sind, ist die Funktion der ebenfalls dickeren inneren Geister-Aura beeinträchtigt.

Bei bestimmten Gebäudeformen, die wir noch erläutern werden, kann sich außerhalb der zweiten Hülle noch eine zusätzliche äußere Geister-Aura und eine dritte Hülle bilden.

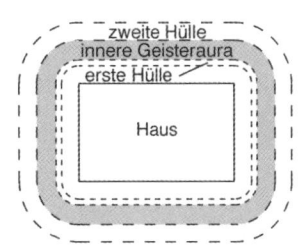

Äußere Aura-Strukturen des Hauses

Die Funktionen der äußeren Aura-Strukturen

Die **erste Hülle** hat Informationen von Besitzern, Bewohnern, Vorbesitzern und Vorbewohnern, die mindestens acht Monate im Haus gewohnt haben, sowie von Architekten gespeichert.

Die erste Hülle hat „Persönlichkeitsdaten" gespeichert

Die **zweite Hülle** der Aura ist insbesondere für den Schutz nach außen wichtig. In ihr sind u. a. Informationen über die verwendeten Baumaterialien enthalten. Die Aura von Stahlbetonhäusern hat im Gegensatz zu Stein- und Holzhäusern eine geringere Schutzwirkung. Die zweite Hülle kann durch arealgebundene Naturgeister geschwächt werden, wenn diese für den Bau des Hauses nicht ihre Zustimmung gegeben haben. Es ist möglich, diese Zustimmung nachträglich einzuholen (s. S. 86).

Die zweite Hülle der Aura ist insbesondere für den Schutz nach außen wichtig

Die **innere Geister-Aura** dient dem Schutz der Geistanteile der Bewohner des Hauses gegen äußere Einflüsse, so u. a. gegen nicht erwünschte Geister.

Besonderheiten der ersten Aura-Hülle bei einem nicht-quaderförmigen Haus

Während sich die innere Geister-Aura und die zweite Aura-Hülle prinzipiell auch um nicht-quaderförmige Häuser bilden, finden wir die erste Aura-Hülle nur um quaderförmige Häuser bzw. um quaderförmige Teile eines Hauses. Es können sich dann mehrere erste Hüllen um einzelne Quader bilden. Das Mindestvolumen eines solchen Quaders muß allerdings auch hier ca. 180 Kubikmeter betragen, die Mindesthöhe und Mindestbreite ca. 4 m (s. S. 50).

Die erste Aura-Hülle bildet sich nur um quaderförmige Teile

27

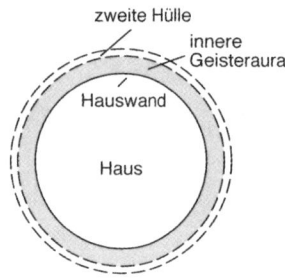

zweite Hülle
innere Geisteraura
Hauswand
Haus

Besonderheiten der ersten Aura-Hülle bei einem Rundhaus

Bei einem Rundhaus (Haus mit kreisförmigem oder leicht ovalem Grundriß) bildet sich keine erste Hülle. Die innere Geister-Aura ist jedoch voll ausgebildet und bietet den Bewohnern des Hauses somit ausreichenden Schutz.

Der Abstand von freistehenden Häusern zueinander

Bei einem Haus mit kreisförmigem oder leicht ovalem Grundriß bildet sich keine erste Hülle

Der Abstand von freistehenden Häusern zueinander sollte möglichst so groß sein, daß sich die zweiten Hüllen nicht überlappen. Zumindest jedoch sollte ein Überlappen der ersten Hüllen vermieden werden. Bei einem Überlappen der ersten Hüllen kommt es zu einem Austausch der Informationen zwischen den Hüllen.

Die äußeren Aura-Strukturen von freistehenden Häusern überlappen sich nicht, wenn der Abstand der Häuser zueinander mindestens 9 bis 10 m beträgt

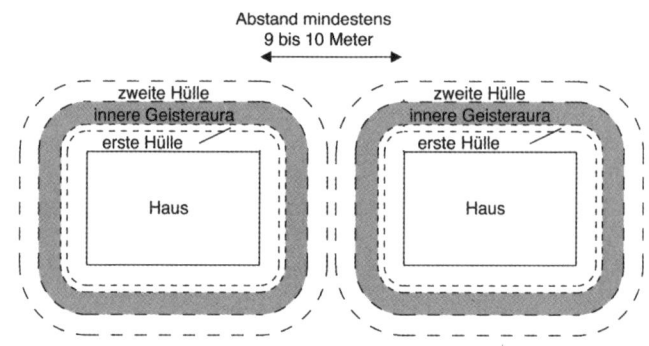

Abstand mindestens
9 bis 10 Meter

zweite Hülle
innere Geisteraura
erste Hülle
Haus

zweite Hülle
innere Geisteraura
erste Hülle
Haus

Wenn der Abstand von freistehenden Häusern zwischen 50 cm und ca. 250 cm beträgt, überlappen sich sogar die ersten Hüllen

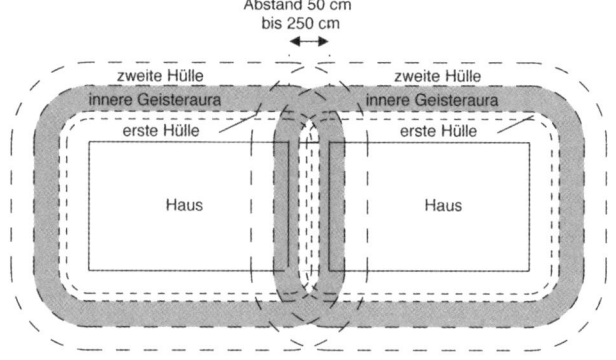

Abstand 50 cm
bis 250 cm

zweite Hülle
innere Geisteraura
erste Hülle
Haus

zweite Hülle
innere Geisteraura
erste Hülle
Haus

Feng-Shui-Maßnahme

Wenn zwei Häuser sich mit ihren Hüllen soweit überlappen, daß eine oder beide Aura-Hüllen des Nachbarhauses in das eigene Haus hinreichen, empfiehlt es sich, zu jeder Seite ein rotes Tor (s. S. 90) in die Mitte der Geister-Aura des Nachbarhauses von innen direkt an die Wand zu malen. Gute Erfahrungen haben wir auch mit Konkavspiegeln in Kombination mit einer Schlangenmaske aus Sri Lanka (s. S. 221) gemacht, die statt eines roten Tores an gleicher Stelle plaziert wird. Dabei sind Schlangenmasken ab einer Größe (Höhe) von ca. 15 cm in der Regel ausreichend. Rotes Tor bzw. Schlangenmaske mit Konkavspiegel werden etwa oberhalb der Höhe plaziert, auf der sich die oberen Türrahmen der jeweiligen Etage befinden. Es kann erforderlich sein, diese Maßnahmen für jede betroffene Etage gesondert zu ergreifen.

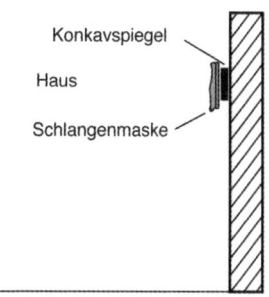

Alternativ zum roten Tor kann auch die Kombination von Schlangenmaske und Konkavspiegel an gleicher Stelle verwendet werden. Die Schlangenmaske wird dabei über den Konkavspiegel gehängt. Der Konkavspiegel zeigt zur Wand, die Schlangenmaske ins Haus (Ansicht von der Seite)

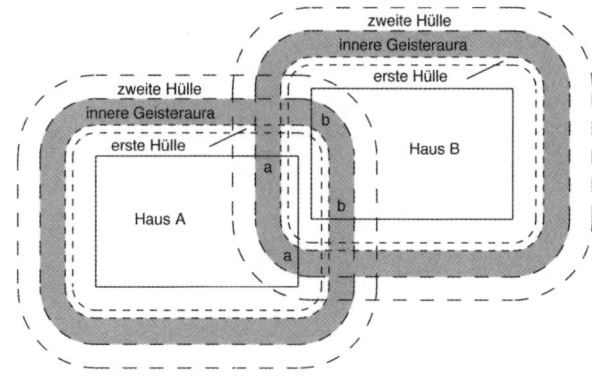

Zum Schutz für das Haus A werden rote Tore an den beiden Stellen a von innen auf die Hauswand aufgemalt, zum Schutz für das Haus B an den beiden Stellen b

Besonderheiten bei Reihenhäusern, Gebäudekomplexen und Häuserzeilen

In einigen Teilen Norddeutschlands werden Reihenhäuser als „Scheibe" bezeichnet. Man will damit ausdrücken, daß es sich hierbei nicht um eigenständige Häuser, die in einer Reihe gestellt sind, handelt, sondern um ein längeres Haus, das scheibenförmig

Unter Feng-Shui-Aspekten betrachtet handelt es sich bei Reihenhäusern in der Tat um lediglich ein Haus

in eine besondere Art von „Eigentumswohnungen" aufgeteilt ist. Unter Feng-Shui-Aspekten betrachtet handelt es sich hierbei, selbst wenn jedes einzelne Reihenhaus eine Trennmauer zum Nachbarn hin hat, in der Tat um lediglich ein Haus. Dies zeigt sich u. a. darin, daß eine solche Hausreihe jeweils nur eine erste und zweite gemeinsame Aura-Hülle sowie nur eine gemeinsame innere Geister-Aura besitzt.

Reihenhäuser und Häuserzeilen, die einen Gesamtquader bilden

Bei Reihenhäusern in einer Reihe von mindestens drei Häusern, die einen einzigen Quader bilden, finden wir lediglich eine erste Hülle für alle Reihenhäuser zusammen. Die erste Hülle im Bereich der mittleren Reihenhäuser ist verhältnismäßig schwach ausgeprägt. Davon betroffen ist auch die innere Geister-Aura, die deshalb für die Bewohner der mittleren Reihenhäuser nur unzureichenden Schutz bieten kann. Das Gleiche gilt für Häuser in einer Häuserzeile, sofern auch diese einen Gesamtquader bilden sowie für **Wohnblocks** mit mindestens drei Eingängen.

Bei Halbhäusern oder sogenannten Doppelhaushälften besteht dieses Problem nicht.

Reihenhäuser und Häuser einer Häuserzeile, die einen Gesamtquader bilden, haben eine gemeinsame erste und zweite Hülle. Beim mittleren Haus bzw. den mittleren Häusern sind erste Hülle und innere Geister-Aura verhältnismäßig schwach ausgeprägt

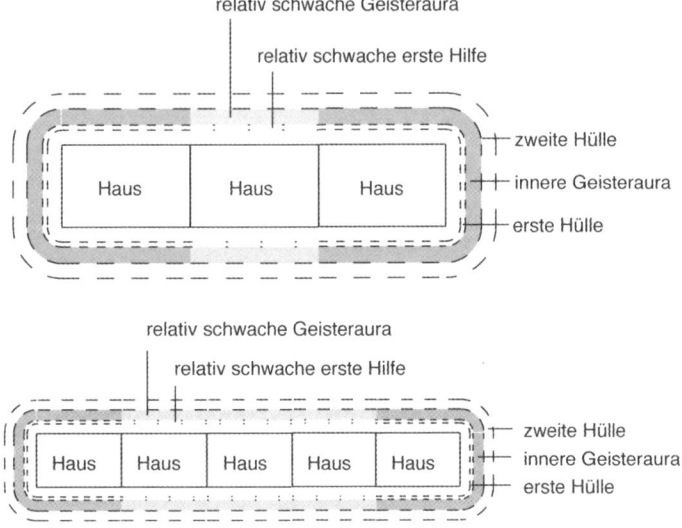

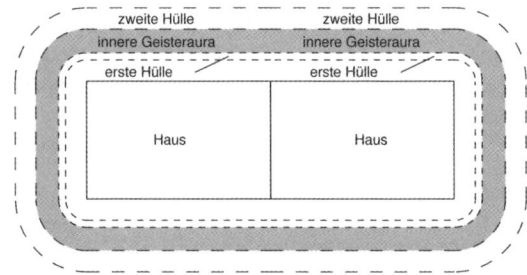

Doppelhäuser, die einen Gesamtquader bilden,
haben eine gemeinsame erste und zweite Hülle. Erste Hülle und
innere Geister-Aura sind stabil wie bei einem Einzelhaus

Feng-Shui-Maßnahme

Wenn eine relativ schwach ausgebildete erste Hülle und innere Geister-Aura Probleme mit unerwünschten Geistern schaffen, können violette Klangspiele (s. S. 215) und Konkavspiegel an Zimmerwänden oder Fenstern (s. S. 208 und S. 209) Besserung bringen. Die violetten Klangspiele werden in diesem Fall ca. am Übergang vom oberen zum mittleren Drittel der Zimmerwand in ca. 40 cm Abstand zur Zimmerwand im Zimmer aufgehängt. Klären Sie mit Biotensor oder Pendel, ob Sie für eine betroffene Hauswand ein oder mehrere violette Klangspiele benötigen.

Besonderheiten bei Reihenhäusern und Häuserzeilen, die keinen Gesamtquader bilden

Nebeneinanderstehende Häuser, die entweder direkt aneinandergebaut sind oder einen Abstand von unter 50 cm zueinander haben, bilden keinen Gesamtquader, wenn sie eine oder mehrere der folgenden Kriterien erfüllen:

1) Aneinandergrenzende Häuser haben einen Höhenunterschied von mindestens vier Metern nach oben (Dachhöhe) oder nach unten (Kellergeschoß), wobei zusätzlich aus anderen Gründen noch weitere Formschulkriterien für das Gebäudeassemblée gelten (siehe nächste Seite).

2) Aneinandergrenzende Häuser sollten mindestens drei Meter nach vorn oder nach hinten verspringen. Auch hier gelten zusätzlich aus anderen Gründen noch weitere Formschulkriterien für das Gebäudeassemblée gelten (siehe nächste Seite).

Damit die Kriterien nach 1) oder 2) zum Tragen kommen, muß das Haus entweder über der gesamten Grundfläche oder mit der gesamten Hausfront gegenüber den angrenzenden Häusern versetzt sein

Diese ersten Hüllen der angrenzenden Häuser überlappen sich dann, wie weiter oben bereits erwähnt.

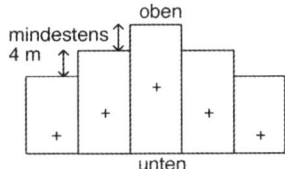

Aneinandergrenzende Häuser, die einen Höhenunterschied nach oben von mindestens vier Metern haben, bilden keinen Gesamtquader (Ansicht von vorn). Es ist vorteilhaft, wenn vom Gesamteindruck die Mitte des Assemblées höher ist als die Seiten

Aneinandergrenzende Häuser, die einen Höhenunterschied nach unten (Kellergeschoß) von mindestens vier Metern haben, bilden keinen Gesamtquader (Ansicht von vorn)

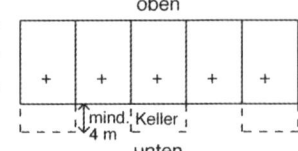

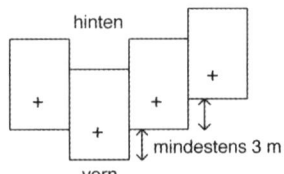

Aneinandergrenzende Häuser, die mindestens drei Meter nach vorn oder nach hinten verspringen, bilden keinen Gesamtquader. Es bildet sich um jedes Haus eine eigene erste Hülle. Es ist für das Assemblée erforderlich, daß die mittleren Häuser nach vorn verspringen, da sich sonst aus anderen Gründen keine günstige Gesamtsituation ergibt

In diesem Fall ist es ausreichend, wenn die aneinandergrenzenden Häuser mindestens zwei Meter nach vorn oder nach hinten verspringen, da das Assemblée symmetrisch ist. Sie bilden keinen Gesamtquader, sondern für jedes Haus eine eigene erste Hülle. Es ist für das Assemblée auch hier erforderlich, daß die mittleren Häuser nach vorn verspringen, da sich sonst keine günstige Gesamtsituation ergibt.

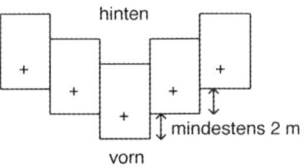

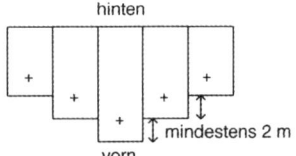

Auch hier ist es wegen der Symmetrie ausreichend, wenn die aneinandergrenzenden Häuser mindestens zwei Meter nach vorn verspringen. Für das Assemblée ist es erforderlich, daß die mittleren Häuser nach vorn (in Richtung Vorderfront) verspringen, da sich sonst keine günstige Gesamtsituation ergibt. Jedes Haus hat eine eigene erste Hülle.

In diesem Fall verspringen die aneinandergrenzenden Häuser im hinteren Teil in Richtung Vorderfront.

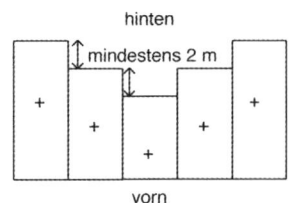

Auch dieses Assemblée hat eine „Spitze" nach vorn, auch wenn die Häuser wechselnd nach vorn und hinten verspringen. Das Assemblée ist deshalb günstig. Wegen der Symmetrie ist es wieder ausreichend, wenn der Versatz mindestens zwei Meter beträgt. Jedes Haus hat eine eigene erste Hülle.

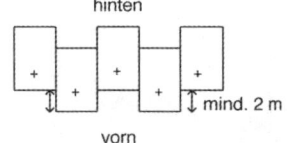

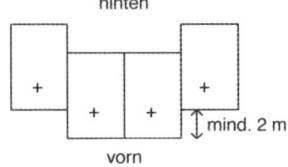

Die „Spitze" dieses Assemblées nach vorn besteht aus einem Doppelhaus. Das Doppelhaus hat eine gemeinsame äußere Aura-Struktur, die stabil ist und ausreichend Schutz nach außen gibt. Im Prinzip ist es möglich, die einzelnen Häuser in den obigen Zeichnungen teilweise auch als Doppelhaus zu sehen. Jedes Haus bzw. Doppelhaus hat eine eigene erste Hülle.

Dieses Assemblée hat zwar eine „Spitze" nach vorn, der mittlere Teil besteht jedoch aus einer Reihe von drei Häusern, die einen Gesamtquader bilden. Das mittlere der drei Häuser hat deshalb eine schwach ausgeprägte erste Hülle und innere Geister-Aura. Es ist somit weniger günstig als die anderen Häuser.

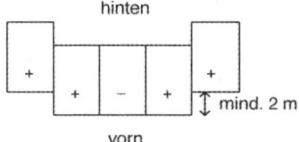

Hausformen, die aus mehreren Einzelquadern bestehen

Die innere Geister-Aura von Häusern, die aus mehreren Einzelquadern bestehen und dabei nicht eine günstige geometrische Grundform (Tetra-Form oder Penta-Form s. u.) haben, ist in der Regel deutlich geschwächt. Dies führt zu Problemen durch äußere Einflüsse auf das Haus bzw. seine Bewohner.

Dabei können sich die Probleme auf die Etage konzentrieren, die von der Quaderform abweicht, z. B. ein oder mehrere obere Stockwerke, die kleiner als die rechteckige Grundfläche des Hauses sind, oder ein entsprechend kleineres Untergeschoß, wenn das Haus z. B. nur teilweise unterkellert ist.

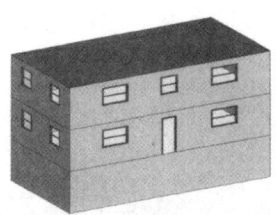

Ein quaderförmiges Haus

Eine häufig anzutreffende Hausform, die nicht quaderförmig ist, ist die L-Form. Bei größeren Gebäuden findet man nicht selten U-Formen und andere unregelmäßig geschnittene Formen. Auch Kreuz- und H-Formen sind anzutreffen. Gelegentlich findet man sogar Häuser mit dreieckigem Grundriß.

Ein Haus, bei dem ein Teil des Obergeschosses ausgespart ist

Ein L-förmiges Haus

Ein Haus, das nur halb unterkellert ist. In diesem Fall fehlt ein Teil des Hauses im Kellergeschoß

Ein L-förmiges Haus

Ein U-förmiges Haus

*Ein unregelmäßig
geschnittenes Haus*

Ein kreuzförmiges Haus

Ein H-förmiges Haus

Ein dreieckiges Haus

Im „Großen Feng-Shui Gesundheitsbuch" haben wir Probleme besprochen, die sich bei L-förmigen oder anderen Hausformen, die aus mehreren Einzelquadern bestehen, ergeben. Diese Probleme treten nicht auf, wenn das Haus eine günstige geometrische Grundform (Tetra- oder Penta-Form) mit dritter Aura-Hülle und äußerer Geister-Aura hat.

Der Ming Tang

Der *Ming Tang* ist eine feinstoffliche und nicht-stoffliche Struktur, die zur Aura des Hauses und des Grundstücks gehört

Ming Tang kann übersetzt werden mit „heller Halle". Der Ming Tang ist eine feinstoffliche und nicht-stoffliche Struktur, die zur Aura des Hauses und des Grundstücks gehört. Die Chinesen nennen einen halbmondförmigen Teich, der sich vor dem Haus auf dem Grundstück befinden sollte, ebenfalls Ming Tang, da dieser die Aufgabe hat, den Ming Tang in eine optimale Position auf dem Grundstück zu bringen. Der Ming Tang besteht aus mehreren Einzelstrukturen, die sich nacheinander unter bestimmten Voraussetzungen teilweise oder vollständig ausbilden können.

Der Ming Tang beginnt sich rudimentär zu bilden, wenn Menschen ein Stück Land (oder ein Gewässer) eingrenzen und somit als Grundstück betrachten. Der Ming Tang bildet sich in der Regel an einer Seite des Grundstücks mehr oder weniger unmittelbar an einer Grundstücksgrenze über dem Grundstück. Er befindet sich in einer Höhe von ca. 6 m bis 15 m über dem Grundstück.

Der Ming Tang bildet sich auf der Seite des Geländes,

- die bei geneigtem Gelände tiefer liegt
- auf der sich ein Bach oder Flußlauf befindet, sofern dieser mindestens 2 m breit ist
- auf der sich ein See (mit Abfluß) befindet, der, abhängig von der Form, zumindest knapp 1 Quadratkilometer groß ist

Wenn die Kriterien a bis c nicht zutreffen, ist der Ming Tang in der Regel auf der Seite des Grundstücks, auf der sich der Zugang zum Grundstück befindet.

So bestimmen Sie die Lage des Ming Tang

Wenn Sie sich nicht sicher sind, auf welcher Seite des Grundstücks der Ming Tang ist, können Sie mit Biotensor oder Pendel den Ming Tang suchen. Fragen Sie einfach für jede Seite des Grundstücks: *"Ist hier der Ming Tang?"*. Sie bekommen für die Seite des Grundstücks ein JA, auf der sich der Ming Tang befindet. Dies ist dann die Vorderseite des Grundstücks im Sinne des Feng Shui. Wir haben in diesem Buch auch die Seite des Hauses, die auf der Seite des Ming Tang liegt, als die Vorderseite des Hauses bezeichnet, weil dies für die hier besprochenen Feng-Shui-Betrachtungen einfacher bzw. ausreichend war, unabhängig davon ob der Haupteingang des Hauses sich auf dieser Seite befindet.

Häuser, die eine Tetra-, Penta-, oder Hexa-Form haben

Neben der beschriebenen Quaderform gibt es weitere geometrische Grundformen, die für ein Haus günstig sein können. Hierbei ist entscheidend, daß diese feinstofflichen und nicht-stofflichen Formen des Hauses von einer höheren Dimension aus als günstige Form erkannt werden. Wenn die Form von der 4. Dimension aus gesehen als günstig erkannt wird, nennen wir sie **Tetra-Form**, wird sie von der 5. Dimension aus als günstig erkannt, nennen wir sie **Penta-Form**. Außerdem gibt es die seltener vorkommende **Hexa-Form**, die von der 6. Dimension aus als günstig erkannt wird. Während bei der Tetra- und Penta-Form insbesondere die Form eine Rolle spielt, die bei Aufsicht von oben zu erkennen ist (der Grundriß), ist bei der Hexa-Form sowohl die Aufsicht als auch die Ansicht von der Seite von Bedeutung. Die Lage des Ming Tang entscheidet jeweils, wo bei der betreffenden Form vorne ist. Dort sollte in der Regel auch der Haupteingang liegen.

Neben der ersten und zweiten Aura-Hülle haben Häuser mit einer Tetra- Penta- oder Hexa-Form im allgemeinen zusätzlich eine dritte äußere Aura-Hülle. Zwischen dritter und zweiter äußerer Aura-Hülle befindet sich eine zusätzliche äußere Geister-Aura. Hellsichtige Personen sehen diese dritte Aura-Hülle und die äußere Geister-Aura in unterschiedlichen Farben. Die Farben sind abhängig von der jeweiligen Grundform des Gebäudes, für das einzelne Gebäude jedoch auf allen Ebenen ab der 2. Ebene gleich. Bei der Hexa-Form ist darüberhinaus die zweite äußere Aura-Hülle und die innere Geister-Aura gestärkt. Die Hexa-Form wirkt sich auch günstig auf die Funktion des Ming Tang aus.

Der Abstand zwischen Hauswand und dritter Aura-Hülle beträgt, abhängig von der Gebäudeform, 7 bis 23 Meter. Mittlere Werte liegen zwischen 10 und 12 Meter. Die dritte Aura-Hülle selbst ist etwas dicker als ein Meter, bei Hexa-Formen bis zu zwei Metern. Die äußere Geister-Aura erstreckt sich auf den ganzen Raum zwischen zweiter und dritter Aura-Hülle.

Die Lage des Ming Tang entscheidet jeweils, wo bei der betreffenden Form vorne ist. Dort sollte in der Regel auch der Haupteingang liegen

Tetra-Form

Bei den Tetra-Formen handelt es sich in der Regel um zusammen-
gesetzte Formen aus Rechtecken, Kreisformen und Ovalen.

*Bei diesem Haus mit einer Tetra-Form sind zusätzlich zur zweiten Aura-
Hülle auch die dritte äußere Aura-Hülle und die äußere Geister-Aura
eingezeichnet, die zwischen diesen beiden Hüllen liegt. Auf das
Einzeichnen der ersten Aura-Hüllen und der inneren Geister-Aura
wurde verzichtet*

dritte Hülle
äußere Geisteraura
zwischen zweiter
und dritter Hülle
zweite Hülle

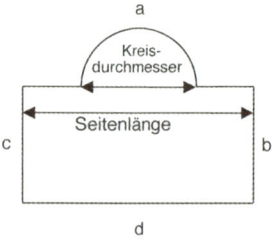

*Die abgebildete Tetra-Form eines Grundrisses besteht aus einem Rechteck
und einem Halbkreis an der langen Seite des Rechtecks. Am günstigsten ist
es, wenn Haupteingang und Ming Tang auf der Seite a liegen. Dabei kann
der Eingang sowohl im Bereich des Halbkreises als auch daneben liegen.
Am zweit- und drittgünstigsten sind die Seiten b und c (spiegelbildliche
Verhältnisse auf der Südhalbkugel der Erde für die Eingänge b und c). Die
Seite d ist die am wenigsten günstige Seite für den Eingang. Damit die Form
eine Tetra-Form bildet, muß der Durchmesser des Halbkreises 43 bis 53 %*
*der Seitenlänge betragen. Anmerkung: Die Kombination von einem Rechteck und einem Halbkreis an der
kurzen Seite des Rechtecks in einem Grundriß ergibt noch keine Tetra-Form mit Ausbildung einer dritten
Aura-Hülle und zusätzlicher äußerer Geister-Aura zwischen zweiter und dritte Aura-Hülle. Die Hüllen
wurden hier und bei den nachfolgenden Abbildungen nicht eingezeichnet*

*Diese Tetra-Formen besteht aus einem Rechteck und zwei Halbkreisen an den
langen Seiten des Rechtecks. Am günstigsten ist es, wenn Haupteingang und
Ming Tang auf einer der Seiten a liegen. Die Seiten b sind für die
Eingangsplazierung am zweitgünstigsten. Auch hier gilt als Durchmesser der
Halbkreise 43 bis 53 % der Seitenlänge*

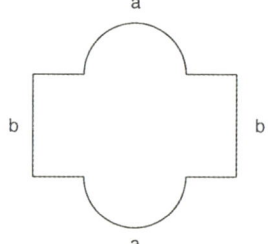

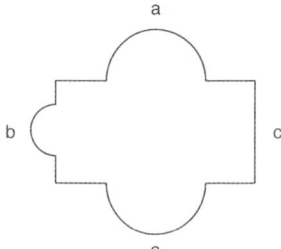

*Diese Tetra-Form besteht aus einem Rechteck und drei Halbkreisen. Am
günstigsten ist es, wenn Haupteingang und Ming Tang auf einer der Seiten
a liegen. Die Seite b ist für die Eingangsplazierung am zweitgünstigsten,
die Seite c am drittgünstigsten. Auch hier gilt als Durchmesser der
Halbkreise 43 bis 53 % der jeweiligen Seitenlängen*

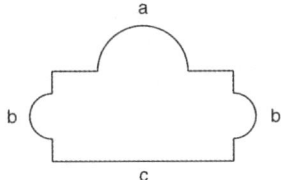

Diese Tetra-Form besteht aus einem Rechteck und drei Halbkreisen. Am günstigsten ist es, wenn der Haupteingang auf der Seite a liegt. Die Seiten b sind für die Eingangsplazierung am zweitgünstigsten, die Seite c am drittgünstigsten. Auch hier gilt als Durchmesser der Halbkreise 43 bis 53 % der jeweiligen Seitenlängen

Diese Tetra-Form besteht aus einem Rechteck und vier Halbkreisen. Am günstigsten ist es, wenn Haupteingang und Ming Tang auf einer der Seiten a liegen. Die Seiten b sind für die Eingangsplazierung am zweitgünstigsten. Auch hier gilt als Durchmesser der Halbkreise 43 bis 53 % der Seitenlänge

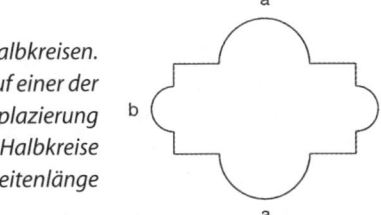

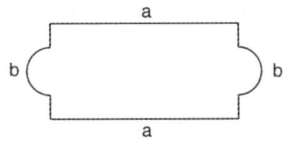

Diese Tetra-Form besteht aus einem Rechteck und zwei Halbkreisen an den kurzen Seiten des Rechtecks. Am günstigsten ist es, wenn Haupteingang und Ming Tang auf einer der Seiten a liegen. Die Seiten b sind für die Eingangsplazierung am zweitgünstigsten. Auch hier gilt als Durchmesser der Halbkreise 43 bis 53 % der Seitenlänge

Diese Tetra-Form besteht aus einem Quadrat und zwei Halbkreisen an den gegenüberliegenden Seiten des Quadrates. Für Privathäuser ist es am günstigsten, wenn Haupteingang und Ming Tang auf einer der Seiten a liegen. Für Geschäftshäuser sind für den Haupteingang und Ming Tang eine der Seiten b am günstigsten. Auch hier gilt als Durchmesser der Halbkreise 43 bis 53 % der Seitenlänge. Im Gegensatz zur Kombination von einem Rechteck und einem Halbkreis an der langen Seite des Rechtecks ist die Kombination von einem Quadrat und lediglich einem Halbkreis in einem Grundriß noch keine Tetra-Form mit Ausbildung einer dritten Aura-Hülle und zusätzlicher äußerer Geister-Aura zwischen zweiter und dritter Aura-Hülle

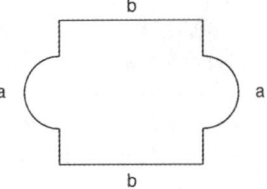

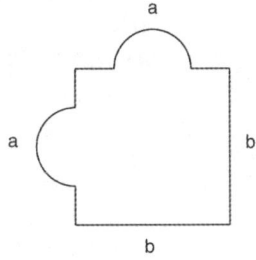

Diese Tetra-Form besteht aus einem Quadrat und zwei Halbkreisen an aneinandergrenzenden Seiten des Quadrates. Am günstigsten ist es, wenn Haupteingang und Ming Tang auf einer der Seiten a liegen. Die Seiten b sind für die Eingangsplazierung am zweitgünstigsten. Auch hier gilt als Durchmesser der Halbkreise 43 bis 53 % der Seitenlänge

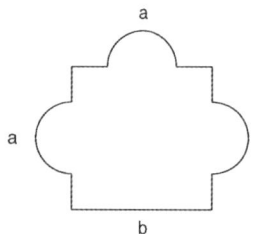

Diese Tetra-Form besteht aus einem Quadrat und drei Halbkreisen an den Seiten des Quadrates. Am günstigsten ist es, wenn Haupteingang und Ming Tang auf einer der Seiten a liegen. Die Seite b ist für die Eingangsplazierung am zweitgünstigsten. Auch hier gilt als Durchmesser der Halbkreise 43 bis 53 % der Seitenlänge

Diese Tetra-Form besteht aus einem Quadrat und vier Halbkreisen an den Seiten des Quadrates. Da diese Form für alle Seiten symmetrisch ist, ist die Eingangsplazierung auf allen Seiten gleich günstig. Auch hier gilt als Durchmesser der Halbkreise 43 bis 53 % der Seitenlänge

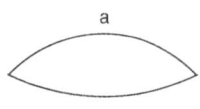

Eine Grundrißform, die aus zwei Kreisabschnitten mit unterschiedlichen Krümmungen besteht, ist eine Tetra-Form. Sie erinnert in ihrer Form an ein Blatt. Die Form ist dann am günstigsten, wenn die Vorderfront des Gebäudes mit dem Haupteingang und der Aura-Struktur des Ming Tang an der Fassadenfront liegt, deren Kreisabschnitt die stärkere Krümmung hat (Seite a)

Für Wohnblocks und Geschäftshäuser kann dies eine Tetra-Form des Grundrisses sein. Voraussetzung ist allerdings, daß bei dieser Form die beiden Rechtecke ein Seitenlängenverhältnis von 1 : 2 haben und darüber hinaus an der langen Seite exakt um die Hälfte gegeneinander versetzt sind. Die Abweichungen von diesen Größenverhältnissen sollten nicht mehr als 5 % betragen. Für die Plazierung des Haupteingangs (und für Wohnblocks auch der Haupteingänge) sind die Kleinbuchstaben a bis e angegeben. a ist die günstigste Plazierung für Geschäftshäuser (Rangfolge a bis e), b die günstigste Plazierung für Wohnblocks (Rangfolge b, a, c bis e). Voraussetzung für diese Rangfolge ist, daß sich auf der Seite des Eingangs auch die Vorderfront des Gebäudes mit dem Ming Tang

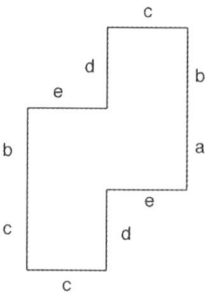

befindet. Wie zu sehen ist, sind die langen Seiten der Rechtecke in zwei Abschnitte unterteilt. Auch die spiegelbildliche Form mit etwas anderer Kleinbuchstabenverteilung ist möglich. Auf der Südhalbkugel der Erde sind die beiden direkt gegenüberliegenden Kleinbuchstaben a und b sowie die daneben befindlichen, sich schräg gegenüberliegenden Kleinbuchstaben b und c vertauscht

Für Wohnblocks und Geschäftshäuser kann dies ebenfalls eine Tetra-Form des Grundrisses sein. In diesem Fall ist das strikte Größenverhältnis der Rechtecke von 1 : 2 flexibler zu handhaben. Abweichungen bis 30 % sind möglich. Die Rechtecke müssen auch nicht exakt um die Hälfte gegeneinander versetzt sein

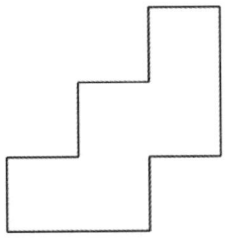

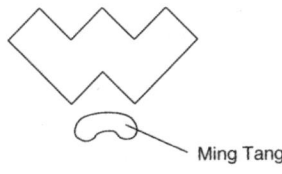
Ming Tang

*Wenn die Vorderfront dieses W-förmigen Hauses am unteren Teil des W liegt, zählt diese Form als **Penta-Form**. In dieser Zeichnung wurde die Aura-Struktur des Ming Tang durch einen nierenförmigen Teich stabilisiert*

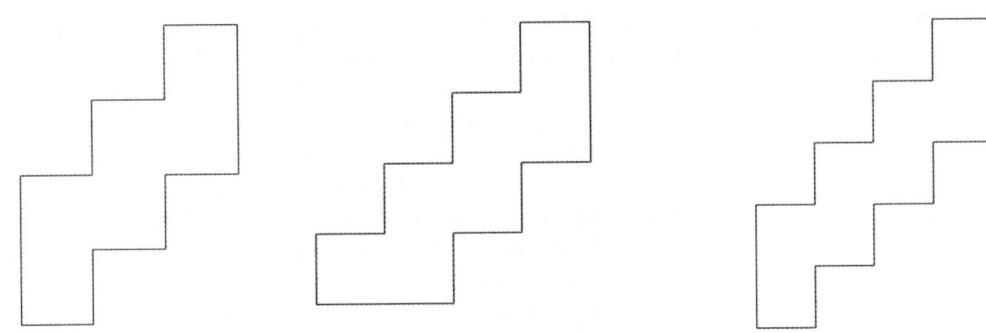

Bei diesen Tetra-Formen dürfen die Größenverhältnisse der Seitenlängen der Rechtecke und der Versatz untereinander bis zu 50 % variieren. Auch die spiegelbildlichen Formen sind möglich

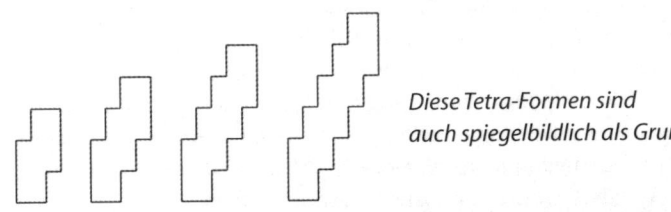

Diese Tetra-Formen sind auch spiegelbildlich als Grundriß möglich

Auch diese Grundrisse zählen als günstige Tetra-Formen. Die beste Plazierung des Haupteingangs ist in der Mitte oder etwas rechts der Mitte der langen geraden Gebäudefront. Alternativ kann der Haupteingang auch an der Spitze liegen

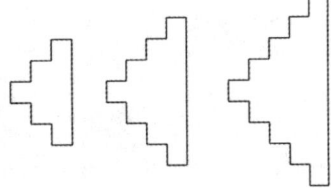

Wenn Sie sich nicht sicher sind, ob ein Haus eine Tetra-Form hat, fragen Sie mit Biotensor oder Pendel: *„Hat dieses Haus eine Tetra-Form mit einer dritten äußeren Aura-Hülle und einer äußeren Geister-Aura?"* Wenn das Haus eine Tetra-Form hat, sollten Sie auf Ihre Frage ein klares JA bekommen. Bekommen Sie ein NEIN, fragen Sie: *„Gilt diese Hausform im Sinne des Feng Shui als Hausform, die zu einer Tetra-Form ergänzt werden kann?"* Bekommen Sie ein JA, fragen Sie: *„Kann eine geeignete Feng-Shui-Maßnahme getroffen werden, damit diese Hausform klarer als Tetra-Form zu erkennen ist?"*

So gestalten Sie ein Haus in eine Tetra-Form um, wenn ein Gebäudeteil fehlt

Durch einen Anbau zur vollendeten Tetra-Form ...

Damit eine Tetra-Form für die 4. Dimension erkennbar wird, kann es erforderlich sein, Ergänzungen vorzunehmen. Um besser abschätzen zu können, ob zu einer Tetra-Form eines Gebäudes ein Gebäudeteil fehlt, ist es bei größeren Gebäuden häufig notwendig, einen Hausgrundriß zu Hilfe zu nehmen. Auf den Grundriß des Gebäudes zeichnen Sie die entsprechende Ergänzung ein und fragen mit dem Biotensor oder Pendel, ob die Ergänzung ausreichend ist. Am besten ist es, die Ergänzung durch einen entsprechenden Anbau vorzunehmen.

... oder durch Ergänzung mit Zellglasplatten gestalten Sie ein Haus zur Tetra-Form um

Wenn ein Anbau nicht möglich ist, kann es ausreichend sein, die Ergänzung durch die feinstoffliche und nicht-stoffliche Struktur von Zellglasplatten geeigneter Qualität (s. S. 163) zu „errichten". In der Regel reicht es aus, am äußeren Rand der gedachten Ergänzung einen Streifen mit Zellglasplatten ab 50 cm Breite und 50 mm Stärke auszulegen In diesem Fall muß die von den Zellglasplatten gebildete feinstoffliche und nicht-stoffliche Struktur (z. B. bei hohen Gebäuden) nicht die volle Gebäudehöhe erreichen (siehe dazu auch S. 52). Die Zellglasplatten können zu diesem Zweck bis zu 50 cm unter der Erdoberfläche verlegt werden. Gut ist es, gleichzeitig die Ergänzung mental zu projizieren. Prüfen Sie mit Biotensor oder Pendel, ob diese Art der Ergänzung ausreichend ist

Wie wirkt sich eine Tetra-Form eines Hauses auf die Menschen im Haus aus?

Die äußere Geister-Aura schützt die Bewohner vor einigen unerwünschten äußeren Einflüssen. Die innere Geister-Aura im Haus dämpft die Aggressivität im Haus. Es ist zu beobachten, daß sich einige Menschen in einem solchen Haus wohler fühlen.

Bessere Atmosphäre im Hochhaus durch Tetra-Form
Ein 48jähriger Büroangestellter bewohnte ein Zweizimmerappartement in einem Hochhaus. Da ihm die Wohnung zu klein war, zog er in ein Dreizimmerappartement eines anderen Hochhauses, das eine Tetra-Form mit äußerer Geister-Aura hatte. Er bemerkte bereits nach einigen Wochen, daß die Atmosphäre im Haus entspannter war, die Aufzüge sauberer waren und das Verhalten der übrigen Mieter rücksichtsvoller war.

Wohlbefinden durch die Tetra-Form

Penta-Form: Ein Haus, das eine Tierform erkennen lassen kann

Eine weitere günstige geometrischen Grundform eines Gebäudes ist die Penta-Form, die von der 5. Dimension als günstig erkannt wird. Uns erinnert eine solche Form oft an ein Tier und wird deshalb auch Tierform genannt. Nachteile, die durch die Aufteilung der ersten Aura-Hülle in viele Einzelhüllen entstehen, werden dadurch ausgeglichen, daß das Haus neben der ersten und zweiten Aura-Hülle noch eine dritte äußere Aura-Hülle bekommt. Hellsichtige Personen sehen diese Aura-Hülle seitlich grün, oben und unten rosa ab der 2. Ebene. Zwischen zweiter und dritter äußerer Aura-Hülle befindet sich die äußere Geister-Aura. Diese äußere Geister-Aura ist in ihrem geraden Verlauf, und wenn sie nach innen gebogen ist, orange. Macht sie nach außen um Gebäudeecken eine Kurve, ist sie blau.

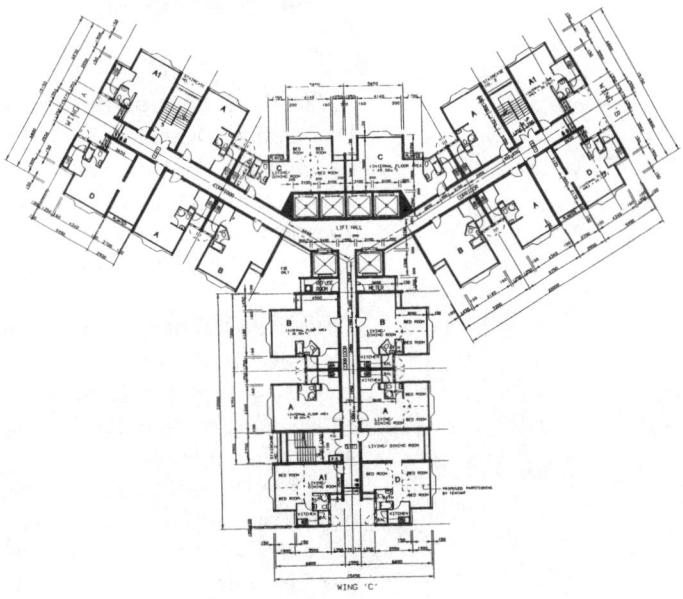

Ein Haus, das von oben wie ein Vogel aussieht

Auf dem Grundriß der oberen Stockwerke eines Appartementhauses in der Wohnsiedlung Kwong Yuen/Hongkong

Grundriß der oberen Stockwerke eines Appartementhauses in der Wohnsiedlung Kwong Yuen/Hongkong

ist recht deutlich eine Vogelform zu erkennen. Links und rechts erkennt man die Flügel, in der Mitte und nach unten den Rumpf des Vogels. Damit eine solche Konstruktion gelingt, ist es erforderlich, auch auf entscheidende Details zu achten. So ist die Gebäudeform am „Ansatz der Flügel" auffällig verjüngt. Ohne diese Einziehung hätte der Grundriß eher eine plumpe dreizackige Form.

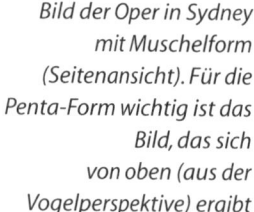

Bild der Oper in Sydney mit Muschelform (Seitenansicht). Für die Penta-Form wichtig ist das Bild, das sich von oben (aus der Vogelperspektive) ergibt

Ein Haus, das von der Seite wie eine Muschel aussieht

Das Operngebäude in Sydney ist wegen seiner Form weltweit bekannt. Die Form des Gebäudes läßt eine Muschel erkennen. Die Muschelform paßt gut zur Lage am Ufer des Meeres. Wenn die Tierform gut zur Umgebung paßt, ist dies ein weiteres Kriterium für eine gut gelungene Konstruktion.

Nicht so leicht erkennbare Tierformen (Penta-Formen)

Nicht alle Gebäude, die in einer höheren Dimension als Tierform erkannt werden und die beschriebenen zusätzlichen Aura-Hüllen haben, sind auch in der 3. Dimension als Tier zu erkennen. Zu diesen Gebäuden zählen auch viele geschwungene Gebäudeformen. Fragen Sie im Einzelfall mit dem Biotensor oder Pendel ab, ob das Gebäude im Sinne des Feng Shui als Tierform zählt, bzw. suchen Sie die beschriebenen zusätzlichen Aura-Hüllen außerhalb des Gebäudes. Wenn bei den nachfolgenden Zeichnungen eine günstige Position für den Eingang angegeben ist, so ist damit der Haupteingang gemeint, der betont werden sollte.

dritte Hülle
äußere Geisteraura
zwischen zweiter
und dritter Hülle
zweite Hülle

Straße

Bei diesem Haus mit einer Penta-Form sind zusätzlich zur zweiten Aura-Hülle auch die dritte äußere Aura-Hülle und die äußere Geister-Aura eingezeichnet, die zwischen diesen beiden Hüllen liegt. Auf das Einzeichnen der ersten Aura-Hüllen und der inneren Geister-Aura wurde verzichtet

Im Gegensatz zu den eckigen U-Formen, die wir bei den quaderförmigen Hausformen beschrieben haben, sind gerundete U-Formen günstig. Die oben abgebildeten Grundrißformen sind Penta-Formen, die aus der 5. Dimension als günstig erkannt werden. Wichtig für diese Formen sind in diesem Fall auch die entsprechend gerundeten Enden. Der Haupteingang und die Vorderfront der Gebäude sollte jeweils auf der unteren Seite des U liegen und nicht innen bzw. oben

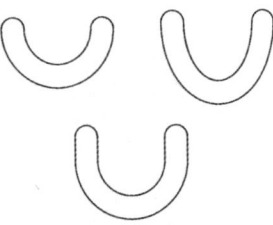

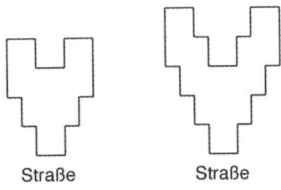

Straße   Straße

Die abgebildeten Formen sind Penta-Formen, wenn sie ihre Vorderfront und ihren Haupteingang an der Spitze haben, die nach unten zeigt. Die Formen erinnern dann an einen Vogel

Bei diesen Penta-Formen sollten Vorderfront und Haupteingang an der Spitze sein, die nach unten zeigt

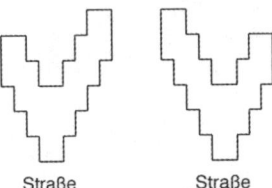

Straße   Straße

günstig   weniger günstig

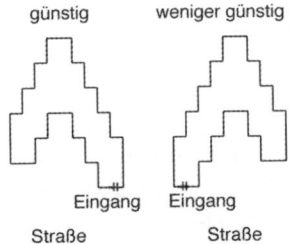

Eingang   Eingang

Straße   Straße

Auch diese Formen sind Penta-Formen. Die linke Form ist deutlich günstiger als die rechte (auf der Südhalbkugel der Erde ist es umgekehrt. Die Verlängerung der Stufe sollte dabei nicht direkt in die Türöffnung des Haupteingangs zeigen

Bei diesen Penta-Formen sollten Vorderfront und Haupteingang an der Spitze sein, die nach unten zeigt

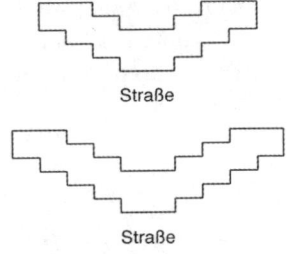

Straße

Straße

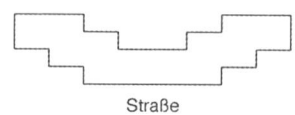
Straße

Dies ist eine weitere Penta-Form. Wenn jedoch einer der beiden Flügel um eine Stufe verkleinert wird, ist sie keine Penta-Form mehr

Wenn der Eingang am hervorspringenden rechten Flügel ist, ergibt sich auch hier eine Penta-Form (auf der Südhalbkugel der Erde sollte der linke Flügel hervorspringen und den Haupteingang haben). Die Verlängerung der Stufe sollte dabei nicht direkt in die Türöffnung des Haupteingangs zeigen. Deshalb ist der Eingang in diesem Fall etwas rechts von der Mitte. Es wäre auch möglich, den Eingang etwas links von der Mitte zu plazieren

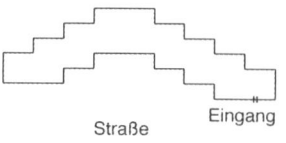
Straße   Eingang

Ein Gebäude in Form einer geschlängelten Linie ist eine Penta-Form. Wir finden sie als Wohn- und als Geschäftshaus

Prüfen Sie, ob ein Haus als Tierform wirkt

Wenn Sie nicht klar beurteilen können, ob das Haus als Tierform (Penta-Form)wirkt, prüfen Sie, ob die beschriebene dritte äußere Aura-Hülle besteht. Dies kann mit dem Biotensor oder Pendel überprüft werden. Die Fragestellung könnte lauten: *„Hat dieses Haus eine dritte äußere Aura-Hülle in grün und rosa?"* Sie sollten auf Ihre Frage ein klares JA bekommen. Bekommen Sie ein NEIN, fragen Sie: *„Gilt diese Hausform im Sinne des Feng Shui als Tierform?"* Wenn Sie ein JA bekommen, fragen Sie: *„Kann eine geeignete Feng-Shui-Maßnahme getroffen werden, damit diese Hausform klarer als Tiersymbol zu erkennen ist?"*

So gestalten Sie ein Haus in eine erkennbare Tierform um

Durch Anbau oder Zellglasplatten zur erkennbaren Tierform

Möglicherweise ist es erforderlich, gewisse Ergänzungen vorzunehmen. Praktisch läßt sich dies beispielsweise mit Hilfe eines Hausgrundrisses machen. Sie können auf dem Grundriß des Hauses eine Ergänzung zu der entsprechenden Tierform einzeichnen und dann mit dem Biotensor oder Pendel fragen, ob diese Ergänzung ausreichend ist. Die Ergänzung der Form des Gebäudes sollte nach Möglichkeit durch einen entsprechenden Ausbau erfolgen.

Die Ergänzung kann auch durch die feinstoffliche und nicht-stoffliche Struktur von Zellglasplatten geeigneter Qualität (s. S. 163) „errichtet werden", wie bereits für die Tetra-Form beschrieben. Gut ist es, gleichzeitig die Ergänzung mental zu projizieren.

Wie wirkt sich die Tierform eines Gebäudes auf die Menschen im Haus aus?

Wenn ein Gebäude eine Tierform hat, sollte darauf geachtet werden, daß die Qualitäten des Tieres entweder zur Umgebung oder zur Tätigkeit im Gebäude passen, zumindest aber nicht widersprüchlich sind.

Vorsicht vor Häusern in Form eines „Känguruhs"

Im allgemeinen haben Häuser, die eine Tierform erkennen lassen, einen günstigen Einfluß auf die darin lebenden Bewohner. Eine Ausnahme bildet jedoch ein Haus, das im unteren Teil die Form eines aufrecht stehenden Quaders hat und im oberen Teil an einer Seite aufgestockt ist. Es erinnert mit seiner Form an ein stehendes Känguruh. Ein solches Haus hat eine dritte äußere Aura-Hülle, jedoch eine relativ schwache äußere Geister-Aura. In einem solchen Haus finden wir im äußeren Drittel der niedrigeren Seite eine ungünstige Wirkung auf die Zusammenarbeit unserer Geistanteile. Dabei wird insbesondere die Fähigkeit gestört, komplexe Situationen zu durchschauen. Bei entsprechend veranlagten Personen kann sogar der Überblick über relativ einfache Situationen verloren gehen. Privat- und Geschäftsleute sollten diesen Teil des Hauses insbesondere für Schlafzimmer und Büro meiden.

Wenn der Haupteingang zum Haus sich nicht im ungünstigen Teil des Hauses befindet, ist der ungünstige Effekt knapp unterhalb der Hälfte der Höhe des niedrigeren Gebäudeteils sowie unten im Haus besonders stark. Befindet sich der Haupteingang im ungünstigen Teil des Hauses, finden wir mehrere Zonen mit verstärktem ungünstigen Einfluß übereinander über die Höhe verteilt.

Feng-Shui-Maßnahme

Insbesondere, wenn sich Schlafzimmer oder Büro im ungünstigen Teil eines solchen Hauses befinden, empfiehlt sich die Verwendung der Feng Shui Power Disc 99 (s. S. 161 und S. 181). Besteht lediglich die Möglichkeit, die Feng Shui Power Disc in den eigenen Räumlichkeiten zu plazieren, hängen Sie die Feng Shui Power Disc in Ihr Schlafzimmer oder Ihr Büro. Haben Sie die Möglichkeit, die Feng Shui Power Disc auch im übrigen Teil des Hauses zu plazieren, verwenden Sie insgesamt drei Feng Shui Power Discs. Eine Feng Shui Power Disc hängen Sie in den grau markierten Teil des Hauses, eine zweite hängen Sie in den oberen schmalen Teil des Hauses, eine dritte in den nicht grau markierten unteren breiten Teil.

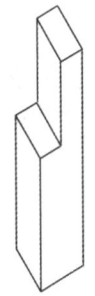

Ein Haus in Form eines „Känguruhs"

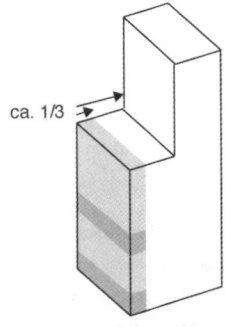

ca. 1/3

Ungünstiger Bereich in einem Haus in Form eines „Känguruhs": der grau unterlegte Bereich ist der ungünstige Bereich im Haus. Verstärkt finden wir den ungünstigen Einfluß im dunkelgrau unterlegten Bereich unten im Haus und knapp unterhalb der Mitte des Hauses. Befindet sich der Haupteingang des Hauses im dunkelgrauen Bereich, finden wir einen verstärkten ungünstigen Einfluß in weiteren Höhen oder Etagen. Die Länge des kurzen Pfeils beträgt ca. 1/3 der Länge des längeren Pfeils

Hexa-Form

In der 3. Dimension gibt es keine reinen Hexa-Formen

Eine Hexa-Form wird deshalb so genannt, weil sie von der 6. Dimension als günstig erkannt wird. Die für uns vorstellbare reine Hexa-Form wäre ein plastisches Gebilde, das frei über dem Erdboden schwebt. Da dies jedoch in der 3. Dimension so nicht möglich ist, finden wir auf der Erde praktisch nirgends eine reine Hexa-Form.

Der überwiegende Teil der Gebäude mit einer Hexa-Form ist deshalb eigentlich eine Kombination einer Hexa-Form mit einer anderen Gebäudeform. Meist handelt es sich um eine Kombination einer Hexa-Form mit einer Penta-Form. Wir finden jedoch auch Kombinationen einer Hexa-Form mit einer Tetra-Form oder einer geeignet strukturierten Quaderform. Das Besondere dieser Kombinationen besteht darin, daß zumindest ein größerer Teil des Gebäudes entweder nicht mit dem Erdboden verbunden ist oder aber sich ein „Loch" in dem betreffenden Gebäude befindet.

Vorspringende Gebäudeteile, die nicht mit dem Erdboden verbunden sind

Wenn Gebäudeteile mit einem ausreichenden Volumen seitlich vorspringen und sich dabei mindestens 6 m über dem Erdboden befinden, ist das ein geeignetes Kriterium, um eine Hexa-Form zu bilden

Wenn Gebäudeteile mit einem ausreichenden Volumen seitlich vorspringen und sich dabei mindestens 6 m über dem Erdboden befinden, ist das ein geeignetes Kriterium, um eine Hexa-Form zu bilden. Wenn der vorspringende Gebäudeteil eine Quaderform hat, so muß die Seitenlänge des Quaders in jede Richtung (Höhe, Breite, Tiefe) mindestens 7 m betragen. Es sind auch andere Formen als Quaderformen (z. B. abgerundete Formen) als Vorsprung möglich. Das Mindestvolumen des vorspringenden Gebäudeteils beträgt, abhängig von der Form, 320 bis 340 Kubikmeter, bei länglichen Formen auch mehr. Runde Säulen mit bis zu 20 cm Durchmesser oder quadratische Pfeiler mit bis zu 15 cm Breite stören dabei als Stütze nicht. Die Säulen bzw. Pfeiler dürfen dabei durchaus auch eng beieinander stehen (Mindestabstand 20 cm zueinander).

Hohlräume in Gebäuden

Häufiger als die gerade beschriebenen vorspringenden Gebäudeteile sind geeignete Hohlräume im Gebäude das entscheidende Kriterium für eine Hexa-Form. Diese Hohlräume (Aussparungen bzw. „Löcher") im Gebäude können sowohl seitlich offen als auch oben offen sein. Seitliche Hohlräume können sowohl die Form einer Nische im Gebäude haben als auch ein durchgehendes „Loch" im Gebäude bilden. Wichtig ist, daß sich unterhalb des Hohlraums noch mindestens 6 m genutzter Gebäudeanteil befindet.

Appartement-Gebäude an der Repulse Bay auf Hongkong Island. Das Gebäude hat durch seine geschwungene Form (Aufsicht von oben) eine Penta-Form.

Interessanterweise hat dieses Gebäude durch die Gestaltung der Seitenansicht (großer Hohlraum in der Mitte des rechten Gebäudeteils) zusätzlich eine Hexa-Form

Es ist möglich, Hohlräume, die seitlich offen sind, mit einer Glasfront zu verkleiden. Wenn es erforderlich ist, die Glasfront mit senkrechten Metallstreben zu stabilisieren, sollte zwischen den Metallstreben ein Mindestabstand von 150 cm eingehalten werden. Die senkrechten Metallstreben dürfen in diesem Fall eine Stärke von 8 bis 9 cm haben. Waagerechte Metallstreben dürfen nicht stärker als 1 cm sein.

Bei atrium-artigen Gebäuden darf die Aussparung ebenfalls nicht bis zum Erdboden reichen. Auch hier muß sich unterhalb der Aussparung, aber noch oberhalb der Erdoberfläche noch ein genutzter Gebäudeteil von mindestens 6 m Höhe befinden.

Wenn der Hohlraum im Gebäude eine Quaderform hat, muß die Seitenlänge des Quaders in jede Richtung (Höhe, Breite, Tiefe) mindestens 7 m betragen.

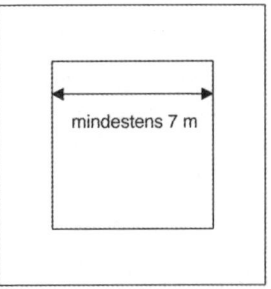

Ein Atrium-Haus mit einer Hexa-Form (Aufsicht)

Häuser, die durch ihre Form an Gegenstände erinnern

Insbesondere Geschäftshäuser können auch die Form eines Gegenstandes haben, der in Bezug zur Tätigkeit des Unternehmens steht. In Japan wurde z. B. ein Bahnhof in Form einer Dampflok gebaut, in den USA wurde eine optische Fabrik in Form eines Fernglases errichtet. Solche Formen können für gewerbliche Zwecke durchaus günstig sein, erzeugen jedoch nicht, wie oben

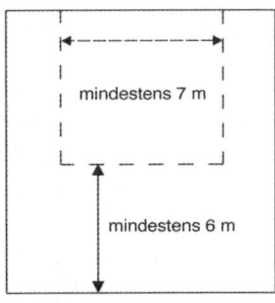

Ein Atrium-Haus mit einer Hexa-Form (Seitenansicht)

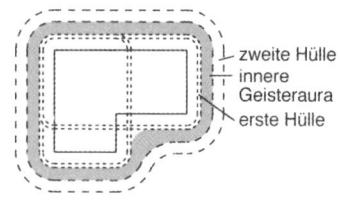

Verlauf der äußeren Hüllen bei einem Haus mit L-förmigem Grundriß

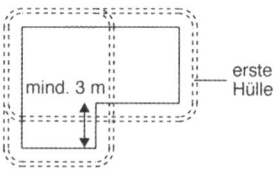

Der Gebäudevorsprung, der zur Bildung einer zusätzlichen ersten Hülle führt, muß mindestens 3 m betragen

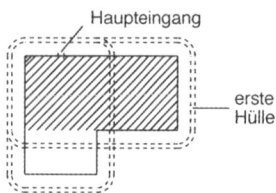

Verlauf der ersten Hüllen bei einem Haus mit L-förmigem Grundriß, wenn der Haupteingang und die gegenüberliegende Hauswand nicht im größtmöglichen Hausquader (schraffiert) liegen

beschrieben, die Bildung einer dritten äußeren Aura-Hülle. Für Privathäuser ist von solchen Formen eher abzuraten.

Probleme bei Häusern, die nicht quaderförmig sind oder keine Tetra- bzw. Penta-Form haben

Die zweite Hülle der äußeren Aura-Struktur des Hauses sowie die innere Geister-Aura umschließen auch nicht quaderförmige Häuser in dem bekannten Abstand als Ganzes. Die erste Hülle der äußeren Aura-Struktur dagegen ist nur in der Lage, in etwa quaderförmige Gebäudeteile zu umschließen, so daß wir zwei oder mehr getrennte erste Hüllen der äußeren Aura-Struktur des Hauses finden.

Eine erste Hülle bildet sich um den größtmöglichen Quader des Gebäudeteils. Die anderen ersten Hüllen gruppieren sich dann so, daß sie die weiteren in etwa quaderförmigen Gebäudeteile umschließen. Die einzelnen Quader mit ihren ersten Hüllen können sich dabei gegenseitig teilweise umschließen, so daß z. B. ein Gebäudeteil gleichzeitig zu zwei Quadern gehören kann. Auch Aussparungen in oberen Etagen oder auch im Keller können dazu führen, daß sich weitere erste Hüllen um die einzelnen quaderförmigen Gebäudeteile bilden. Damit ein Quader von einer ersten Hülle umschlossen wird, muß er eine Mindestgröße von ca. 180 Kubikmeter haben. Der Gebäudevorsprung, der zur Bildung einer zusätzlichen ersten Hülle führt, muß in der Regel zumindest ca. 3 Meter betragen

Eingangstüren sollten nicht so plaziert sein, daß Verlängerungen von Gebäudevorsprüngen direkt auf das Innere der Tür zeigen.

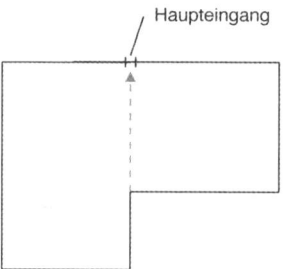

Eingangstüren sollten nicht so plaziert sein, daß Verlängerungen von Gebäudevorsprüngen direkt auf das Innere der Tür zeigen

50

Plazierung von Zimmern in Häusern mit zwei oder mehr ersten Aura-Hüllen

Wichtige Räume im Haus sollten möglichst innerhalb der ersten Aura-Hülle liegen, die auch den Haupteingang umschließt. Wenn zwei erste Hüllen den Haupteingang einschließen, kann es zu einer Differenzierung zwischen privat und geschäftlich genutzten Räumen kommen.

Privat genutzte Räume

Wenn sich zwei erste Hüllen bilden, die den Haupteingang einschließen, sollten die folgenden privat genutzten Räume möglichst innerhalb der größten ersten Hülle liegen, die den Haupteingang einschließt. Ist dies nicht der Fall, sollten sie zumindest in der kleineren ersten Hülle liegen, die den Haupteingang einschließt.

Schlafzimmer: In Wohnhäusern gibt es Probleme, wenn sich das Schlafzimmer nicht in dieser günstigen ersten Hülle befindet. Dabei kann es bei Ehepaaren zu einer verminderten Kommunikation und zu einer Trennungsproblematik kommen bzw. eine bestehende Trennungsproblematik kann verstärkt werden.

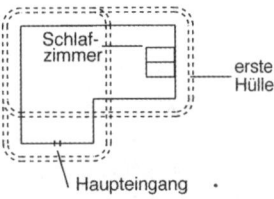

Ein Schlafzimmer liegt nicht in dem Quader des Hauses, in dem der Haupteingang liegt

Feng-Shui-Maßnahme

Verlegen Sie das Schlafzimmer in den Hauptteil des Hauses. Wenn dies nicht möglich ist, ist es zunächst am besten, eine der beschriebenen Maßnahmen zu treffen, um das Haus zum Rechteck zu ergänzen (s. S. 52). Fragen Sie mit Biotensor oder Pendel, ob diese Ergänzung ausreichend ist. Wenn Sie nicht ausreichend ist oder aus anderen Gründen nicht durchführbar ist, können Sie pro Etage zwei quadratische Spiegel von innen an die Außenwände (mit der Spiegelfläche nach außen zeigend) hängen. Die Spiegel sollten jeweils dort plaziert werden, wo der Anbau an den Hauptteil des Hauses grenzt (aber noch gerade im Anbau gelegen), etwa am Übergang vom oberen zum mittleren Drittel der Wand. Wenn Sie lediglich eine Wirkung für eine Etage haben wollen, können Sie die beiden Spiegel auch lediglich auf der betreffenden Etage plazieren. Die Seitenlänge der quadratischen Spiegel sollte ca. 50 bis 60 cm betragen. Diese Spiegel sollten allerdings nicht im Schlafzimmer aufgehängt werden. Falls die Plazierung im Schlafzimmer erfolgen muß, sollten quadratische Spiegel mit einer Seitenlänge von 9 bis 15 cm gewählt werden.

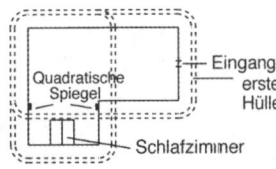

Plazierung zweier quadratischer Spiegel, wenn das Schlafzimmer nicht in dem Quader des Hauses liegt, in dem sich der Haupteingang befindet

Kinderzimmer: Befindet sich das Kinderzimmer nicht in dieser günstigen ersten Hülle, entwickelt das Kind zunehmend eigene Aktivitäten, es kann sich aber auch alleingelassen fühlen.

Arbeitszimmer: Befindet sich das Arbeitszimmer nicht innerhalb dieser Hülle, kann es dazu führen, daß die Trennung zwischen Arbeit und Familie größer wird und evtl. auch mehr Zeit als nötig im Arbeitszimmer verbracht wird.

Küche und Herd: Befinden sich Küche und Herd nicht innerhalb dieser Hülle, kann es dazu führen, daß die Hausfrau mehr Zeit als nötig in Haushalts- und Putzarbeit steckt. Die Küchengeister haben dann weniger Einfluß auf das Geschehen im Haus.

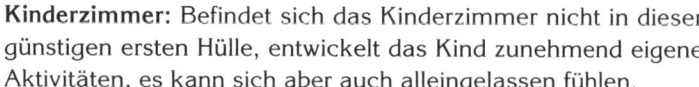

Geschäftlich genutzte Räume

Geschäftshaus: Beim Geschäftshaus leidet die Autorität des Chefs, wenn sich das Chefbüro nicht innerhalb der günstigen Hülle befindet. Möglicherweise neigt er auch dazu, Entscheidungen zu treffen, die der Firma wenig Nutzen bringen, da er zu wenig über das Geschehen in der Firma informiert ist. Wenn sich zwei erste Hüllen bilden, die den Haupteingang einschließen, sollte das Chefbüro besser innerhalb der ersten Hülle liegen, die neben dem Haupteingang auch die dem Haupteingang gegenüberliegende Hauswand einschließt.

Bei Ausbildung beider beschriebener Hüllenbildungen ist für privat genutzte Räume die 1. Form wichtiger, für geschäftlich genutzte Räume die 2. Form, wobei aber gleichzeitig beide Formen existieren und ihren Einfluß haben.

Das Chefbüro liegt nicht in dem Quader des Hauses, der neben dem Haupteingang auch die dem Haupteingang gegenüberliegende Wand einschließt

Ergänzung von nicht quaderförmigen Häusern zur Quaderform

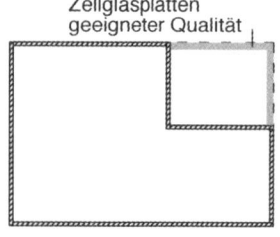

Ziel einer Feng-Shui-Maßnahme ist es, eine ungünstige Grundriß- oder Hausform zum Rechteck bzw. Quader zu ergänzen. Eine häufig anzutreffende Hausform bei freistehenden Einfamilienhäusern ist die **L-Form**. Es empfiehlt sich, diese Hausform z. B. durch eine Terrasse zum Rechteck zu ergänzen. Die Ergänzung sollte durch eine feinstoffliche und nicht-stoffliche Struktur vorgenommen werden. Diese Struktur sollte in diesem Fall möglichst nicht niedriger sein, als die Außenmauern des Hauses hoch sind. Gut geeignet zur Ausbildung einer solchen Struktur sind Zellglasplatten geeigneter Qualität ab 50 mm Stärke und ab 50 cm Breite (s. S. 163), die auch als sogenanntes Abschirmmaterial Verwen-

Ein L-förmiges Haus wird durch Zellglasplatten geeigneter Qualität zum Rechteck ergänzt. Die Zellglasplatten sollten mindestens 50 mm stark und 50 cm breit sein

dung finden. Ähnliche Ergänzungsmöglichkeiten bestehen bei **U-**, **Kreuz-** und **H-Formen** sowie anderen nicht rechteckigen Formen. Halbkreise können zu Kreisen ergänzt werden.

Diese Ergänzung kann dadurch gestärkt werden, daß der Abschluß der Terrasse nach außen durch eine Mauer betont wird. Ferner ist es günstig, die äußere Ecke der Terrasse durch eine Statue, die nach innen schauen sollte, eine Laterne oder anderweitig markant zu betonen. Eine andere Ergänzungsmöglichkeit besteht darin, eine Hecke als äußeren Terrassenabschluß zu pflanzen, die Ecke könnte dann durch einen Busch betont werden.

Es besteht auch die Möglichkeit als einzelne Maßnahme oder zusätzlich von innen an die Hauswände, die zur gedachten Ergänzung hinzeigen, rechteckige Spiegel zu hängen. Die Spiegelfläche sollte dabei zur Hauswand (nach außen) zeigen. Die Spiegel sollten ein günstiges Breiten- und Höhenmaß haben (s. S. 230). Ein geeigneter Spiegel ist beispielsweise 160 cm breit und 170 cm hoch. Für eine Hauswand mit einer Länge von bis zu 5 m ist ein solcher Spiegel ausreichend. Bei längeren Hauswänden benötigen Sie zwei oder mehr Spiegel, die Sie in etwa gleichmäßig über die Länge verteilen. Es empfiehlt sich, Spiegel in dieser Weise auf jeder Etage zu plazieren. Achten sie darauf, im Schlafzimmer keine Spiegel zu plazieren. Das gilt selbstverständlich auch für Kinderzimmer, die nicht nur als Spielzimmer benutzt werden. Bei Dachetagen mit niedrigem Trempel (Kniestock) ist eine solche Maßnahme nicht möglich. Wenn Sie an die Rückseite dieser Spiegel einen weiteren Spiegel ganz „normal" (Spiegelseite ins Zimmer zeigend) hängen, sollten Sie zwischen beiden Spiegeln einen Abstand von 1 cm, z. B. in Form einer Sperrholzplatte lassen.

Prüfen Sie mit Biotensor oder Pendel, ob es besser ist, die Ergänzung mit Zellglasplatten geeigneter Qualität oder Spiegeln in der beschriebenen Plazierung vorzunehmen. Beachten Sie bitte, daß bei der Ergänzung eines L-Hauses durch Spiegel, die Spiegelfläche zur Hauswand zeigt, während bei der später in diesem Buch beschriebenen Ergänzung eines L-förmigen Zimmers, die Spiegelfläche ins Zimmer zeigt.

Wenn durch Aussparungen im Haus gesundheitliche Probleme bestehen, sind in der Regel zusätzlich Maßnahmen mit den entsprechenden Wandlungsmaterialien erforderlich, wie sie in Band 1 „Das große Feng-Shui Gesundheitsbuch" der mehrbändigen Feng-Shui-Reihe im Abschnitt „Wenn Trigrammsektoren außerhalb des Hauses liegen" beschrieben sind.

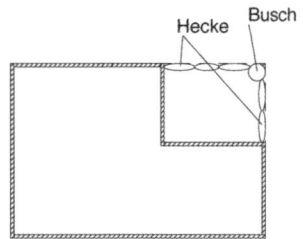

Ein L-förmiges Haus wird mittels Hecke und Busch zum Rechteck ergänzt

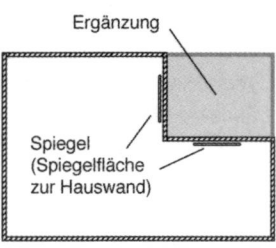

Ein L-förmiges Haus wird durch Spiegel, deren Spiegelfläche zur Hauswand zeigt, zum Rechteck ergänzt

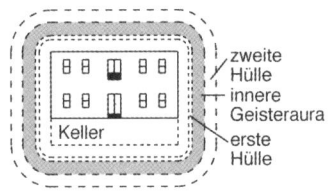

Verlauf der Aura beim
Flachdachhaus

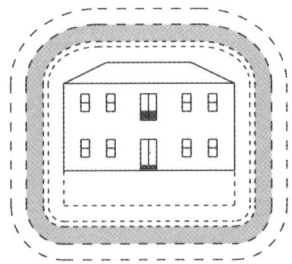

Verlauf der Aura beim Haus
mit einer Dachneigung von
unter 30 Grad

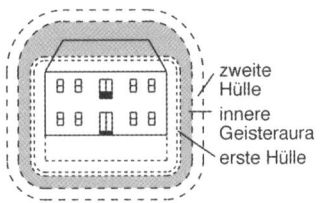

Verlauf der Aura beim Haus
mit einer Dachneigung von
über 30 Grad mit nicht
ausgebautem Dachboden

Dachformen wirken auf
die innere Geister-Aura

Abhängig von der Form des Dachs und dem Innenausbau im Dachbereich, kann die äußere Aura-Struktur sehr unterschiedlich aussehen. Für die Funktion der äußeren Aura-Struktur ist es am günstigsten, wenn ihr Abstand zum Dach nicht kleiner wird als zu den Hauswänden. Dies ist jedoch nicht bei allen Dachformen der Fall.

Besonders in den warmen südlichen Ländern sind **Flach-dach**bauten zu finden. Die Hüllen der äußeren Aura-Struktur verlaufen hier in den bekannten Abständen auch über der Dachfläche. Das gleiche gilt für halbkugelförmige **Kuppeldächer**, die sich über einem rechteckigen Grundriß befinden. Auch bei Häusern mit **Satteldach unter 30 Grad** Dachneigungswinkel gelten die bekannten Abstandsmaße.

Bei **Häusern mit Satteldach über 30 Grad ohne Dachausbau** verläuft die erste Hülle der Haus-Aura bereits in 130 bis 170 cm Höhe über dem Dachboden. Die zweite Hülle der Haus-Aura verläuft in 50 % geringerem Abstand über dem Dachfirst. Der Abstand zwischen den beiden Hüllen wird somit größer. Dadurch wird die innere Geister-Aura stärker auseinandergezogen. Das bedeutet, daß der Schutz, den uns die innere Geister-Aura gegen unerwünschte Einflüsse von außen bietet, geringer wird. Wenn Sie Probleme mit unerwünschten Geistern unter dem Dach haben, beispielsweise durch eine geschwächte innere Geister-Aura im Dachbereich, hilft es, unter dem Dach ein oder mehrere orange-farbene Klangspiele aufzuhängen (s. S. 215).

Wenn bei **Häusern mit Satteldach über 30 Grad Dachneigungs-winkel mit Dachausbau** sowohl die Mauerstärke der Giebelwän-de mindestens 70 % der Mauerstärke der Hauswand als auch die Mauerstärke des Innenausbaus des Dachgeschosses 70 % der Stärke der Zimmerwände des Hauses betragen, verlaufen erste und zweite Hülle der Haus-Aura im bekannten Abstand über das Dach (s. Abb. S. 55). Wenn nur die Giebel in entsprechender Stär-ke hochgezogen sind, der Innenausbau jedoch zu schwach ist, ver-läuft die erste Hülle zwar in 130 bis 170 cm Höhe über den Gie-bel, knickt dann jedoch ein und verläuft in ca. 50 % geringerem Abstand über dem Dachfirst weiter (s. Abb. S. 55). Der Schutz, den uns die innere Geister-Aura gegen unerwünschte Einflüsse von außen bietet, wird auch in diesem Fall etwas geringer.

Wenn Sie für den Dachausbau andere Materialien als für den Hausbau verwendet haben, fragen Sie mit dem Biotensor oder

Pendel: *„Entspricht die Stärke dieser Wand mindestens 70 % der Mauerstärke der Zimmerwand?"*

Für Tonnendächer mit halbkreisförmigem Giebel läuft die erste Hülle der Haus-Aura nur dann im gleichen Abstand wie zur Hauswand über das Dach, wenn der Innenausbau des Daches etwa 90 % der Mauerstärke der Hauswand (nicht der Zimmerwand) beträgt und auch das Dach selbst aus genügend starkem Material besteht.

Wenn der Abstand zwischen erster und zweiter äußerer Hülle der Haus-Aura größer wird, ist auch die innere Geister-Aura stärker auseinandergezogen. Dies bedeutet, daß der Schutz, den uns die innere Geister-Aura gegen unerwünschte Einflüsse von außen bietet, geringer wird.

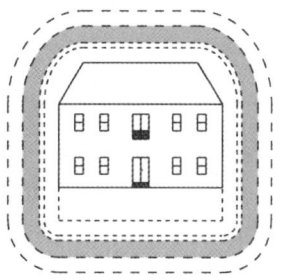

Verlauf der Aura beim Haus mit einer Dachneigung von über 30 Grad mit ausgebautem Dachboden

Bestimmte Dachneigungswinkel können unerwünschte Energien ins Haus bringen

Gelegentlich kann es zu Problemen im Haus bei bestimmten Dachneigungswinkeln kommen. Dabei kann es sich um Befindlichkeitsstörungen oder um eine mehr oder weniger leichte psychische Irritation handeln. Durch Baumaterialien mit relativ glatter Oberfläche, die für die Wärmedämmung unter Dachschrägen verwendet werden, können bei speziellen Neigungswinkeln, teils nur in Kombination mit der Ausrichtung der Dachfläche zu einer bestimmten Himmelsrichtung, Energien und ihre Träger, die sich normalerweise in einer höheren Dimension befinden, in unsere 3. Dimension und damit ins Haus beschleunigt werden.

Für den Menschen ungünstige Energien aus der **5. Dimension** können bei folgenden Dachneigungswinkeln aktiviert werden:

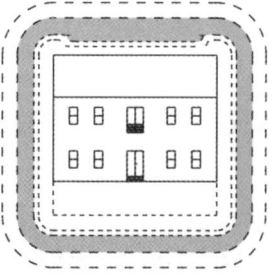

Verlauf der Aura beim Haus bei Satteldächern mit Dachneigung von über 30 Grad mit nicht ausgebautem Dachboden, aber ausreichender Giebelstärke

- **11 Grad** Dachneigungswinkel (unabhängig von der Ausrichtung der Dachfläche zu einer bestimmten Himmelsrichtung)
- **24,5 Grad** Dachneigungswinkel (unabhängig von der Ausrichtung der Dachfläche zu einer bestimmten Himmelsrichtung)

In einem Neigungswinkel von 24,5 Grad sollten Sie keine runden Dachfenster verwenden. Dreieckige Fenster sollten Sie grundsätzlich vermeiden. In einem Neigungswinkel von 11 Grad und 24,5 Grad werden zusätzlich ungünstige Energien aktiviert.

Für den Menschen ungünstige Energien aus der **4. Dimension** können bei folgenden Dachneigungswinkeln aktiviert werden:

- **30 bis 31 Grad** (bei Ausrichtung der Dachfläche zu den Haupthimmelsrichtungen N, S, O oder W)
- **61 Grad** (bei Ausrichtung der Dachfläche zu den Himmelsrichtungen SSO oder NNW)

- **74,5 Grad** (bei Ausrichtung der Dachfläche zu den Haupthimmelsrichtungen N, S, O oder W)

Auch die Wahl des Baumaterials beeinflußt die Energien

Oft entscheidet auch die Kombination von Materialien, die zur Dachisolierung verwendet werden, ob eine ungünstige Energie in die 3. Dimension beschleunigt wird. Fragen Sie im Einzelfall mit Biotensor oder Pendel, welches Wärmedämmaterial bei einem bestimmten Dachneigungswinkel und bei problematischer Ausrichtung der Dachfläche geeignet ist.

Feng-Shui-Maßnahme
Gut geeignet, die Aktivierung ungünstiger Energien durch das Dach zu verhindern, ist die Feng Shui Power Disc 99 (s. S. 161 und S. 181). Wenn die Form des Daches aus einer Kombination von gerader Dachschräge und gerundeter Dachform besteht, kann es besser sein, mehr als eine Feng Shui Power Disc zu verwenden. Die erforderliche Anzahl und Plazierung bestimmen Sie am besten mit Biotensor oder Pendel.

Anmerkung zur Fassadengestaltung

Eine Feinstrukturierung ist bei großen Flächen günstig

Großflächige glatte Fassaden können ab einer Gesamtfläche von ca. 190 Quadratmeter zu Problemen mit unerwünschten Einflüssen von außen führen. Darüber hinaus können großflächige glatte Fassaden auch trist aussehen. Neben einer Strukturierung des Gesamtgebäudes durch Anbauten (s. auch Tetra- und Penta-Formen) besteht die Möglichkeit, eine Feinstrukturierung der Fassade vorzunehmen. Günstig sind hierfür insbesondere runde Formen, die der Fassade eine senkrechte Feinstruktur geben. Geeignet hierfür sind gerundete Vorsprünge nach außen, die ca. 40 bis 90 cm nach vorn springen und ca. 80 bis 135 cm breit sind. Eine Feinstrukturierung der Fassade über die ganze Höhe des Gebäudes ist in der Regel einer partiellen Strukturierung vorzuziehen.

56

Kapitel 4

Wu Xing: Die Fünf Wandlungsgesetze

Als die Europäer Ende des 19. Jahrhunderts begannen, sich intensiver mit der chinesischen Kultur auseinanderzusetzen, versuchten sie, chinesisches Gedankengut mit westlichem zu vergleichen oder zu verknüpfen. Im Westen bekannt waren die vier Elemente Luft, Feuer, Wasser und Erde. Bei oberflächlicher Betrachtung erschien einigen westlichen Forschern eine Verbindung oder Entsprechung dieser vier Elemente mit den chinesischen Fünf Wandlungsgesetzen gegeben zu sein. *Wu Xing* wurde deshalb im Westen oft als „Fünf Elemente" übersetzt. Obwohl mittlerweile allgemein bekannt ist, daß die vier Elemente der griechischen Philosophie nicht mit den Wu Xing vergleichbar sind, hat sich bis heute die Übersetzung Fünf Elemente (oder auch Fünf Qualitäten) gehalten. Wir wollen im folgenden jedoch bei dem chinesischen Begriff Wu Xing oder der deutschen Übersetzung „Fünf Wandlungsgesetze" bleiben, um Mißverständnissen vorzubeugen.

Die Fünf Wandlungsgesetze Wu Xing wirken aus der 5. Dimension auf unterschiedliche Energien, Träger und Strukturen der 3. Dimension ein. Die einzelnen Wandlungsgesetze stehen in ganz bestimmter Wechselwirkung zueinander. Sie beeinflussen unsere Gesundheit, unsere geistigen Funktionen, unsere Stimmungen und astrologische Gegebenheiten.

Die Chinesen haben den Fünf Wandlungsgesetzen Namen von Materialien gegeben, die das jeweilige Wandlungsgesetz aktivieren.

Diese Materialien sind:

Holz (chin. *Mu*)
Feuer (chin. *Huo*)
Erde (chin. *Tu*)
Metall (chin. *Jin*)
Wasser (chin. *Shui*)

Die Bedeutung der Fünf Wandlungsgesetze
für den Menschen

Das Vorhandensein der verschiedenen Energiequalitäten im Raum und ihr Mischungsverhältnis hat Einfluß auf unsere geistigen und körperlichen Funktionen

Viele Energien des Feng Shui unterliegen den Fünf Wandlungsgesetzen in der Art, daß sie in der 3. Dimension fünf unterschiedliche Ausprägungsformen (Energiequalitäten) bekommen können. Dabei liegen die fünf Energiequalitäten sowohl in der Natur als auch in geschlossenen Räumen in der Regel nicht zu gleichen Teilen vor. Das Vorhandensein der verschiedenen Energiequalitäten im Raum und ihr Mischungsverhältnis hat Einfluß auf unsere geistigen und körperlichen Funktionen. Verschiedene Personen brauchen im allgemeinen eine unterschiedliche Menge bzw. ein individuelles Mischungsverhältnis dieser Energiequalitäten. Dabei ist die optimale Menge bzw. das optimale Mischungsverhältnis für den einzelnen Menschen auf den verschiedenen Ebenen unterschiedlich. Dieselbe Person kann zusätzlich für verschiedene Tätigkeiten oder zu verschiedenen Zeitpunkten bzw. an verschiedenen Orten andere Werte benötigen.

Die fünf Energiequalitäten in der Natur

In der Natur sind alle fünf Energiequalitäten vorhanden. Bodenbeschaffenheit, Bewuchs und Feuchtigkeit haben jedoch Einfluß auf ihre Zusammensetzung. In bewaldeten Gebieten ist die Energiequalität Holz vermehrt vorhanden. In Gebieten mit hoher Luftfeuchtigkeit ist die Energiequalität Wasser vermehrt, in Trockengebieten ist sie dagegen vermindert anzutreffen. Über frisch gepflügten Ackerflächen ist die Energiequalität Erde vermehrt. Ähnliches gilt auch für die Zusammensetzung der fünf Energiequalitäten in geschlossenen Räumen.

Wandlungsmaterialien

Die Energiequalitäten im Raum lassen sich
durch Materialien ändern

Wenn Sie Ihr Wohnzimmer mit neuen Massivmöbeln aus Holz einrichten, vermehren Sie die Energiequalität Holz im Zimmer. Richten Sie das Wohnzimmer mit Metallmöbeln ein (wovon aus anderen Gründen dringend abzuraten ist, s. S. 155), haben Sie im Zimmer die Energiequalität Metall vermehrt.

Sie können auf das Mischungsverhältnis der Energiequalitäten im Raum u. a. mit bestimmten Materialien gezielt Einfluß nehmen. Wenn Sie ein Material in einen Raum bringen, werden im allgemeinen zwei Energiequalitäten verstärkt und drei Energiequalitäten in der Wirkung abgeschwächt bzw. verändert. Die Energiequalität, die durch ein bestimmtes Material hauptsächlich verstärkt wird, wird nach diesem Material benannt. Eine Änderung des Mischungsverhältnisses kann abhängig von der Art der Änderung sowohl günstig als auch ungünstig für uns sein. Wir werden später noch darauf eingehen, wie Sie das Mischungsverhältnis der Energiequalitäten im Raum optimieren können. Zunächst wollen wir Ihnen jedoch nur erläutern, wie ein Material, z. B. Holz, die Energiequalität gleichen Namens stärkt.

Wenn Sie ein Material in einen Raum bringen, werden im allgemeinen zwei Energiequalitäten verstärkt und drei Energiequalitäten in der Wirkung abgeschwächt bzw. verändert

Wie das Material Holz die Energiequalität Holz vermehrt

Wenn man einen Gegenstand aus Holz zusätzlich in einen Raum bringt, beginnt das **Wandlungsgesetz Holz** aktiv zu werden. Die **Energiequalität Holz** wird gestärkt. Hellsichtige Personen sehen diese Energiequalität in grüner Farbe. Diese Personen bemerken um den zugefügten Gegenstand herum einen grünlichen Nebel. Die Chinesen haben deshalb der Energiequalität Holz auch die **Farbe Grün** zugeordnet.

Wie Feuer die Energiequalität Feuer vermehrt

Entzündet man ein Feuer in einem Raum (z. B. als Kerzenflamme oder Kaminfeuer), so beginnt das **Wandlungsgesetz Feuer** aktiv zu werden. In diesem Fall wird die **Energiequalität Feuer** gestärkt. Hellsichtige Personen sehen diese Energiequalität als roten Nebel um z. B. die Kerzenflamme herum. Die Chinesen haben somit der Energiequalität Feuer auch die **Farbe Rot** zugeordnet.

Bestimmte Materialien vermehren die jeweiligen Energiequalitäten

Wie das Material Erde die Energiequalität Erde vermehrt

Wenn man Erde zusätzlich in einen Raum bringt, beginnt das **Wandlungsgesetz Erde** aktiv zu werden. Die **Energiequalität Erde** nimmt zu. Hellsichtige Personen sehen diese Energiequalität als gelblichen bis hellbraunen Nebel um das Material herum. Die Chinesen haben also der Energiequalität Erde die **Farbe Gelb** zugeordnet.

Wie das Material Metall die Energiequalität Metall vermehrt

Bringt man zusätzlich einen Gegenstand aus Metall in einen Raum, so beginnt das **Wandlungsgesetz Metall** aktiv zu werden. In diesem Fall hat die **Energiequalität Metall** zugenommen. Hellsichtige Personen sehen diese Energiequalität als weißlichen Nebel um das Metall herum. Der Energiequalität Metall haben die Chinesen deshalb die **Farbe Weiß** zugeordnet.

Wie Wasser die Energiequalität Wasser vermehrt

Wird Wasser zusätzlich in einen Raum gebracht, beginnt das **Wandlungsgesetz Wasser** aktiv zu werden. Die **Energiequalität Wasser** tritt jetzt vermehrt auf. Hellsichtige Personen sehen diese Energiequalität in bläulichem Nebel um das Wasser herum. Die Chinesen haben der Energiequalität Wasser die **Farbe Blau** zugeordnet.

Auch andere Materialien vermehren Energiequalitäten

Neben den Materialien, die den jeweiligen Wandlungsgesetzen ihren Namen gegeben haben, gibt es weitere Materialien, die die Wandlungsgesetze ebenfalls aktivieren und damit Einfluß auf die Zusammensetzung der fünf Energiequalitäten nehmen. Wir wollen ab sofort beide Arten von Materialien **Wandlungsmaterialien** nennen. Die Wandlungsmaterialien können bereits beim Hausbau gezielt eingesetzt werden. Im Haus können Einrichtungsgegenstände oder auch Zierat bewußt plaziert werden und dabei auch jederzeit den aktuellen Gegebenheiten angepaßt werden. Beim Einsatz von Wandlungsmaterialien ist darauf zu achten, daß fast alle von Menschen geschaffenen oder bearbeiteten Wandlungsmaterialien eine begrenzte „Lebensdauer" haben. Dies heißt, daß sie nur eine begrenzte Zeit das jeweilige Wandlungsgesetz aktivieren können und damit Einfluß auf die Zusammensetzung der fünf Energiequalitäten nehmen.

Beim Einsatz von Wandlungsmaterialien ist auf eine begrenzte „Lebensdauer" zu achten

Wandlungsmaterial Holz

Bereits beim Hausbau wurde insbesondere in früherer Zeit viel Holz verwendet. Auch heute noch sind neben dem Dachstuhl häufig Fensterrahmen, Türzargen, Fußböden, Decken- und Wandverkleidungen aus Massivholz. Einrichtungsgegenstände wie Stühle, Tische und Schränke sind gänzlich oder teilweise aus Holz. Weiterhin sind aus Holz z. B. Statuen, andere Schnitzereien, Schalen, Kästchen, aber auch Weidenkörbe. Auch Kork aktiviert das Wandlungsgesetz Holz. Spanplatten sind zumindest teilweise aus Holz.

Lebende Pflanzen, Gardinen oder Fußbodenbeläge aus Baumwolle oder anderen Pflanzenfasern aktivieren ebenfalls das Wandlungsgesetz Holz. Getrocknete Pflanzen und Zierkürbisse, Bücher und Zeitschriften, Früchte oder Gebäck können zumindest zeitlich begrenzt das Wandlungsgesetz Holz aktivieren.

Lebensdauer der Holz-Wandlungsmaterialien

Holz wirkt zunächst einmal als Wandlungsmaterial, solange ein Gehölz lebt. Stirbt das Gehölz ab, bzw. wird es vom Menschen gefällt oder geschnitten, wirkt der Holzanteil je nach Dicke noch bis zu 40 Jahre als Wandlungsmaterial Holz. Der Wirkungsbereich dieses Wandlungsmaterials ist jedoch kleiner als zu Lebzeiten. Blätter bzw. andere nicht verholzte Planzenteile wirken noch ca. 1 Jahr als Wandlungsmaterial, wenn sie abgeschnitten oder abgestorben sind. Einen Überblick über die Lebensdauer verschiedener Holz-Wandlungsmaterialien gibt Ihnen folgende Liste:

- Holz: 40 Jahre
- Holzparkett: 40 Jahre
- Korkparkett: 40 Jahre
- Weidenkörbe: 5 bis 7 Jahre
- Gardinen oder Fußbodenbeläge aus Baumwolle oder anderen Pflanzenfasern: ca. 2 Jahre
- Spanplatten: ca. 2 Jahre
- getrocknete Pflanzen und Zierkürbisse: ca. 1 Jahr
- Bücher und Zeitschriften: 1 Jahr (ein Aufbewahrungsort für aktuelle Zeitschriften, die regelmäßig ersetzt werden, wäre somit im Prinzip auch längerfristig geeignet)

Wandlungsmaterial Feuer

Offenes Feuer ist heutzutage in Innenräumen selten anzutreffen.

Das Wandlungsgesetz Feuer wird jedoch heute auch durch Flachglas (nicht geblasenes Glas) aktiviert. Flachglas wird z. B. für Scheiben in Fenstern, Türen, Schränken und verglaste Bilder verwendet. Flachglas wird auch eingesetzt für Regalböden, Tischplatten und zur Abdeckung von Tischen und Schränkchen.

Flachglas in Spiegeln ist eine Kombination mit Metall und sollte immer auch in Hinblick auf die Wirkung durch zusätzliches Metall betrachtet werden. Außerdem sind bei Spiegeln die Spiegelmaße wie auch mögliche Probleme durch *Trans-Sha* über den Metallanteil (s. S. 155) zu berücksichtigen.

Auch Kieselsteine aktivieren das Wandlungsgesetz Feuer.

Lebensdauer der Feuer-Wandlungsmaterialien

- Kieselsteine: praktisch unbegrenzt
- Flachglas: 20 bis 45 Jahre
- Flachglas bei Spiegeln: ca. 20 Jahre
- Kerzenflamme und Kaminfeuer: solange sie brennen

Stirbt das Gehölz ab, bzw. wird es vom Menschen gefällt oder geschnitten, wirkt der Holzanteil je nach Dicke noch bis zu 40 Jahre als Wandlungsmaterial Holz

Das Wandlungsgesetz Feuer wird heute auch durch Flachglas (nicht geblasenes Glas) aktiviert

Wandlungsmaterial Erde

Als Wandlungsmaterial Erde zählt Blumenerde, wobei Pflanzenrückstände zusätzlich das Wandlungsmaterial Holz darstellen können

Als Wandlungsmaterial Erde zählt Blumenerde, wobei Pflanzenrückstände zusätzlich das Wandlungsmaterial Holz darstellen können.

Andere Materialien, die das Wandlungsgesetz Erde aktivieren, sind Natursteine, Ziegelsteine und Beton. Beachten Sie bitte den Metallanteil bei Monier-Beton. Auch Kristalle (Edelsteine), Porzellan, Keramik und Kunststoffe gehören dazu. Tiere und tierische Produkte wie Wolle, Leder bzw. Felle, aber auch unser menschlicher Körper, aktivieren das Wandlungsgesetz Erde.

Kunststoffe finden in unserer heutigen Inneneinrichtung vielfache Verwendung. Achten Sie z. B. auch auf Kunststoffbeschichtung von Möbeln.

Lebensdauer der Erde-Wandlungsmaterialien

Kunststoffbeschichtete Möbel auf Spanplattenbasis sind ab einem Alter von ca. 2 Jahren lediglich Wandlungsmaterial Erde

- Kristalle (Edelsteine): unbegrenzt
- Natursteine: praktisch unbegrenzt
- Porzellan: 80 bis 110 Jahre
- Ziegelsteine: 80 Jahre
- Leder und Felle: 50 bis 60 Jahre
- Keramik: 50 Jahre
- Monier-Beton: 30 Jahre
- Wollteppiche und andere Wolltextilien: 30 Jahre
- Kunststoffe: 20 bis 25 Jahre
- Naturseide: 10 bis 20 Jahre
- Stearinkerzen: 2 Jahre
- Bienenwachs: 1 Jahr

Wandlungsmaterial Metall

Zum Wandlungsmaterial Metall gehören Metalle aller Art. Die stärkste Wirkung hat Gold

Zum Wandlungsmaterial Metall gehören Metalle aller Art. Die stärkste Wirkung hat Gold. Für den chinesischen Begriff Jin ist neben Metall auch die Übersetzung Gold möglich. Sowohl beim Hausbau als auch bei der Inneneinrichtung wird seit einigen Jahrzehnten viel Metall verwendet.

Seien Sie bitte mit der Plazierung von Metallen insbesondere im Schlafbereich äußerst vorsichtig, da häufig schwerwiegende Gesundheitsstörungen durch Trans-Sha auftreten (s. S. 155). Dies gilt auch für die Plazierung von Spiegeln, die die Wandlungsmaterialien Metall und Feuer (über das Flachglas) darstellen. Normalerweise ist von der Plazierung von Spiegeln im Schlafbereich generell abzuraten.

Lebensdauer der Metall-Wandlungsmaterialien
- Goldbarren: ca. 120 Jahre
- Goldringe: ca. 80 bis 90 Jahre
- Stahl: 25 bis 50 Jahre
- Eisen: 40 Jahre
- Messing: 35 Jahre
- Blei: 25 Jahre
- Aluminium: 14 Jahre
- Quecksilber (z. B. in Thermometern): 12 Jahre
- Kupfer: 11 Jahre
- Zinn: 11 Jahre
- Bronze: 10 Jahre
- Spiegelbeschichtung: ca. 9 Jahre.
- Silber: 6 bis 10 Jahre

Wandlungsmaterial Wasser
Das ideale Wandlungsmaterial Wasser ist Wasser selbst, und zwar in verwirbelnder Form, z. B. als Springbrunnen. Aber auch unbewegtes Wasser kann das Wandlungsgesetz Wasser aktivieren. Wenn sich das Wasser in einem Gefäß befindet, sollte das Gefäß offen sein, da sonst die Wirkung deutlich eingeschränkt ist.

Zusätzlich wird das Wandlungsgesetz Wasser durch geblasenes Glas (Trinkgläser, Glasschalen, Glasvasen, Glasfiguren u. a.) aktiviert.

Das ideale Wandlungsmaterial Wasser ist Wasser selbst, und zwar in verwirbelnder Form, z. B. als Springbrunnen

Lebensdauer der Wasser-Wandlungsmaterialien
- Wasser: solange es frisch ist
- geblasenes Glas: ca. 20 Jahre

Ein Wandlungsmaterial wirkt auf die fünf Energiequalitäten im Raum

Ein Wandlungsmaterial wirkt nicht nur auf eine Energiequalität im Raum, wie bisher beschrieben. Neben der geschilderten Wirkung eines Wandlungsmaterials auf die Energiequalität gleichen Namens im Raum wirkt das Wandlungsmaterial darüber hinaus noch auf die vier anderen Energiequalitäten, die sich im Raum befinden. D. h., das Wandlungsmaterial Holz stärkt über die Aktivierung des Wandlungsgesetzes Holz nicht nur die Energiequalität Holz. Das Wandlungsmaterial Holz verstärkt außerdem die Ener-

Ein Wandlungsmaterial beeinflußt *alle* Energiequalitäten

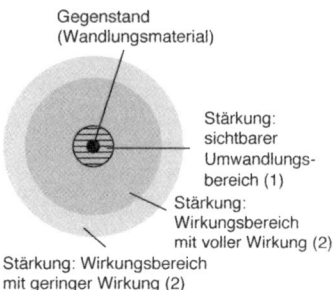

Stärkung: Bereiche um ein Wandlungsmaterial herum. 1) Der schraffierte Bereich markiert den (für den Hellsichtigen) sichtbaren Umwandlungsbereich der Stärkung. In diesem Umwandlungsbereich entsteht z. B. beim Wandlungsmaterial Holz die Energiequalität Holz (vom Hellsichtigen als grünlicher Nebel wahrgenommen). 2) Der gesamte graue Bereich ist der Wirkungsbereich, in dem wir vermehrt z. B. die Energiequalität Holz finden

giequalität Feuer, erschöpft die Energiequalität Wasser, schwächt die Energiequalität Metall und verdrängt die Energiequalität Erde.

Wenn ein Wandlungsmaterial ein Wandlungsgesetz aktiviert, setzt es fünf verschiedene Wandlungsprozesse in Gang und nimmt damit auf die fünf verschiedenen Energiequalitäten im Raum Einfluß. Jedes Wandlungsgesetz setzt also fünf verschiedene Wandlungsprozesse in Gang. Es sind dies die Wandlungsprozesse der Stärkung, der Verstärkung, der Erschöpfung, der Schwächung und der Verdrängung.

Wir wollen Ihnen nun die fünf verschiedenen Wandlungsprozesse im einzelnen erläutern.

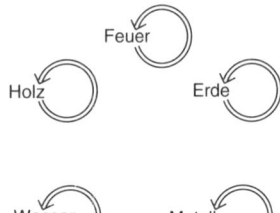

Der Wandlungsprozeß der Stärkung: Die Pfeile bedeuten, daß das Wandlungsmaterial Holz die Energiequalität Holz stärkt. Das Wandlungsmaterial Feuer stärkt die Energiequalität Feuer usw. Eine Energiequalität wird dadurch gestärkt, daß sie zusätzlich aus der 4. Dimension kommt

Der Wandlungsprozeß der Stärkung

Wenn ein Wandlungsmaterial in einen Raum gebracht wird, wird zunächst, wie oben beschrieben, die Energiequalität gestärkt, nach der das Wandlungsmaterial benannt ist. Diese Stärkung erfolgt dadurch, daß diese Energiequalität zusätzlich aus der 4. Dimension kommt. Die gestärkte Energiequalität kommt in dem Umwandlungsbereich aus der 4. Dimension, der wie weiter oben beschrieben als farbiger Nebel um den betreffenden Gegenstand herum zu sehen ist. Die gestärkte Energiequalität verteilt sich dann, wie auf der obigen Abbildung zu sehen ist, aber im ganzen Wirkungsbereich des Gegenstandes.

Wie wir bereits erläutert haben, heißt das:
- das Wandlungsmaterial Holz stärkt die Energiequalität Holz
- das Wandlungsmaterial Feuer stärkt die Energiequalität Feuer
- das Wandlungsmaterial Erde stärkt die Energiequalität Erde
- das Wandlungsmaterial Metall stärkt die Energiequalität Metall
- das Wandlungsmaterial Wasser stärkt die Energiequalität Wasser

64

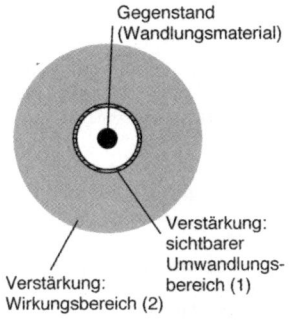

Gegenstand (Wandlungsmaterial)

Verstärkung: sichtbarer Umwandlungs-bereich (1)

Verstärkung: Wirkungsbereich (2)

Verstärkung: Bereiche um ein Wandlungsmaterial herum. 1) Der dunkle Ring markiert den (für den Hellsichtigen) sichtbaren Umwandlungsbereich der Verstärkung (im Text als farbiger Saum beschrieben). In diesem Umwandlungsbereich entsteht z. B. beim Wandlungsmaterial Holz die Energiequalität Feuer (vom Hellsichtigen als rötlicher Nebel wahrgenommen). 2) Der gesamte graue Bereich ist der Wirkungsbereich, in dem wir vermehrt z. B. die Energiequalität Feuer finden

Der Wandlungsprozeß der Verstärkung

Es kann sein, daß dieses Wandlungsmaterial zusätzlich eine andere Energiequalität verstärkt. Die Verstärkung erfolgt erst dann, wenn bereits eine Mindestmenge der Energiequalität im Raum ist, die mit dem Wandlungsmaterial gleichlautend ist. Diese Verstärkung erfolgt ebenfalls dadurch, daß diese Energiequalität zusätzlich aus der 4. Dimension kommt.

Das heißt:

*   **Wandlungsmaterial Holz:** Das Wandlungsmaterial Holz kann die Energiequalität Feuer verstärken, wenn eine Mindestmenge der Energiequalität Holz bereits im Raum ist. Dies wird von hellsichtigen Personen als roter Saum um den beschriebenen grünen Nebel gesehen, der um das Wandlungsmaterial Holz herum auftritt
*   **Wandlungsmaterial Feuer:** Das Wandlungsmaterial Feuer kann die Energiequalität Erde verstärken. Für den Hellsichtigen ist dann ein gelblicher bis ockerfarbener Saum um einen roten Nebel herum zu sehen
*   **Wandlungsmaterial Erde:** Das Wandlungsmaterial Erde kann die Energiequalität Metall verstärken. Hellsichtige sehen einen milchig-weißen Saum um einen gelblichen bis ockerfarbenen Nebel herum
*   **Wandlungsmaterial Metall:** Das Wandlungsmaterial Metall kann die Energiequalität Wasser verstärken. Der Hellsichtige sieht einen bläulichen Saum um einen weißlichen Nebel herum
*   **Wandlungsmaterial Wasser:** Das Wandlungsmaterial Wasser kann die Energiequalität Holz verstärken. Vom Hellsichtigen wird dann ein grünlicher Saum um einen bläulichen Nebel herum gesehen

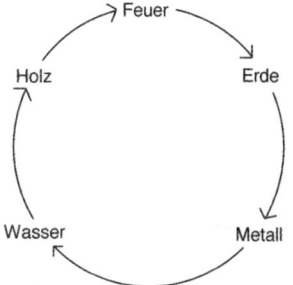

Der Wandlungsprozeß der Verstärkung: Die Pfeile bedeuten, daß das Wandlungsmaterial Holz die Energiequalität Feuer verstärken kann. Das Wandlungsmaterial Feuer kann die Energiequalität Erde verstärken usw. Eine Energiequalität kann dadurch verstärkt werden, daß sie zusätzlich aus der 4. Dimension kommt

Erschöpfung: Bereiche um ein Wandlungsmaterial herum.
1) Der dunkle Ring markiert den (auch für den Hellsichtigen in
der Regel) nicht sichtbaren Umwandlungsbereich der
Erschöpfung. In diesem Umwandlungsbereich verschwindet
z. B. beim Wandlungsmaterial Holz die Energiequalität Wasser
in die 4. Dimension. 2) Der gesamte graue Bereich ist der
Wirkungsbereich, in dem wir vermindert z. B. die
Energiequalität Wasser finden. 3) Um den dunklen Ring herum
finden wir eine relativ schmale Zone, in dem z. B. die
verbliebene Energiequalität Wasser vermehrt Yin wird. Eine
vermehrte Yin-Wirkung ist außerhalb dieser schmalen Zone
nicht zu finden

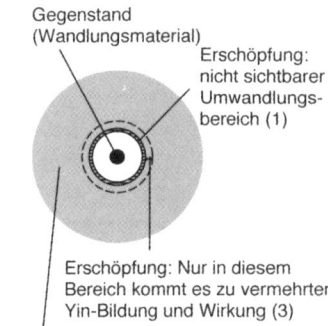

Gegenstand
(Wandlungsmaterial)

Erschöpfung:
nicht sichtbarer
Umwandlungs-
bereich (1)

Erschöpfung: Nur in diesem
Bereich kommt es zu vermehrter
Yin-Bildung und Wirkung (3)

Erschöpfung: Wirkungsbereich (2)

Die Chinesen verwenden gern eine Eselsbrücke, um sich die Reihenfolge der einzelnen Qualitäten der verstärkenden Wirkung (auch verstärkender Zyklus genannt) zu merken:

Holz bringt Feuer hervor. Feuer wird zu Asche und damit zu Erde. Aus der Erde kommt das Metall in Form von Erzen. Metall schmilzt und wird flüssig wie Wasser. Wasser wiederum nährt das Holz.

Der Wandlungsprozeß der Erschöpfung

Das Wandlungsmaterial bewirkt, daß eine Energiequalität erschöpft wird. Diese Energiequalität wird dadurch erschöpft, daß sie zum Teil in die 4. Dimension verschwindet. Ein Teil dieser verbleibenden Energiequalität wird vermehrt Yin. Dieser Vorgang wird vom Hellsichtigen in der Regel nicht wahrgenommen. Die erschöpfte Energie verschwindet innerhalb eines Umwandlungsbereichs in die 4. Dimension, der in der obigen Zeichnung als dunkler Ring dargestellt ist. Außerhalb dieses Umwandlungsbereichs liegt der Bereich, in dem die verbliebene Energiequalität vermehrt Yin wird.

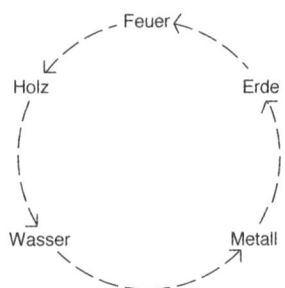

Der Wandlungsprozeß der Erschöpfung: Die Pfeile bedeuten, daß das Wandlungsmaterial Holz die Energiequalität Wasser erschöpft. Das Wandlungsmaterial Wasser erschöpft die Energiequalität Metall usw. Eine Energiequalität wird dadurch erschöpft, daß sie zum Teil in die 4. Dimension verschwindet. Ein Teil der verbliebenen Energiequalität wird Yin

Das heißt:
• das Wandlungsmaterial Holz erschöpft
  die Energiequalität Wasser
• das Wandlungsmaterial Wasser erschöpft
  die Energiequalität Metall
• das Wandlungsmaterial Metall erschöpft
  die Energiequalität Erde
• das Wandlungsmaterial Erde erschöpft
  die Energiequalität Feuer
• das Wandlungsmaterial Feuer erschöpft
  die Energiequalität Holz

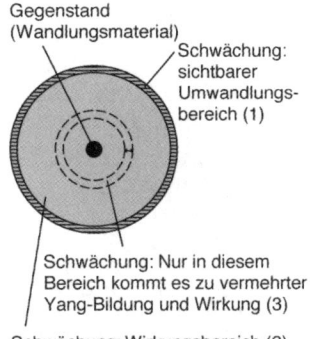

Gegenstand
(Wandlungsmaterial)
Schwächung:
sichtbarer
Umwandlungs-
bereich (1)

Schwächung: Nur in diesem
Bereich kommt es zu vermehrter
Yang-Bildung und Wirkung (3)

Schwächung: Wirkungsbereich (2)

Schwächung: Bereiche um ein Wandlungsmaterial herum.
1) Der schraffierte äußere Ring markiert den (für den Hellsichtigen)
sichtbaren Umwandlungsbereich der Erschöpfung. In diesem
Umwandlungsbereich verschwindet z. B. beim Wandlungsmaterial Holz
die Energiequalität Metall in die 5. Dimension. Vom Hellsichtigen kann
dieser Bereich als dunkle Schale wahrgenommen werden. 2) Der
gesamte graue Bereich ist der Wirkungsbereich, in dem wir vermindert
z. B. die Energiequalität Metall finden. 3) Zwischen den beiden inneren
Kreisen finden wir eine relativ schmale Zone, in dem z. B. die verbliebene
Energiequalität Metall vermehrt Yang wird. Eine vermehrte Yang-
Wirkung ist außerhalb dieser schmalen Zone nicht zu finden

Der Wandlungsprozeß der Schwächung

Das Wandlungsmaterial bewirkt außerdem, daß eine Energiequalität geschwächt wird. Die Schwächung erfolgt dadurch, daß sie
teilweise in der 5. Dimension verschwindet. Der Umwandlungsbereich, in dem die geschwächte Energiequalität in der 5. Dimension verschwindet, wird vom Hellsichtigen in der Regel als dunkle Hülle wahrgenommen, die in der obigen Abbildung schraffiert
dargestellt ist. Ein Teil der verbleibenden Energiequalität wird vermehrt Yang. Der Bereich, in dem die verbliebene Energiequalität
vermehrt Yang wird, wird vom Hellsichtigen in der Regel nicht
wahrgenommen.

Das heißt:

- das Wandlungsmaterial Holz schwächt
  die Energiequalität Metall
- das Wandlungsmaterial Metall schwächt
  die Energiequalität Feuer
- das Wandlungsmaterial Feuer schwächt
  die Energiequalität Wasser
- das Wandlungsmaterial Wasser schwächt
  die Energiequalität Erde
- das Wandlungsmaterial Erde schwächt
  die Energiequalität Holz

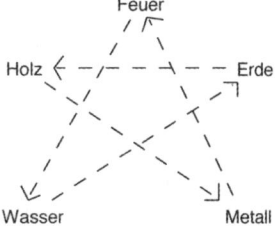

Der Wandlungsprozeß der
Schwächung: Die Pfeile
bedeuten, daß das
Wandlungsmaterial Holz die
Energiequalität Metall
schwächt. Das
Wandlungsmaterial Metall
schwächt die
Energiequalität Feuer usw.
Eine Energiequalität wird
dadurch geschwächt, daß
sie zum Teil in die
5. Dimension verschwindet.
Ein Teil der verbleibenden
Energiequalität wird Yang

Verdrängung: Bereiche um ein Wandlungsmaterial herum.
1) Der schraffierte Bereich markiert den (auch für den
Hellsichtigen in der Regel) nicht sichtbaren
Umwandlungsbereich der Verdrängung. In diesem
Umwandlungsbereich geht z. B. beim Wandlungsmaterial
Holz die Energiequalität Erde zum Teil auf feinere Ebenen.
2) Der gesamte graue Bereich ist der Wirkungsbereich, in
dem wir z. B. die Energiequalität Erde vermehrt auf
feineren Ebenen finden. Die Bereiche unter 1) und 2) sind
in diesem Fall deckungsgleich

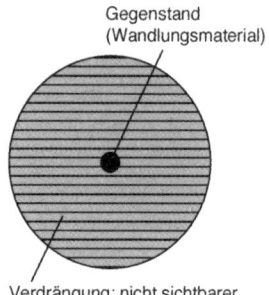

Gegenstand
(Wandlungsmaterial)

Verdrängung: nicht sichtbarer
Umwandlungsbereich,
gleichzeitig Wirkungsbereich (1+2)

Der Wandlungsprozeß der Verdrängung

Das Wandlungsmaterial bewirkt auch, daß eine Energiequalität im Raum verdrängt wird. Diese Energiequalität bleibt zwar in der 3. Dimension, wird aber auf feinere Ebenen verdrängt. Dieser Vorgang findet in einem Umwandlungsbereich um das Wandlungsmaterial herum statt, der vom Wandlungsmaterial bis zur weiter oben beschriebenen dunklen Hülle reicht (siehe Abschnitt „Der Wandlungsprozeß der Schwächung"). Der Umwandlungsbereich der Verdrängung wird vom Hellsichtigen in der Regel nicht wahrgenommen.

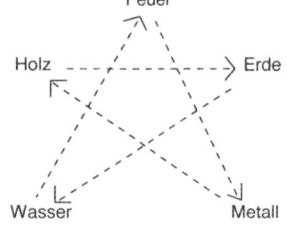

Der Wandlungsprozeß der Verdrängung: Die Pfeile bedeuten, daß das Wandlungsmaterial Holz die Energiequalität Erde verdrängt. Das Wandlungsmaterial Erde verdrängt die Energiequalität Wasser usw. Eine Energiequalität wird dadurch verdrängt, daß sie in der 3. Dimension zum Teil auf feinere Ebenen geht

Das heißt:
- das Wandlungsmaterial Holz verdrängt die Energiequalität Erde
- das Wandlungsmaterial Erde verdrängt die Energiequalität Wasser
- das Wandlungsmaterial Wasser verdrängt die Energiequalität Feuer
- das Wandlungsmaterial Feuer verdrängt die Energiequalität Metall
- das Wandlungsmaterial Metall verdrängt die Energiequalität Holz

Die Chinesen verwenden gern eine Eselsbrücke, um sich die Reihenfolge der einzelnen Qualitäten der verdrängenden Wirkung (auch verdrängender Zyklus genannt) zu merken:

Holz entzieht Erde die Kraft. Erde saugt Wasser auf. Wasser löscht Feuer. Feuer schmilzt Metall. Metall schneidet Holz.

In den Graphiken auf der nächsten Seite werden die Wirkungen aller fünf Wandlungsmaterialien auf die fünf Energiequalitäten im Raum dargestellt.

←══════ Wandlungsprozeß der Stärkung

←─────── Wandlungsprozeß der Verstärkung

←─ ─ ─ Wandlungsprozeß der Erschöpfung

←- - - Wandlungsprozeß der Schwächung

←- - - - - Wandlungsprozeß der Verdrängung

Die Bedeutungen der Pfeile

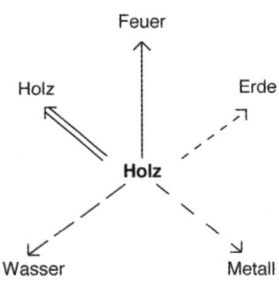

Das Wandlungsmaterial Holz wirkt auf die Energiequalitäten im Raum

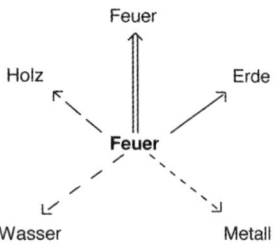

Das Wandlungsmaterial Feuer wirkt auf die Energiequalitäten im Raum

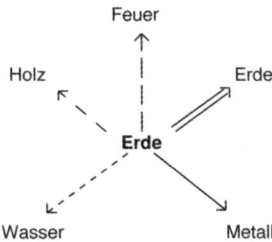

Das Wandlungsmaterial Erde wirkt auf die Energiequalitäten im Raum

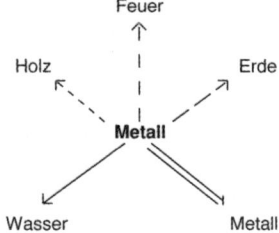

Das Wandlungsmaterial Metall wirkt auf die Energiequalitäten im Raum

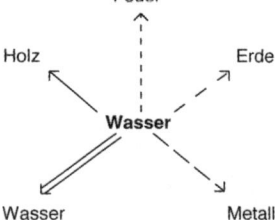

Das Wandlungsmaterial Wasser wirkt auf die Energiequalitäten im Raum

Wandlungsmaterialien und Energiequalitäten

	Energie-qualität Holz	Energie-qualität Feuer	Energie-qualität Erde	Energie-qualität Metall	Energie-qualität Wasser
Wandlungs-material Holz	stärkt	kann verstärken	verdrängt	schwächt	erschöpft
Wandlungs-material Feuer	erschöpft	stärkt	kann verstärken	verdrängt	schwächt
Wandlungs-material Erde	schwächt	erschöpft	stärkt	kann verstärken	verdrängt
Wandlungs-material Metall	verdrängt	schwächt	erschöpft	stärkt	kann verstärken
Wandlungs-material Wasser	kann verstärken	verdrängt	schwächt	erschöpft	stärkt

Die Tabelle gibt einen Überblick über die Wirkung der einzelnen Wandlungsmaterialien auf die Energiequalitäten im Raum. In der linken Spalte sind die Wandlungsmaterialien aufgeführt, in der oberen Zeile die Energiequalitäten im Raum. Abzulesen ist also beispielsweise, daß das Wandlungsmaterial Erde die Energiequalität Metall verstärken kann (von der linken Spalte ausgehend). Abzulesen ist auch, daß die Energiequalität Wasser durch das Wandlungsmaterial Feuer geschwächt wird (von der oberen Zeile ausgehend).

Bestimmen Sie den Wirkungsbereich eines Wandlungsmaterials

Wie weit wirkt ein Wandlungsmaterial

Wenn Sie ein Wandlungsmaterial in einen Raum bringen, heißt das nicht automatisch, daß sich die Wirkung auf die Energiequalitäten im ganzen Raum auswirkt. Den Wirkungsbereich eines Wandlungsmaterials können Sie mit Biotensor, Pendel oder L-Rute gut bestimmen. Dabei ist es in der Regel ausreichend, nach der Grenze des vollen Wirkungsbereichs der Stärkung zu fragen. Diese Grenze fällt in etwa mit der äußeren Grenze des Umwandlungsbereichs der Schwächung zusammen, der vom Hellsichtigen recht gut als dunkle Schale wahrzunehmen ist (siehe die entsprechenden Abbildungen).

Sie gehen auf den in Frage kommenden Gegenstand zu und fragen: *„Ist hier die Grenze des vollen Wirkungsbereichs der Stärkung des Wandlungsmaterials ... (Name des Wandlungsmaterials) dieses Gegenstandes?"* Sie können mit dieser Fragestellung im Kopf selbstverständlich auch vom Gegenstand weg nach außen gehen.

Wenn Sie einen Gegenstand zur Veränderung der Energiequalitäten im Raum für sich zum Einsatz bringen, sollten Sie darauf achten, daß Sie sich auch im entsprechenden Wirkungsbereich aufhalten. Achten sie selbstverständlich auch darauf, daß der betreffende Gegenstand noch eine ausreichende Lebensdauer hat (s. S. 61–63)

Kombination von Wandlungsmaterialien

Viele Gegenstände sind eine Kombination verschiedener Wandlungsmaterialien

Nicht jeder Gegenstand läßt sich eindeutig nur einem Wandlungsmaterial zuordnen. Häufig finden wir Kombinationen von Wandlungsmaterialien in einem Gegenstand vor. In kombinierten Wandlungsmaterialien hat jedes Wandlungsmaterial seinen eigenen Wirkungsbereich. Die Wirkungsbereiche der einzelnen Wandlungsmaterialien eines Gegenstandes sind oft nicht deckungsgleich. Sie können mit dem Biotensor oder Pendel abfragen, welches Wandlungsmaterial in der Wirkung überwiegt, und für die einzelnen Wandlungsmaterialien den Wirkungsbereich bestimmen:

- **Spiegel** bestehen aus metallbeschichtetem Flachglas. Das Flachglas ist Wandlungsmaterial Feuer, die Metallbeschichtung Wandlungsmaterial Metall. Beim Spiegel wird in der Regel die Wirkung des Wandlungsmaterials Feuer überwiegen
- **Kunststoffbeschichtete Möbel** wirken etwa zur Hälfte als Wandlungsmaterial Holz (durch den Holzanteil) und zur Hälfte als Wandlungsmaterial Erde (durch den Kunststoffanteil)
- **Elektrogeräte** bestehen in der Regel aus einer Kombination von Metall, Kunststoff und ggf. Glas. Häufig überwiegt dabei die Wirkung des Wandlungsmaterials Metall (durch den Metallanteil) die Wirkung des Wandlungsmaterial Erde (durch den Kunststoffanteil). Das Flachglas bringt zusätzlich eine Wirkung durch das Wandlungsmaterial Feuer

Auf welchen Ebenen wirken Wandlungsmaterialien

Wandlungsmaterialien wirken auf den feinstofflichen Ebenen 2 bis 10. Zusätzlich wirken sie auf der 11. und 12. nicht-stofflichen Ebene. Die stärkende Wirkung finden wir auch noch zu 50 % auf der 13. Ebene, zu 25 % sogar noch auf der 14. Ebene.

Wandlungsformen

Die Chinesen haben schon sehr früh erkannt, daß nicht nur Materialien die Fünf Wandlungsgesetze aktivieren, sondern auch Formen. Dabei waren sie zunächst von den Formen in der Natur ausgegangen, wie Bergformen, Pflanzenformen u. a. Die Formen, die in dieser Hinsicht wirksam sind, bezeichnen wir als Wandlungsformen. Den Wandlungsformen ordneten sie dabei auch die Begriffe Holz, Feuer, Erde, Metall und Wasser zu, die wir schon von den Wandlungsmaterialien her kennen. Entscheidend ist dabei, welche Energiequalität von der betreffenden Wandlungsform gestärkt wird. Hellsichtige Personen können dies an der entsprechenden Farbe erkennen. So sehen sie um die z. B. um die Wandlungsform Holz (eine hohe aufstrebende Form) herum einen grünlichen Nebel, wenn sie sich auf die den Stärkungsprozeß einstellen, der durch die Wandlungsform hervorgerufen wird. Dies ist unabhängig vom Wandlungsmaterial, aus dem der Gegenstand besteht. Selbstverständlich setzt die Wandlungsform Holz alle fünf Wandlungsprozesse in Gang.

Die Chinesen haben schon sehr früh erkannt, daß nicht nur Materialien die Fünf Wandlungsgesetze aktivieren, sondern auch Formen

Wandlungsformen außerhalb geschlossener Räume

Die Wandlungsformen außerhalb geschlossener Räume sind insbesondere dann wichtig, wenn wir uns draußen aufhalten. Halten wir uns drinnen auf, sind die Wandlungsformen, die im Freien vorhanden sind, auf uns wenig wirksam. Es wirken dann vor allem die Wandlungsformen, die sich in dem Zimmer befinden, in dem wir uns gerade aufhalten.

Wandlungsform Holz

Hohe, aufstrebende Formen, die nicht spitz wirken, sondern säulenförmig sind, aktivieren das Wandlungsgesetz Holz

Das Wandlungsgesetz Holz wird durch hohe aufstrebende Formen aktiviert, die nicht spitz wirken, sondern säulenförmig sind. Diese finden wir sowohl in der Natur als auch bei Formen, die vom Menschen geschaffen wurden. Bergformen sind selten Holzformen, jedoch sind Baumstämme, Telegraphenmasten, Fabrikschornsteine und andere schlanke, aufstrebende Formen Holzformen. Hellsichtige Personen sehen um die Form herum einen grünlichen Nebel. Wie Sie wissen, haben die Chinesen der Energiequalität Holz die **Farbe Grün** zugeordnet.

Wandlungsform Feuer

Spitze Formen aktivieren das Wandlungsgesetz Feuer

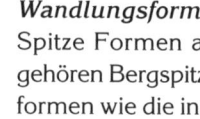

Spitze Formen aktivieren das Wandlungsgesetz Feuer. Hierzu gehören Bergspitzen, schroffe Felsen, Tannenbäume, spitze Dachformen wie die in Europa üblichen Satteldächer. Hellsichtige Personen sehen um die Form herum einen roten Nebel. Die Chinesen haben der Energiequalität Feuer die **Farbe Rot** zugeordnet.

Wandlungsform Erde

Niedrige, flache Formen aktivieren das Wandlungsgesetz Erde

Niedrige, flache Formen aktivieren das Wandlungsgesetz Erde. In der Natur können dies sein: abgeflachte Hügel, Plateaus oder Tafelberge. Flachdach-Bungalows und Fabrikhallen mit flachem Dach, die im Verhältnis zu ihrer Höhe eine große Grundfläche haben, sind ebenfalls Erdformen. Hellsichtige Personen sehen die Form in einem gelblichen bis hellbraunen Nebel. Die Chinesen haben der Energiequalität Erde deshalb die **Farbe Gelb** zugeordnet.

Wandlungsform Metall

Runde bzw. kuppelförmige Formen aktivieren das Wandlungsgesetz Metall

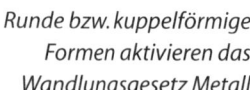

Formen, die das Wandlungsgesetz Metall aktivieren, sind runde Formen. Hierzu gehören kuppelförmige Hügel und Berge, kugelige Büsche und Bauten, bei denen runde Formen dominieren. Kuppeldächer und sonstige gerundete Bauformen sind Goldformen. Hellsichtige Personen sehen um die Form herum einen weißlichen Nebel. Der Energiequalität Metall haben die Chinesen die **Farbe Weiß** zugeordnet.

Wandlungsform Wasser

Längliche und wellenförmige Formen aktivieren das Wandlungsgesetz Wasser. Hierzu gehören wellenförmige und unregelmäßige Hügellandschaften, sägezahnförmige und faltenförmige Dächer von Fabrikhallen. Hellsichtige Personen sehen um die Form herum einen blauen Nebel. Die Chinesen haben der Energiequalität Wasser die **Farbe Blau** zugeordnet.

Längliche und wellenförmige Formen aktivieren das Wandlungsgesetz Wasser

Wandlungsformen innerhalb geschlossener Räume

Ein Gegenstand wirkt dann am stärksten als Wandlungsform, wenn er frei steht. Steht z. B. ein Schrank an der Wand, ist er weniger stark wirksam, als wenn er als Raumteiler frei im Raum steht.

Wandlungsform Holz

Zur Wandlungsform Holz gehören Gegenstände, die hohe aufstrebende Formen haben, jedoch nicht spitz wirken, sondern säulenförmig sind. Das sind beispielsweise säulenförmige Einrichtungs- und Gebrauchsgegenstände wie Kerzenständer, runde und eckige, hohe Vasen, die nach oben nicht verjüngt sind, aber auch nicht schalenförmig oder kugelig sind. Eine geeignete Form haben auch die französischen Mineralwasserflaschen (1,5 Liter, z. B. Volvic und Evian). Die deutschen Mineralwasserflaschen mit dem Standarddesign sind in dieser Hinsicht nicht wirksam, da der sich verjüngende Abschnitt in der Mitte zu groß ist und auch die Verjüngung an der Spitze zu ausgeprägt ist. Dosen, deren Höhe mindestens das 1,6 fache des Durchmessers beträgt, sind geeignet; bei geringerer Höhe im Verhältnis zum Durchmesser ist eine Wirkung möglich, muß aber im Einzelfall mit Biotensor oder Pendel abgefragt werden. Stehlampen mit kleinem Schirm oder Deckenfluter sind von der Form geeignet, können über ihren Metallanteil jedoch Probleme durch Trans-Sha machen (s. S. 155) und sollten deshalb nicht in Schlafzimmern aufgestellt werden. Auch hoch aufschießende Pflanzen können von der Form her wirksam sein. Dies muß jedoch im Einzelfall ebenfalls mit Biotensor oder Pendel abgefragt werden. Auch Klangspiele und Flöten haben geeignete Holzformen. Sollten Sie noch andere säulenförmige Einrichtungsgegenstände haben, fragen Sie diese im Einzelfall auf ihre Wirkung hin ab.

Zur Wandlungsform Holz gehören Gegenstände, die hohe aufstrebende Formen haben, jedoch nicht spitz wirken, sondern säulenförmig sind

Wandlungsform Feuer

Zur Wandlungsform Feuer gehören Gegenstände, die spitze oder schroffe Formen haben. Gegenstände, die eine Wandlungsform

Zur Wandlungsform Feuer gehören Gegenstände, die spitze oder schroffe Formen haben

Feuer haben, können durchaus eine gewisse Höhe erreichen, sollten sich aber eher nach oben verjüngen und eine oder mehrere Spitzen haben. Typische Feuerformen finden wir heute (1998) bei zahlreichen Designermöbeln, die jedoch wegen ihres hohen Metallanteils Probleme mit Trans-Sha (s. S. 155) machen. Auch Pflanzen haben teilweise geeignete Formen, z. B. Sansevierien.

Wandlungsform Erde

Gegenstände, die niedrige, flache oder quaderförmige Formen haben, gehören zur Wandlungsform Erde

Gegenstände, die niedrige, flache oder quaderförmige Formen haben, gehören zur Wandlungsform Erde. Viele Möbelstücke haben eine solche Form. Hierzu gehören Kommoden, Schränke, die nicht zu hoch sind, Schreibtische, Fernsehgeräte, CD-Player, Zeitschriftenstapel u. a.

Wandlungsform Metall

Gegenstände mit der Wandlungsform Metall sind rund, kugelig, aber auch halbrund

Gegenstände mit der Wandlungsform Metall sind rund, kugelig, aber auch halbrund. Eine ganze Reihe von Einrichtungs- und auch Ziergegenständen hat die Wandlungsform Metall, so z. B. Tassen, Teller und Wandteller, Kannen, Gläser, Schalen, runde Wanduhren (Armbanduhren sind zu klein), Glühbirnen, runde Papierkörper, Dosen, deren Höhe geringer ist als das 1,5fache des Durchmessers, Herdplatten, Töpfe, Blumentöpfe, das runde Innere von Steckdosen, Kristallkugeln, kugelige Kerzen, kugelförmige Blumenvasen, Schallplatten und CDs, Weihnachtskugeln, Köpfe als Skulptur u. a. Achten Sie auch hier auf Probleme mit Trans-Sha (s. S. 155).

Wandlungsform Wasser

Längliche und wellenförmige Formen haben die Wandlungsform Wasser

Längliche und wellenförmige Formen haben die Wandlungsform Wasser. Auch sägezahnförmige, faltenförmige und unregelmäßige Formen gehören dazu. Einrichtungsgegenstände mit der Wandlungsform Wasser sind z. B. faltig oder wellig gelegte Textilien, auch Textilien, die an der Garderobe hängen, leicht geschwungene oder wellige Glasschalen oder Holzschnitzereien, Fächer, auch „unordentlich" auf dem Boden liegende Gegenstände u. a. Gerade bei Wasserformen findet man viele ausgeprägte Mischformen, so daß im Einzelfall mit dem Biotensor oder Pendel abgefragt werden sollte, ob auch die jeweilige Mischform geeignet ist.

Lebensdauer von Wandlungsformen

Die Lebensdauer der Wandlungsformen ist an die Lebensdauer des Wandlungsmaterials gebunden, das die betreffende Form hat.

Dabei kann die Wandlungsform jedoch ein anderes Wandlungsgesetz aktivieren als das Wandlungsmaterial. Wandlungsformen in der freien Natur wie Berg- und Hügelformen wirken **zeitlich unbegrenzt** als Wandlungsform. Lebende Pflanzen wirken zunächst einmal als Wandlungsform, solange sie leben. Wenn sie absterben bzw. vom Menschen geschnitten oder gefällt werden, wirken sie über ihren Holzanteil noch ca. 40 Jahre, haben jedoch einen kleineren Wirkungsbereich als zu Lebzeiten. Gräser und Blätter bzw. andere nicht verholzte Pflanzenteile wirken ca. 1 Jahr als Wandlungsform, wenn sie abgeschnitten oder abgestorben sind.

Z. B. kann eine Messingsäule über die Wandlungsform Holz das Wandlungsgesetz Holz aktivieren. Das Wandlungsmaterial dieser Säule (Metall) aktiviert jedoch das Wandlungsgesetz Metall. Die Lebensdauer der Wandlungsform Holz ist in diesem Fall identisch mit der Lebensdauer des Messings (35 Jahre).

Kombination von Wandlungsformen

Häufig finden wir Wandlungsformen, die zwei oder mehr Wandlungsgesetze aktivieren. Neben den erkennbaren oben beschriebenen typischen Wandlungsformen spielt bei den Mischformen auch der Grundriß der Form eine Rolle. Formen mit rechteckigem Grundriß haben über die Grundrißform immer zugleich auch eine Erdform. Bei einem runden Grundriß liegt gleichzeitig eine Metallform vor, bei einem dreieckigem Grundriß gleichzeitig eine Feuerform.

- beachten Sie, daß sämtliche hohe, schlanke Formen, unabhängig davon, wie rund, spitz oder eckig sie im einzelnen sein mögen, immer gleichzeitig eine Holzform sind
- aneinandergereihte kleine Einzelformen, die insgesamt eine gewisse Dynamik, Bewegung oder Unruhe bringen, ergeben zusammen oft eine Wasserform
- es gibt auch Formen von Gegenständen, die keines der Fünf Wandlungsgesetze aktivieren, selbst wenn der Gegenstand noch als Wandlungsmaterial wirkt

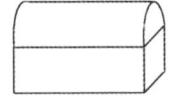

Die Erdform (Quader) wirkt etwas stärker als die Metallform (Tonnendach)

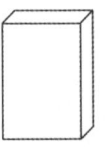

Bei einer hohen Erdform haben wir gleichzeitig auch die Wandlungsform Holz. Die Formen in diesem Beispiel wirken etwa gleich stark

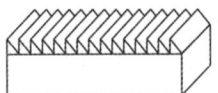

Die Erdform (Quader) wirkt stärker als die Wasserform (spitzes Wellendach), ca. im Verhältnis 2/3 zu 1/3. Die kleinen Spitzen des Dachs wirken in diesem Beispiel nicht als Feuerform

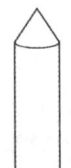

Diese Mischform besteht aus einer Holzform (Säule) und einer Feuerform (Spitze). Die Holzform wirkt geringfügig stärker als die Feuerform. Über den runden Grundriß kommt noch eine Metallform hinzu, die jedoch nur eine geringe Wirkung hat

Diese Mischform besteht aus einer Holzform (Säule) und einer Feuerform (Spitze). Über den rechteckigen Grundriß kommt noch eine Erdform hinzu. Die Holzform wirkt etwas stärker als die Feuerform. Die Wirkung der Erdform ist bei dieser hohen Form verhältnismäßig gering

Auf welchen Ebenen wirken Wandlungsformen

Wandlungsformen wirken nicht auf den feinstofflichen Ebenen (Ebene 1 bis 10). Die Hauptwirkung ist auf der 13. Ebene. Zu 50 % wirken sie auf der 12. und 14. Ebene (mit den fünf Wirkungsarten: stärkend, verstärkend, verdrängend, schwächend, erschöpfend).

Wandlungsfarben

Farbiges Licht und Farben aktivieren die Fünf Wandlungsgesetze

Bringt man farbiges Licht oder Farben in einen Raum, können sie ebenfalls die Fünf Wandlungsgesetze aktivieren. Farben und farbiges Licht, die in dieser Hinsicht wirksam sind, bezeichnen wir als **Wandlungsfarben**. Den Wandlungsfarben ordneten die Chinesen ebenfalls die Begriffe Holz, Feuer, Erde, Metall und Wasser zu. Es kommt auch hier darauf an, welche Energiequalität von der betreffenden Wandlungsfarbe ausgeht. Hellsichtige Personen können dies wieder an der entsprechenden Farbe des Nebels erkennen, in dem sich diese Farbe befindet. Sie müssen sich jetzt aber im Prinzip nicht noch eine zusätzliche Farbe merken. Die Wandlungsfarbe selbst und die Farbe des sie umgebenden Nebels ist im allgemeinen gleich oder ähnlich.

Wandlungsfarbe Holz
Grüne Farbe oder grünes Licht aktivieren das Wandlungsgesetz Holz. Die Energiequalität Holz wird gestärkt. (Selbstverständlich setzt die Wandlungsfarbe Holz alle fünf Wandlungsprozesse in Gang.)

Über die Wandlungsfarbe Holz wirken beispielsweise alle Grünpflanzen, sämtliche grünen Einrichtungs- und Gebrauchsgegenstände wie Vasen, grünes Glas, grüne Polstermöbel, grüne Vorhänge, grüne Holzmöbel, grüne Klangspiele aus Holz oder Bambus.

Auch grüner Teppichboden oder ein grüner Wandanstrich bzw. eine grüne Tapete aktivieren das Wandlungsgesetz Holz. Gerade bei großflächigen Farbneugebungen sollte vorher mit dem Biotensor oder Pendel genau abgefragt werden, welcher spezielle Grünton am geeignetsten ist und welche Fläche ausreichend ist. Die Fläche darf auch nicht zu groß gewählt werden. Im Einzelfall fragen Sie bitte ab, ob der gesamte Teppichboden bzw. eine oder mehrere Wände grün werden sollen. Beim Teppichboden besteht beispielsweise die Möglichkeit, einen Teil mit z. B. einer Brücke

Befragen Sie das Pendel, bevor Sie große Änderungen vornehmen

in einem anderen Farbton zu verdecken, um die Wirkung anzu-
passen bzw. nicht zu stark werden zu lassen.

Wandlungsfarbe Feuer

Rote Farbe aktiviert das Wandlungsgesetz Feuer, stärkt also die
Energiequalität Feuer. Geeignet sind Gegenstände, die rot sind,
aber auch rot blühende Pflanzen oder Pflanzen mit roten Blättern.
Häufig reichen schon kleine Gegenstände aus.

Wandlungsfarbe Erde

Gelbe, ockerfarbene, braune sowie ähnliche Farben aktivieren das
Wandlungsgesetz Erde, stärken also die Energiequalität Erde.
Gelbe, braune oder erdfarbene Gegenstände, z. B. Möbelstücke
aus Naturholz haben eine solche Wandlungsfarbe.

Wandlungsfarbe Metall

Weiße, goldene und silberne Farbe aktivieren das Wandlungsgesetz Metall, die Energiequalität Metall wird gestärkt. Weiß als
Wand- oder Deckenfarbe wird häufig verwendet.

Wandlungsfarbe Wasser

Blaue Farbe aktiviert das Wandlungsgesetz Wasser, die Energiequalität Wasser wird gestärkt. Wirksam ist die Farbe Blau in den
verschiedenen Schattierungen und Blautönen. Dekorativ sind z. B.
blaue Ziergläser, Zierporzellan mit blauem Anstrich bzw. Teilanstrich.

Kombination von Wandlungsfarben

In der Regel finden wir keine reinen Wandlungsfarben vor, sondern
Kombinationen. Lassen Sie uns die Kombination von Wandlungsfarben an einigen Beispielen erläutern:

- **helle Farben** sind meist eine Kombination der Wandlungs-
  farbe Metall und anderer Wandlungsfarben
- **Hellblau** ist eine Kombination der Wandlungsfarben
  Wasser und Metall
- **Hellgrün** ist eine Kombination der Wandlungsfarben
  Holz und Metall
- **Hellrot** ist eine Kombination der Wandlungsfarben
  Feuer und Metall
- **Rosa** ist eine Kombination der Wandlungsfarben
  Metall und Feuer
- **Orange** ist eine Kombination der Wandlungsfarben
  Erde, Feuer und Metall

**In der Regel finden
wir keine reinen
Wandlungsfarben
vor, sondern
Kombinationen**

- **Türkis** ist eine Kombination der Wandlungsfarben Holz, Wasser und Metall
- **Violett** ist eine Kombination der Wandlungsfarben Feuer, Wasser und Metall
- **helle Brauntöne** sind hauptsächlich eine Kombination der Wandlungsfarben Erde und Metall. Sie können auch noch die Wandlungsfarbe Feuer enthalten
- **dunkle Brauntöne** wirken wenig als Wandlungsfarbe. Abhängig vom Farbton können sie etwas Wandlungsfarbe Erde und Feuer enthalten
- **Schwarz** ist keine Wandlungsfarbe
- **helle Grautöne** enthalten die Wandlungsfarbe Metall
- **dunkle Grautöne** wirken wenig als Wandlungsfarbe Metall
- **durchsichtiges Glas** und **klares Wasser** haben keine Wandlungsfarbe
- Auch **farbiges Licht** ist in der Regel eine Kombination von Wandlungsfarben. Im allgemeinen fehlt jedoch der Anteil der Wandlungsfarbe Metall. Ansonsten ist die Kombination ähnlich wie oben beschrieben. Ultraviolettes Licht und infrarotes Licht sind keine Wandlungsfarbe.

Die Lebensdauer von Wandlungsfarben

Die Lebensdauer von Wandlungsfarben ist wie die Lebensdauer von Wandlungsformen an die Lebensdauer des Wandlungsmaterials gebunden

Die Lebensdauer von Wandlungsfarben ist wie die Lebensdauer von Wandlungsformen an die Lebensdauer des Wandlungsmaterials gebunden.

Z. B. kann ein Gegenstand aus Messing über die Wandlungsfarbe Metall (der Gegenstand ist goldfarben) das Wandlungsgesetz Metall aktivieren. Die Lebensdauer der Wandlungsfarbe Metall ist in diesem Fall identisch mit der Lebensdauer des Wandlungsmaterials Messing (35 Jahre).

Ein Gegenstand aus Naturholz in geeigneter Tönung (z. B. naturbelassenes Kiefernholz, das etwas nachgedunkelt ist) aktiviert über die Wandlungsfarbe Erde das Wandlungsgesetz Erde. Die Lebensdauer der Wandlungsfarbe Erde ist in diesem Fall identisch mit der Lebensdauer des Wandlungsmaterials Holz (ca. 40 Jahre).

Wenn Farben auf Wände oder Gegenstände aufgetragen werden, ist die Lebensdauer der Wandlungsfarbe abhängig von der materiellen Farbzusammensetzung.

- Binderfarbe: 2 Jahre
- Baumwollgardinen bzw. Baumwollstoffe: bis zu 2 Jahren
- Kunstdrucke: etwa 5 Jahre
- Ölgemälde auf Leinwand und auf Holz: ca. 9 Jahre
- Acrylfarbe: 12 Jahre

- weiße/farbige Papiertapeten: 2 bis 13 Jahre, je nach Kunststoffanteil (der Kunststoffanteil verlängert die Haltbarkeit)
- blaue Ziergläser: ca. 20 Jahre
- farbige Kunststoffteppichböden bzw. eingefärbte Kunststoffe: bis zu 20 Jahren
- mit Naturfarben gefärbte Wollteppiche: ca. 20 Jahre
- mit Chemiefarben gefärbte Wollteppiche: bis zu 30 Jahren
- Zierporzellan mit blauem Anstrich bzw. Teilanstrich: bis zu 40 Jahre

Auf welchen Ebenen wirken Wandlungsfarben

Wandlungsfarben wirken nicht auf den feinstofflichen Ebenen (Ebene 1 bis 10). Die Hauptwirkung ist auf der 14. Ebene. Die stärkende Wirkung finden wir auch noch zu 50 % auf der 15. Ebene, zu 25 % sogar noch auf der 16. Ebene.

Farbiges Licht wirkt zusätzlich zu 100 % auf der 12. Ebene (mit allen fünf Wandlungsprozessen: stärkend, verstärkend, verdrängend, schwächend, erschöpfend).

Anmerkung: Farben wirken auch auf anderen Ebenen (gröber und feiner), z. B. auf unseren Körper oder unsere geistigen Funktionen. Dies ist jedoch keine Wirkung im Sinne der oben beschriebenen Wandlungsfarben.

Nicht nur Material, Form und Farbe aktivieren die Fünf Wandlungsgesetze

Die unterschiedlichen Möglichkeiten eines Gegenstandes, Wandlungsgesetze zu aktivieren, nennen wir **Wandlungsmoment**. Wir haben bisher drei unterschiedliche Möglichkeiten kennengelernt: das Wandlungsmaterial, die Wandlungsform und die Wandlungsfarbe. Alle drei bekannten Wandlungsmomente sind an einen materiellen Gegenstand gebunden. Diesen Gegenstand bezeichnen wir allgemein als **Wandlungsgegenstand**. Wandlungsgegenstände haben auch auf den feineren Ebenen (Ebenen 15 bis 32) jeweils spezielle weitere Wandlungsmomente. Sie können also auf den feineren Ebenen andere Wandlungsgesetze aktivieren als auf den bisher beschriebenen Ebenen. Diese Wandlungsmomente auf den feineren Ebenen sind u. a. abhängig von feineren Materialeigenschaften, die sich von den weiter oben beschriebenen unterscheiden.

Es ist nicht nötig oder sinnvoll, bei der Auswahl eines Wandlungsgegenstandes für einen Raum die Wandlungsmomente auf

Die unterschiedlichen Möglichkeiten eines Gegenstandes, Wandlungsgesetze zu aktivieren, nennen wir *Wandlungsmoment*

den einzelnen nicht-stofflichen Ebenen einzeln zu bestimmen bzw.
mit dem Biotensor oder Pendel abzufragen. Praktischer ist es,
einen potentiell geeigneten Gegenstand nach dem Wandlungsmaterial bzw. der Wandlungsfarbe und ggf. noch der Wandlungsform
auszusuchen und dann allgemein mit Biotensor oder Pendel abzufragen, ob der betreffende Gegenstand im konkreten Fall auch
wirklich geeignet ist.

Wenn Sie beispielsweise einen Gegenstand aus dem Wandlungsmaterial Erde haben wollen, fragen Sie z. B. einfach, ob Sie
besser ein grünes Keramikgefäß, einen blauen Gegenstand aus
Porzellan oder einen Bergkristall nehmen. Keramik, Porzellan und
Bergkristall sind zwar alle drei Wandlungsmaterial Erde, haben
aber über den Farbunterschied hinaus unterschiedliche feinere
Materialeigenschaften, die auf den feineren Ebenen unterschiedliche Wandlungsgesetze aktivieren.

Selbst wenn zwei Wandlungsgegenstände aus dem gleichen
Wandlungsmaterial mit der gleichen Wandlungsform und Wandlungsfarbe bestehen (z. B. eine Messingkugel und eine vergolde-
te Bronzekugel), sind die Wandlungsmomente auf den feineren
Ebenen teilweise unterschiedlich. D. h., der eine Gegenstand kann
im konkreten Fall geeignet und passend sein, der andere nicht.

Prüfen Sie, ob Sie zusätzliche Energiequalitäten benötigen

**Die meisten Menschen
benötigen deshalb
zusätzliche Energie-
qualitäten vor allem auf
einen konkreten Raum
bezogen**

Da Räume ganz unterschiedlich eingerichtet und gestaltet sein
können, ist die Zusammensetzung und Verteilung der fünf Energie-
qualitäten in verschiedenen Räumen im allgemeinen sehr unter-
schiedlich. Die meisten Menschen benötigen deshalb zusätzliche
Energiequalitäten vor allem auf einen konkreten Raum bezogen.
Die folgenden Fragen sollten deshalb für jeden Raum, der relevant
ist, neu geklärt werden. Relevante Räume sind insbesondere das
Schlafzimmer, Arbeitsräume (bzw. auch die Küche), aber auch Ihr
Lieblingsplatz im Haus oder in der Wohnung. Sie fragen also mit
Biotensor oder Pendel: *„Benötige ich in diesem Raum zusätzliche
Energiequalitäten?"* Wenn Sie ein JA bekommen, machen Sie mit
dem nächsten Abschnitt weiter. Wenn Sie ein NEIN bekommen, ist
der betreffende Raum für Sie zumindest zum Zeitpunkt der Fragestellung hinsichtlich der fünf Energiequalitäten ausgeglichen.

Bestimmen Sie, welche der fünf Energiequalitäten Sie zusätzlich benötigen

Gehen Sie die fünf Energiequalitäten (Holz, Feuer, Erde, Metall und Wasser) einzeln durch. Fragen Sie z. B.: *„Benötige ich die Energiequalität Holz zusätzlich?"* Fragen Sie weiter nach der Energiequalität Feuer, Erde usw., und notieren Sie sich ihre Ergebnisse. In der Regel werden Sie lediglich einmal oder zweimal ein JA bekommen.

Als nächstes prüfen Sie für jede fehlende Energiequalität einzeln, ob Sie einen geeigneten Wandlungsgegenstand am besten durch das Wandlungsmaterial oder die Wandlungsfarbe herausfinden können. Fragen Sie: *„Kann ich die zusätzliche Energiequalität am besten dadurch bekommen, daß ich einen Gegenstand nach dem Wandlungsmaterial aussuche?"*

Fragen Sie zusätzlich: *„Kann ich die zusätzliche Energiequalität am besten dadurch bekommen, daß ich einen Gegenstand nach der Wandlungsfarbe aussuche?"* Zu den Wandlungsfarben zählen selbstverständlich auch Wandfarbe, Fußbodenbeläge usw.

In der Regel werden Sie nur für eine der beiden Fragen ein JA bekommen, es sei denn, Sie benötigen zwei Wandlungsgegenstände.

Mit Hilfe des Pendels finden Sie heraus, welche Energiequalitäten Sie zusätzlich benötigen

Suchen Sie den geeigneten Wandlungsgegenstand

Häufig haben Sie einen Wandlungsgegenstand, der in dem betreffenden Raum hinzugefügt werden soll, bereits in Ihrer Wohnung. Benutzen Sie z. B. die Liste von Gegenständen, die im Abschnitt „Wandlungsmaterialien" bzw. „Wandlungsfarben" aufgeführt sind. Gehen Sie anhand der Liste zunächst einmal diejenigen Gegenstände durch, die sie bereits in Ihrer Wohnung (z. B. in einem anderen Raum) haben, durch. Der Vorteil dabei ist, daß Sie sich den betreffenden Gegenstand ganz konkret vorstellen können. Oft spielen schon Nuancen bei den unterschiedlichen Gegenständen eine Rolle. Wenn Sie z. B. einen Gegenstand aus dem Wandlungsmaterial Holz hinzufügen wollen und an eine Pflanze denken, sind die einzelnen Pflanzen in ihrer Wirkung möglicherweise sehr unterschiedlich. Selbst bei der gleichen Pflanzenart (z. B. einem Gummibaum), kann bei zwei Pflanzen die Wirkung allein dadurch schon differieren, daß sie in verschiedenen Töpfen eingetopft sind. Denken Sie an eine bestimmte Pflanze, haben Sie die Wirkung des Topfes und der Blumenerde im Prinzip schon mit in Ihre Fragestellung eingeschlossen.

Oft besitzen Sie die geeigneten Wandlungsgegenstände schon, Sie müssen sie nur richtig plazieren

Auch Kleidung kann ein geeigneter Wandlungsgegenstand sein

Einerseits ist zu beachten, daß Sie durch geeignete Kleidungsauswahl auch fehlende Energiequalitäten hinzufügen können. Dies ist insbesondere dann von Bedeutung, wenn in verschiedenen Räumen die gleichen Energiequalitäten hinzugefügt werden sollen.

Andererseits ändern sich für Sie die energetischen Bedingungen, wenn Sie Ihre Kleidung wechseln und mit anderer Kleidung prüfen, ob für Sie in einem Raum Energiequalitäten hinzugefügt werden sollen.

Durch verschiedene Materialien können fehlende Energiequalitäten ausgeglichen werden

Aus dem Wandlungsmaterial Holz besteht beispielsweise Kleidung aus Baumwolle, Leinen oder anderen Pflanzenfasern. Aus dem Wandlungsmaterial Erde besteht u. a. Kleidung aus Wolle, Seide, Leder und Fell. Kleidung aus Kunstfasern (Synthetics) ist auch aus dem Wandlungsmaterial Erde, jedoch weniger geeignet, fehlende Energiequalitäten auszugleichen, da sie in erster Linie lediglich eine Yin-Wirkung hat (d. h., die im allgemeinen auch erforderliche Yang-Wirkung fehlt). Wenn Sie Kleidung aus Naturmaterialien nehmen, achten Sie bitte darauf, chemisch möglichst wenig vorbehandelte Materialien zu verwenden. Insbesondere Leder, aber auch Seide, sind teilweise erheblich chemisch vorbehandelt, so daß das Tragen insbesondere direkt auf der Haut nicht empfohlen werden kann. Auch Baumwollstoffe sind häufig vorbehandelt, wobei jedoch ein- oder mehrmaliges Waschen vor dem Tragen günstig sind.

Hinsichtlich der Yin/Yang-Wirkung sei angemerkt, daß Teppiche aus Kunstfasern (wie bereits bei der Kleidung angemerkt) eine Yin-Wirkung haben. Eine starke Yin-Wirkung haben auch schwarze Gegenstände aus dem Wandlungsmaterialien Feuer, Metall oder Erde. Dies ist insbesondere dann der Fall, wenn die schwarze Farbe fest mit dem Gegenstand verbunden ist (schwarzes Flachglas; schwarze Farben, die mit Metall chemisch verbunden sind usw.).

Kapitel 5

Geister

Um die Einflüsse im Feng Shui und die Wirkungsweise von Feng-Shui-Maßnahmen zu verstehen, ist es erforderlich, daß wir uns nicht nur mit unsichtbaren Strukturen und Energien, sondern auch mit den unsichtbaren Wesenheiten befassen, die uns überall umgeben. Bevor wir uns mit den einzelnen Wesenheiten beschäftigen, wollen wir zunächst auf den Geist des Menschen eingehen.

Die neun Geistanteile des Menschen

Im Westen wird im allgemeinen von Körper, Geist und Seele gesprochen. Wenn wir beim Menschen von Geist sprechen, meinen wir im Feng Shui seine neun Geistanteile in dieser Dimension. Schon in der Antike, so z. B. im alten Ägypten, ging man von mehreren Geistanteilen des Menschen aus. Die neun Geistanteile des Menschen arbeiten im Normalfall so zusammen, daß nach außen der Eindruck entsteht, als wäre es nur einer.

Vielleicht haben Sie sich schon mal gewundert, daß Sie etwas anderes gesagt haben, als Sie an sich wollten. Oder Sie wollten etwas tun und haben es dann doch nicht getan. Es hängt damit zusammen, daß Ihre einzelnen Geistanteile in gewisser Hinsicht selbständig sind und einer Koordination bedürfen. Wenn diese Koordination einmal nicht funktioniert, wird Ihnen bewußt, daß einer Ihrer Geistanteile vorübergehend ein Eigenleben geführt hat.

Die einzelnen Geistanteile haben unterschiedliche Funktionen. Die „höheren" Geistanteile des Menschen haben etwas differenziertere Funktionen als die „niedrigeren" oder einfacheren Geistanteile. Wir wollen im folgenden Text die einzelnen Geistanteile mit den arabischen Ziffern von 1 bis 9 benennen, wobei die „niedrigeren" oder einfacheren Geistanteile die niedrigeren Ziffern haben, die „höheren" Geistanteile die höheren Ziffern. So ist z. B. der 1. Geistanteil insbesondere mit der Kontrolle der körperlichen Funktionen beschäftigt. Er wird in seiner Tätigkeit u. a. vom 2. Geistanteil kontrolliert und unterstützt. Der 2. Geistanteil hat au-

Die neun Geistanteile des Menschen arbeiten im Normalfall so zusammen, daß nach außen der Eindruck entsteht, als wäre es nur einer

ßerdem die Aufgabe, die Kommunikation des 1. Geistanteils mit den höheren Geistanteilen zu vermitteln. Die höheren Geistanteile, insbesondere der 8. und der 9. Geistanteil, sind an spirituellen Dingen interessiert und **halten den Kontakt zu den Schutzengeln**.

Persönliche Schutzengel und Schutzgeister

Ein Schutzengel ist u. a. für die Führung der Schutzgeister verantwortlich

Ein Schutzengel ist eine Wesenheit, die keinen grobstofflichen Körper, aber eine Seele und elf oder mehr Geistanteile besitzt. Ein Schutzengel ist u. a. für die Führung der Schutzgeister verantwortlich. Der einzelne Schutzgeist der 3. Dimension kann zwar mehr als einen Geistanteil haben, hat jedoch keine Seele. Schutzgeister sollten deshalb nicht mit den Schutzengeln verwechselt werden.

In der Regel betreut ein Schutzgeist mehrere Menschen

In der Regel betreut ein Schutzgeist mehrere Menschen.

Ein Schutzgeist kann, falls erforderlich, die Geistanteile des Menschen warnen und im Bedarfsfall den Schutzengel rufen. Der Schutzengel kann, z. B. im Falle einer Gefahr, die Geistanteile des Menschen stärker bzw. direkter beeinflussen als der Schutzgeist. Außerdem kann er weitere erforderliche Maßnahmen direkt ergreifen bzw. vermitteln. Dazu gehört u. a. auch die Beeinflussung der Geistanteile anderer Menschen.

Schutzgeister des Hauses und des Grundstücks

Es gibt nicht nur Schutzgeister des Menschen, sondern auch Schutzgeister des Hauses und des Grundstücks

Es gibt nicht nur Schutzgeister des Menschen, sondern auch Schutzgeister des Hauses und des Grundstücks. Auf spezielle Schutzgeister, die sich im Haus am Herd und ggf. am Altar aufhalten, gehen wir an entsprechender Stelle ein. Zwischen Hauswand und erster Aura-Hülle des Hauses halten sich Schutzgeister des Hauses auf, die für die reibungslose Funktion der feinstofflichen und nicht-stofflichen Strukturen im Haus sorgen. Zunächst möchten wir auf diejenigen Schutzgeister eingehen, die sich bereits vor dem Bau des Hauses auf dem Grundstück aufhalten. Es sind dies vor allem bestimmte Naturgeister und Elementale.

Auf dem Grundstück befindliche Naturgeister, die die Tierwelt beschützen

Die Naturgeister bewohnen bestimmte Areale in der Natur, wie z. B. Wälder, Wiesen, Berge und Bäche. Zu dieser Geistergruppe gehören u. a. die Schutzgeister für die Tierwelt, die sich auf dem Grundstück befinden. Man sollte sie vor dem Bau eines Hauses um Zustimmung bitten. Es gibt Menschen, die über ihre unmittelbare Wahrnehmung mit diesen Schutzgeistern Kontakt aufnehmen können. Wie bereits beschrieben, ist es auch möglich, mittels Biotensor oder Pendel den Kontakt herzustellen. Erklären Sie den Schutzgeistern, daß Sie beabsichtigen, auf dem Grundstück ein Haus oder Gebäude zu errichten, um dort zu wohnen oder zu arbeiten. Bitten Sie die Schutzgeister, auf dem Grundstück zu bleiben und Haus und seine Bewohner zu schützen. Dieses hilft bereits, Unfälle beim Bau des Hauses zu vermeiden und schützt auch später das Grundstück sowie das Haus und seine Bewohner.

Bitten Sie die Schutzgeister, auf dem Grundstück zu bleiben und Haus und seine Bewohner zu schützen

Es ist gut, zusätzlich ein kleines Opfer in Form von Früchten oder anderen Lebensmitteln darzubringen. Die Lebensmittel sollten vor Baubeginn in der Mitte des geplanten Hauses auf einige Blätter gelegt werden. Wichtig ist, daß diese Gabe tatsächlich als Opfer gemeint ist. Die Gaben sollten dort einen Tag liegenbleiben, anschließend können sie kompostiert werden. Wenn das Haus bereits gebaut ist, sollten die Gaben an eine Ecke des Hauses gelegt werden, die von außen möglichst nicht einsehbar ist. Wenn man diese Zeremonie für die Schutzgeister der Tierwelt durchführt, ist es gut, die Elementale auf dem Grundstück gleich mit in die Zeremonie einzuschließen.

Elementale

Eine andere Gruppe von Geistern, die sich auf dem Grundstück befinden, bilden die sogenannten **Elementale** (Elementargeister). Der Name Elementale bezieht sich auf eine Zuordnung zu den vier Elementen der griechischen Philosophie: Erde, Wasser, Luft und Feuer. Diese Elemente sind nicht zu verwechseln mit dem im vorigen Kapitel beschriebenen Wu Xing.

Elementale sind uns in der Regel wohlgesonnen oder verhalten sich neutral

So rechnet man z. B. Gnome, Zwerge und Wichtelmänner zu den Erd-Elementalen. Nixen, Undinen und Nymphen werden den Wasser-Elementalen zugeordnet. Die Sylphen gehören zu den Luft-Elementalen, die Salamander zu den Feuer-Elementalen. Die Elfen können allen diesen griechischen Elementen zugeordnet werden. So gibt es Erd-Elfen, Wasser-Elfen, Luft-Elfen und Feuer-Elfen. Die Feen dagegen werden im allgemeinen nur den Elementen Erde und Feuer zugeordnet (Erd-Feen, Feuer-Feen).

Die Elementale nehmen verschiedene Aufgaben wahr. Die Erd-Elementale z. B. kümmern sich um das Wachstum der Pflanzen. Sie sind von Natur aus neugierig und freuen sich, wenn Menschen mit ihnen in Kontakt treten. Wenn Menschen mit Pflanzen sprechen, fühlen sich die Erd-Elementale dadurch angesprochen, und Menschen, die regelmäßig mit ihren Pflanzen sprechen, berichten, daß ihre Pflanzen besser gedeihen als die ihrer Nachbarn, die dies nicht oder nicht regelmäßig tun.

Arealgebundene Naturgeister möchten nicht mit Menschen zusammenleben

Die arealgebundenen Naturgeister fühlen sich durch die Geistanteile des Menschen bedrängt, wenn diese auf ein Grundstück ziehen

Eine Sonderform der Naturgeister bilden die **arealgebundenen Naturgeister**, die an bestimmte Areale in der Natur gebunden sind. Im Gegensatz zu den Schutzgeistern der Tierwelt und den Elementalen können sie jedoch ein Stück Land, das vom Menschen als Grundstück definiert wurde, nicht mehr ohne fremde Hilfe verlassen. Die arealgebundenen Naturgeister fühlen sich durch die Geistanteile des Menschen bedrängt, wenn diese auf ein Grundstück ziehen. Sie können Probleme auf einem Grundstück machen, das bebaut wird, wenn ihnen vorher nicht die Möglichkeit gegeben wurde, von diesem Grundstück fortzuziehen.

Aufgabe des Eigentümers bzw. Bauherrn ist es, vor dem Bau des Hauses den „Umzug" zu veranlassen. Ist dies vor dem Bau des Hauses noch nicht geschehen, kann es auch noch später nachgeholt werden. Nehmen Sie z. B. mit Biotensor oder Pendel Kontakt mit dem „Chef" auf, der den auf dem Grundstück befindlichen arealgebundenen Naturgeistern vorsteht, und bitten Sie diesen, für die arealgebundenen Naturgeister ein anderes geeignetes Areal zu finden und die Umsiedlung zu veranlassen. Fragen Sie nach ein bis zwei Stunden, ob die Umsiedlung erfolgt ist. Vergessen Sie nicht, sich anschließend beim „Chef" zu bedanken.

Strukturgeister

Viele Einflüsse im Feng Shui werden durch Strukturgeister vermittelt, die sich entlang sichtbarer oder unsichtbarer Strukturen bewegen. Diese Strukturgeister lassen sich in mehrere Gruppen einteilen, abhängig davon, welche Strukturen sie bevorzugt benutzen. Eine ganze Reihe von Strukturgeistern haben einen ungünstigen Einfluß auf den Menschen.

Strukturgeister, die sich in geomagnetischen Strukturen bewegen

Auch in feinen Strukturen des Erdmagnetfeldes, den sogenannten geomagnetischen Strukturen, bewegen sich Strukturgeister. Ein Teil dieser Strukturgeister, der uns in diesem Zusammenhang interessiert, bevorzugt ganz bestimmte geomagnetische Strukturen und hat auf den Menschen einen sehr ungünstigen Einfluß. Wir werden auf diese Art der Strukturgeister und die bevorzugten geomagnetischen Strukturen sowie geeignete Schutzmaßnahmen im Abschnitt „Geister in geomagnetischen Strukturen" (s. S. 172) genauer eingehen.

Strukturgeister, die sich entlang sichtbarer Strukturen bewegen

Eine große Zahl von Geistern, die im Zusammenhang mit Feng Shui wichtig sind, bewegt sich entlang sichtbarer Strukturen, die in der Formschule des Feng Shui beschrieben werden. Diese Geister benutzen bevorzugt gerade Wege oder auch vom Menschen geschaffene Röhren oder Röhrensysteme wie Abflußrohre, Brunnen, Schornsteine, Klimaanlagen und andere. Die Wirkung dieser Geister auf den Menschen ist in der Regel ungünstig. Wir unterscheiden diese Geister u. a. nach den Feng-Shui-Situationen, in denen sie bevorzugt auftreten, Lineare Wegegeister, Lineare Fluggeister, Dachgeister, Brunnengeister, Tunnelgeister, Kellergeister u. a. Die einzelne Gruppe von Strukturgeistern und ihre Wirkung auf den Menschen besprechen wir im Zusammenhang mit den Feng-Shui-Situationen, in denen sie bevorzugt auftreten.

Die Wirkung dieser Geister auf den Menschen ist in der Regel ungünstig

Geister anderer Dimensionen

Für den Menschen wichtig sind sowohl Schutzgeister der 4. und 5. Dimension als auch unerwünschte Geister, die insbesondere aus der 4. Dimension auf uns wirken. Die Schutzgeister der 4. Dimension wirken im Haus u. a. sowohl am Herd als auch am Altar (s. S. 189). Unerwünschte Geister der 4. Dimension werden u. a. durch dreieckige Fenster angezogen (s. S. 209). Über Satellitenschüsseln können unerwünschte Geister der 5. Dimension in den

Auch Geister anderer Dimensionen haben einen Einfluß auf den Menschen

Raum hinter der Satellitenschüssel gelangen (s. S. 131). Über Abflußrohre der Toilette gelangen unerwünschte Geister der 5. Dimension, sogenannte Tunnelgeister, ins Haus (s. S. 123). Brunnen unter dem Haus ab einem Innendurchmesser von 50 cm können zu Problemen mit unerwünschten Geistern der 4. und 5. Dimension führen (Brunnengeister) (s. S. 128).

Kapitel 6

Feng-Shui-Situationen außerhalb des Hauses

Da es äußere Einflüsse gibt, die auf ein Haus wirken, möchten wir in diesem Kapitel einige dieser Einflüsse kurz darstellen. In weiteren Bänden werden wir hinsichtlich dieser Einflüsse mehr ins Detail gehen.

Die Aura des Grundstücks

Jedes bewohnte Grundstück hat eine Aura. Sie hat die Form einer energetischen Mauer und schützt das Grundstück vor Einflüssen von außen.

Die Vorgeschichte des Grundstücks

Die Chinesen legen traditionell viel Wert darauf, zu wissen, welche Vorgeschichte ein Grundstück oder Gelände hat. Wenn ein Gelände schon einmal vom Menschen auf für uns ungünstige Art und Weise genutzt wurde, können Probleme mit Geistern oder Geistanteilen Verstorbener auftreten.

Bauen Sie nicht auf negativ vorbelasteten Grundstücken

Ungünstig ist, ein Haus auf einem Grundstück zu bauen, das für einen der folgenden Zwecke benutzt wurde:

- Friedhof
- Kirche oder Tempel
- Polizeistation
- Krankenhaus
- Grundstück, auf dem ein Haus abgebrannt war (insbesondere durch Brandstiftung)
- ehemalige Schlachtfelder und Hinrichtungsstätten

Sie sollten besser auch nicht direkt neben einem Friedhof oder einem anderen Grundstück wohnen, über das Sie Probleme mit Geistern bekommen können.

Kriterien für ein günstiges oder ungünstiges Grundstück

Der Einfachheit halber geben wir Ihnen in der folgenden Tabelle einen Überblick über wesentliche Kriterien, die für ein günstiges oder weniger günstiges Grundstück entscheidend sind.

Kriterien für ein günstiges Grundstück	Kriterien gegen ein günstiges Grundstück
Das Grundstück ist rechteckig oder quadratisch	Das Grundstück ist dreieckig, L-förmig, U-förmig, H-förmig oder eckig unregelmäßig (Grundstücke mit geschwungenen Formen können aus speziellen Gründen günstig sein)
Vor dem Grundstück befindet sich ein Bach, Flußlauf oder See (wobei ein ausreichender Abstand zwischen Haus und Gewässer möglich sein sollte)	Hinter dem Grundstück befindet sich ein Bach, Flußlauf oder See
Das Gelände, auf dem sich das Grundstück befindet, steigt nach hinten an	Das Gelände, auf dem sich das Grundstück befindet, fällt nach hinten ab

Kriterien für ein günstiges oder ungünstiges Grundstück

Vorsicht vor geraden Wegen, die auf das Haus zuführen

Gerade Wege, die auf das Haus zuführen, fördern den Eintritt linearer Wegegeister, die an Straßen entlanglaufen, in das Haus. Sie wirken insbesondere auf unseren 1. bis 3. Geistanteil. Körperlich kann dies zu Nervosität und Schlafstörungen bei den Hausbewohnern führen. Disponierte Personen werden auf „dumme Gedanken" gebracht und treffen vermehrt Fehlentscheidungen. Geschwungene Wege zur Haustür sind günstiger.

Häuser an T-Kreuzungen ziehen lineare Wegegeister an

Achten Sie auch auf T-Kreuzungen, die auf das Haus weisen. Es empfiehlt sich, falls möglich, den Eingang auf eine andere Seite des Hauses zu legen. Materielle Hindernisse wie Grundstücksmauern, Zäune und geeignete Bepflanzungen wie Hecken bieten bei geeigneter Höhe partiellen Schutz.

Es ist auch möglich, mit einer oder mehreren der nachfolgend beschriebenen Feng-Shui-Maßnahmen Abhilfe zu schaffen. Fragen Sie mit dem Biotensor oder Pendel ab, welche der nachfolgenden Maßnahmen, allein oder in Kombination, erforderlich sind. Bei T-Kreuzungen sind in der Regel vor allem das Erdgeschoß und das erste Obergeschoß betroffen.

Rote Tore helfen gegen unerwünschte Geister

Sehr wirkungsvoll gegen Geister sind rote Tore

Sehr wirkungsvoll gegen Geister sind rote Tore, die von innen auf die Wand gemalt werden, auf die die T-Kreuzung zeigt. Das Tor sollte aus drei ca. 20 cm langen Seiten bestehen, die etwa 2 cm breit sind und oben im rechten Winkel aneinander stoßen. Nach unten zeichnen Sie keine Seite. Die geeignete Farbe ist Verkehrsrot (RAL 3020 glänzend). Die beste Plazierung ist über dem Fenster. Wenn ein Raum mehrere Fenster hat, fragen Sie mit dem Biotensor oder Pendel, wieviele Tore erforderlich sind und über welchen Fenstern sie am besten gemalt werden sollen. Es kann auch erforderlich sein, ein rotes Tor von innen über die Tür zu malen. Ein rotes Tor als Bild aufzuhängen oder ein rotes Tor auf die Rückseite eines Bildes zu malen, ist nicht ausreichend. Es mindert jedoch die Wirkung nicht, wenn Sie, nachdem Sie das rote Tor auf die Wand gemalt haben, anschließend ein Bild oder einen anderen Gegenstand darüberhängen oder übertapezieren (nicht direkt übermalen). Auch wenn wegen eines Innenausbau z. B. Gipskarton nachträglich auf eine Wand gebracht wird, mindert dies die Wirkung nicht.

Wenn Sie mehrere rote Tore auf die Wand aufmalen wollen, ist es praktisch, zunächst ein Tor in der richtigen Größe aus Pappe auszuschneiden. Die Vorlage benutzen Sie dann, um z. B. mit Bleistift die Umrisse zu markieren und dann mit der richtigen Farbe auszumalen. Oder Sie fertigen sich eine Schablone an, die Sie dann auch direkt für den Anstrich verwenden können.

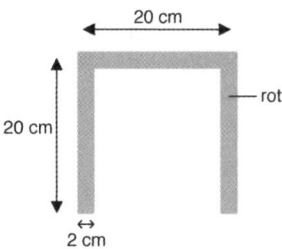

Ein rotes Tor

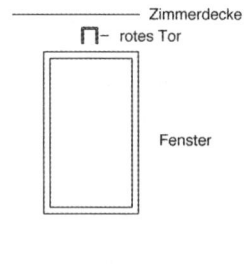

Rotes Tor über einem Fenster

Runder Konkavspiegel

Ein runder Konkavspiegel ist ebenfalls ein gutes Feng-Shui-Hilfsmittel gegen Geister bei Häusern, auf die eine T-Kreuzung zeigt. Die beste Plazierung ist senkrecht von innen in das Fenster am Übergang vom oberen zum mittleren Drittel des Fensters. Die optimale Plazierung können Sie mit dem Biotensor oder Pendel bestimmen. Handelsübliche Rasier- oder Kosmetikspiegel sind in der Regel für diesen Zweck geeignet. Die Planspiegelfläche, die sich auf der Rückseite vieler Rasier- oder Kosmetikspiegel befindet, stört dabei nicht. Sie darf gern ins Innere des Zimmers schauen.

Roter Kranz

Wenn eine T-Kreuzung direkt auf eine Haustür zeigt, kann allein oder zusätzlich zu den obigen Maßnahmen ein roter Kranz ein gutes Feng-Shui-Hilfsmittel sein. Der rote Kranz sollte einen Durchmesser von ca. 50 cm haben und wird von außen etwa am Übergang vom mittleren zum oberen Drittel der Haustür an diese gehängt. Als Farbe für den Kranz ist Verkehrsrot (RAL 3020 glänzend) gut geeignet. Sie können mit dieser Farbe (z. B. mittels Sprühdose) auch einen Kranz anderer Farbe (z. B. aus einer Gärtnerei) umsprühen. Es reicht nicht, lediglich einen grünen Kranz mit roter Schleife zu nehmen.

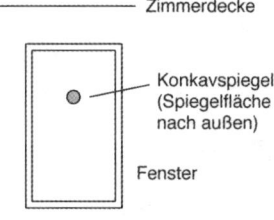

Ein runder Konkavspiegel am Übergang vom oberen zum mittleren Drittel des Fensters (von innen angebracht, konkave Spiegelfläche zum Glas nach außen zeigend)

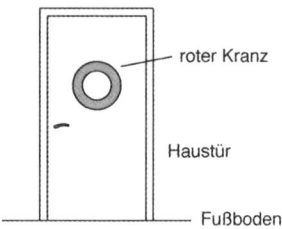

Roter Kranz am Übergang vom mittleren zum oberen Drittel der Haustür

roter Kranz

Haustür

Fußboden

Wenn scharfe Straßenkurven oder Sackgassen auf das Haus zeigen, treffen Sie eine oder mehrere der Maßnahmen, wie für die T-Kreuzung beschrieben. Wenn eine Hochstraße (Fly-Over) auf das Haus zeigt, treffen Sie Ihre Maßnahmen in den betroffenen oberen Stockwerken.

Lineare Fluggeister

Lineare Fluggeister wirken auf den 4. bis 7. Geistanteil des Menschen. Sie können einerseits zu Angstgefühlen, aber andererseits auch zu einer gewissen Gefühlskälte führen. Zusätzlich reduzieren Sie die Schutzfunktion der menschlichen Aura und machen sie damit anfälliger für die Einwirkung anderer unerwünschter Geister.

Dachfirste von Nachbarhäusern

Dachfirste von Nachbarhäusern, die auf den Eingang oder ein Fenster zeigen, ermöglichen es linearen Fluggeistern, leichter in das Haus zu gelangen.

Windtunneleffekt

Durch den Windtunneleffekt können einige der linearen Fluggeister sogar dünnere Hauswände durchdringen

Eine schmale Lücke zwischen zwei Häusern gegenüber der Haustür erzeugt den sogenannten Windtunneleffekt. Der Windtunneleffekt ermöglicht es linearen Fluggeistern, in das Haus zu gelangen, das in Richtung des Windtunnels liegt. Während Dachfirste in erster Linie auf Fenster und Türen wirken, wirkt der Windtunnel auch derart auf die Aura des Hauses, daß nur noch ein geringer Schutz gegen lineare Fluggeister besteht. Einige der linearen Fluggeister können dann sogar dünnere Hauswände durchdringen.

Maßnahmen gegen lineare Fluggeister

Gegen lineare Fluggeister treffen Sie die gleichen Maßnahmen, wie für die linearen Wegegeister beschrieben. Klären Sie mit Biotensor oder Pendel, an welcher Stelle Ihres Hauses die Belastung ist, um die optimale Plazierung der Feng-Shui-Maßnahmen zu bestimmen.

Geheime Pfeile – An Jian

Stellen Sie sich vor, Sie sehen, wie ein Schütze gerade einen Pfeil abschießt. Sie sehen jedoch den Pfeil nicht fliegen, können dann aber wieder sein Auftreffen beobachten. Ähnlich ergeht es einem Hellsichtigen, der „sieht", wie ein „Geheimer Pfeil" von einer Gebäudeecke in Richtung eines anderen Gebäudes abgeht, den weiteren Bewegungsablauf nicht wahrnimmt, dann jedoch deutlich die Wirkung des Geheimen Pfeils in der Aura des getroffenen Gebäudes beobachtet.

Die Chinesen nennen Einflüsse, die von Gebäudeecken, Dachfirsten oder anderen spitzen Gebäudeteilen mit gerader Wirkrichtung auf ein anderes Gebäude ausgehen, Geheime Pfeile, auf chinesisch *An Jian*. Diese Pfeile werden deshalb als „geheim" bezeichnet, weil ihr Verlauf zwischen dem Ausgangspunkt z. B. an einer Gebäudeecke und seinem Eintreffen an einem anderen Gebäude unsichtbar ist. Der Verlauf zwischen Ausgangspunkt und Auftreffpunkt ist auch für den Hellsichtigen deshalb nicht sichtbar, weil er in einer höheren Dimension stattfindet.

Diese Einflüsse haben teilweise eine sehr starke Wirkung auf die Aura des betroffenen Gebäudes. Je nachdem wie weit das betroffene Haus entfernt ist, wird die Funktion der 2. und 1. Hülle der Haus-Aura sowie der innere Geister-Aura stark beeinträchtigt. Eventuell wird sogar die Funktion der inneren Aura-Struktur des Hauses gestört. Die Stärke der Einwirkung ist u. a. abhängig von der Richtung, in die der Geheime Pfeil zeigt. Neben Störungen der Haus-Aura können in dem betroffenen Gebäude noch weitere spezifische Störungen auftreten, die von weiteren Richtungseinflüssen abhängig sind, mit denen sich die Kompaßschule befaßt.

Die Geheimen Pfeile können die Funktion der 2. und 1. Hülle und die der Geister-Aura stören

Zusätzlich zur geraden Wirkrichtung eines Geheimen Pfeiles, der beispielsweise von einem höheren Teil eines Gebäudes ausgeht, gibt es eine weitere schädigende Wirkrichtung eines anderen Energieträgers mit einem bogenförmigen Verlauf nach unten. Dieser Energieträger wirkt sich ebenfalls ungünstig auf die Innere Geister-Aura des Hauses aus.

Spiegel gegen Geheime Pfeile

Ein gutes Feng-Shui-Hilfsmittel gegen Geheime Pfeile sind Spiegel. Richtig plaziert können insbesondere runde Konvexspiegel die Wirkung des Geheimen Pfeils soweit auflösen, daß nur noch eine minimale Beeinträchtigung der Haus-Aura bestehen bleibt. Häufig ist eine Kombination mit einem oder mehreren runden Konkavspiegeln erforderlich.

Spiegel können die Wirkung der Geheimen Pfeile stark abschwächen

Runde Konvexspiegel
In der Regel benötigen Sie zumindest drei runde Konvexspiegel ausreichender Größe. Den ersten Konvexspiegel plazieren Sie in der gefundenen Richtung der Wirkung des Geheimen Pfeils unten am Gebäude. Fragen Sie die beste Höhe mit dem Biotensor oder Pendel ab. Häufig werden Sie eine Höhe von 2,10 bis 2,30 m als geeignet finden. Den zweiten Konvexspiegel plazieren Sie am

unteren Ende des Verlaufs des Geheimen Pfeils. Wenn die Kante eine Gebäudes auf ein Haus zeigt, ist dies häufig ungefähr am Übergang vom mittleren zum oberen Drittel des verursachenden Gebäudes. Den dritten Konvexspiegel plazieren Sie am oberen Ende des Verlaufs des Geheimen Pfeils. Das obere Ende ist in der Regel etwas höher als die obere Ecke der verursachenden Kante, weil die Richtung leicht schräg nach oben ist. Ist das betroffene Gebäude niedriger, plazieren Sie den Konvexspiegel bei Flachdächern an der Dachkante, bei geneigten Dächern, je nach Winkel der Dachneigung, an der Dachkante oder auf dem geneigten Dach, in der Regel jedoch nicht auf dem Dachfirst. Fragen Sie mit Biotensor oder Pendel ab, ob Sie die Spiegel besser im Haus oder draußen an der Hauswand anbringen sollten.

Runde Konkavspiegel kombiniert mit runden Konvexspiegeln
Gegen die Beeinträchtigung der Funktion der Inneren Geister-Aura durch den bogenförmig verlaufenden zusätzlichen schädigenden Effekt, der insbesondere von der oberen Ecke der Gebäudekante ausgeht, können Sie einen runden Konkavspiegel einsetzen. Diesen können Sie außen an der Stelle der Hauswand anbringen, an der der bogenförmige Verlauf die Hauswand am stärksten trifft. Konkav- und Konvexspiegel sollten möglichst nicht näher als 2,50 m beieinander hängen. Sollte dies beispielsweise hinsichtlich des zweiten (mittleren) Konvexspiegels der Fall sein, können Sie diesen durch zwei Konvexspiegel ersetzen, einen hängen Sie etwas höher, einen etwas niedriger auf, so daß der Abstand zum Konkavspiegel gewahrt bleibt. Wenn die Wirkung eines Konkavspiegels nicht ausreicht, hängen Sie einen weiteren ca. 2 m links daneben, einen weiteren ca. 2 m rechts daneben. In gleicher Weise können Sie auch 5 oder mehr Konkavspiegel plazieren.

Geheime Pfeile durch Spiegelfassaden

„Spiegelnde" Glasscheiben ohne Metallbedampfung zählen nicht als Spiegel

Ähnlich wie Gebäudeecken und Dachfirste können auch Spiegelfassaden Ausgang von Geheimen Pfeilen sein. „Spiegelnde" Glasscheiben ohne Metallbedampfung zählen nicht als Spiegel. Auch nicht jede metallbedampfte Isolierglasscheibe wirkt automatisch in diesem Sinne als Spiegel.

Rote Tore helfen gegen Spiegelfassaden

Das Anbringen von Konvex- oder Konkavspiegel ist bei Geheimen Pfeilen durch Spiegelfassaden wenig hilfreich. Sehr wirkungsvoll sind dagegen die weiter oben beschriebenen rote Tore. Diese können Sie in jedem Zimmer, das der Spiegelfassade gegenüberliegt, in der bekannten Größe an die Wand malen. Die beste Plazierung ist über dem Fenster. Wenn ein Raum mehrere Fenster hat, fragen Sie mit dem Biotensor oder Pendel, wieviele Tore erforderlich sind und über welchen Fenstern sie am besten gemalt werden sollen.

Fragen Sie mit dem Biotensor oder Pendel, wieviele Tore erforderlich sind

Wenn durch Ihr Haus ein Geisterweg führt

Schon in alter Zeit waren in Europa sogenannte Geisterwege bekannt. Dies sind Wege, die von bestimmten Geistergruppen benutzt werden, um die Distanz zwischen zwei Versammlungsplätzen, z. B. zwischen zwei Friedhöfen, zu überbrücken.

Fragen Sie zunächst mit Biotensor oder Pendel, ob sich in Ihrem Haus ein Geisterweg befindet. Die statistische Wahrscheinlichkeit hierfür ist zwar recht gering, dennoch sollten Sie diese Frage sicherheitshalber klären. Wenn Sie ein JA bekommen, fragen Sie, an welchen Hausseiten der Geisterweg ins Haus führt. Bestimmen Sie als nächstes die betroffenen Zimmer und dort den genauen Eintritt des Geisterweges durch die Zimmerwand.

Feng-Shui-Maßnahme
Wenn ein Geisterweg durch ein Haus führt, ist es ratsam, an beiden Eintrittsstellen blaue Tore von innen an die Hauswand aufzumalen. Im allgemeinen wird es ausreichend sein, die blauen Tore im Erdgeschoß aufzumalen. Im Einzelfall ist es erforderlich, auch obere Stockwerke einzubeziehen. Die beste Plazierung an der Wand ist am Übergang vom mittleren zum oberen Drittel. Die geeignete Farbe für die blauen Tore ist Pastellblau (RAL 5024 glänzend). Ansonsten ist die Größe analog zu den oben beschriebenen roten Toren (s. S. 90). Es kann sinnvoll sein, zusätzlich zu den blauen Toren Möbelstücke oder Einrichtungsgegenstände, die sich an der Zimmerwand in Nähe des blauen Tores befinden, ebenfalls in der genannten blauen Farbe zu streichen.

Wenn ein Geisterweg durch ein Haus führt, ist es ratsam, an beiden Eintrittsstellen blaue Tore von innen an die Hauswand aufzumalen

Probleme an der Eingangstür zum Haus

Außentüren sollten nach innen öffnen
Außentüren sollten nach innen aufgehen, da sie sonst zusätzlich anziehend auf lineare Geister wirken. Diese Türen wirken besonders anziehend in Kombination mit geraden Wegen, die auf das Haus zuführen (lineare Wegegeister), oder mit Giebeln, die auf den Eingang zeigen (lineare Fluggeister).

Außentüren sollten nach innen aufgehen, da sie sonst zusätzlich anziehend auf lineare Geister wirken

Rote kugelige Struktur vor der Eingangstür

Vor der Eingangstür befindet sich eine feinstoffliche und nicht-stoffliche, rote kugelige Struktur. Ihr Durchmesser entspricht der Diagonale der Türöffnung. Diese Struktur schützt die Tür normalerweise vor unerwünschten Geistern.

Astloser Baumstamm oder Pfahl vor der Eingangstür

Ein astloser Baumstamm oder Pfahl vor der Eingangstür verändert die rote kugelige Struktur vor der Haustür so, daß sie für bestimmte unerwünschte Geister anziehend wirkt

Ein astloser Baumstamm oder Pfahl vor der Eingangstür verändert die rote kugelige Struktur vor der Haustür so, daß sie gelb erscheint. Dies hat u. a. zur Folge, daß sie für bestimmte unerwünschte Geister anziehend wirkt. Ein astloser Baumstamm oder Pfahl vor der Haustür verändert darüber hinaus weitere fein- und nicht-stoffliche Strukturen vor der Haustür so, daß für uns positive Energien aus dem Haus in eine höhere Dimension abgebremst werden. Zusätzlich kommt es zu einem reduziertem Zustrom positiver Energien.

Der Eingangsbereich eines Hauses sollte also frei sein von Baumstämmen, Pfählen oder Masten.

Abhilfen: Befindet sich ein astloser Baumstamm oder Pfahl vor der Eingangstür, sollte zunächst geprüft werden, ob die Funktion der roten kugeligen Struktur außer Kraft gesetzt wurde. Sie können das beispielsweise mit Biotensor oder Pendel mit folgender Fragestellung prüfen: *„Ist die Funktion der roten kugeligen Struktur außer Kraft gesetzt?"* Wenn Sie ein JA bekommen, fragen Sie: *„Ist es ausreichend, oberhalb der Tür außen in geeigneter Weise einen Konkavspiegel anzubringen?"* Wenn Sie ein JA bekommen, befestigen Sie einen Konkavspiegel außen oberhalb der Haustür. Der Spiegel sollte mit der konkaven Spiegelfläche ebenfalls nach außen zeigen und ca. 15 Grad nach vorn gekippt sein. Eventuell kann es erforderlich sein beiderseits der Tür etwas höher zwei weitere Konkavspiegel außen am Haus anzubringen.

Wenn eine Verwünschung oder ein Fluch auf einem Haus liegt, ist in der Regel die Funktion der roten kugeligen Struktur vor der Haustür ebenfalls außer Kraft gesetzt, ohne daß sich ein astloser Baumstamm oder ein Pfahl vor der Haustür befindet. In diesem Fall ist es nicht ausreichend, einen Konkavspiegel einzusetzen. Es ist vielmehr erforderlich, in geeigneter Weise die Verwünschung oder den Fluch zu klären. Im Beispiel „Schwarze Klangspiele in einem Musikgeschäft" (s. S. 216) haben wir einen solchen Klärungsprozeß geschildert.

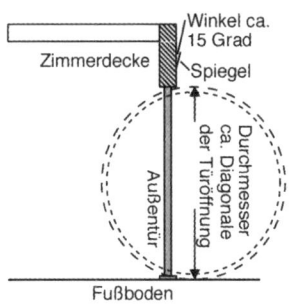

Konkavspiegel über der Haustür stärkt die feinstoffliche und nicht-stoffliche rote kugelige Struktur vor der Eingangstür

Kapitel 7

Geistertüren

Neben den normalen Türen zum Haus gibt es zusätzlich sogenannte Geistertüren. Diese Geistertüren sind verschiedene feinstoffliche und nicht-stoffliche Türen in der Haus-Aura und in der Hauswand, die erwünschte und unerwünschte Geister zusätzlich zur Eingangstür benutzen, um ins Haus zu kommen und es wieder zu verlassen. Es gibt Geistertüren sowohl an der Vorderseite des Hauses als auch an der Rückseite. Die Geistertüren an der Vorderseite des Hauses nennen wir vordere Geistertüren, die an der Rückseite hintere Geistertüren.

Neben den normalen Türen zum Haus gibt es zusätzlich sogenannte Geistertüren

Drei verschiedene vordere Geistertüren

Es gibt drei Arten von vorderen Geistertüren. Der Einfachheit halber nennen wir die vorderen Geistertüren im folgenden Text lediglich Geistertüren. Eine Art dieser Geistertüren wird von erwünschten Geistern als Eingang benutzt (A), eine zweite Art wird von unerwünschten Geistern als Eingang benutzt (B), eine dritte Art wird von erwünschten und unerwünschten Geistern als Ausgang benutzt (C). Diese drei Geistertüren liegen nebeneinander. An der Vorderseite des Hauses finden wir zweimal diese drei Geistertüren. Die Türen selbst sind für hellsichtige Personen schwer zu erkennen. Sie haben jedoch außen eine feinstoffliche und nicht-stoffliche farbige, kugelige Struktur, die auch für den Hellsichtigen zu sehen ist. Die Farbe der kugeligen Struktur vor der Geistertür A ist blau, vor der Geistertür B gelb und vor der Geistertür C rot. Die Geistertüren sind so angeordnet, daß die Geistertür C in der Mitte der drei Türen liegt, rechts davon (von außen gesehen) liegt die Geistertür A, links davon die Geistertür B.

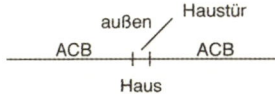

Die vorderen Geistertüren A, B und C

Wo unerwünschte Geister ins Haus kommen

Normalerweise befindet sich eine der beiden Geistertüren B rechts von der Haustür, die andere links. Der Abstand zwischen der rechten Geistertür B und der Haustür beträgt ca. 30 % des Abstandes der rechten Hausecke zur Haustür. Der Abstand zwischen der lin-

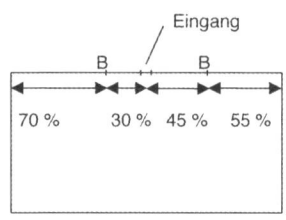

Die Lage der vorderen Geistertüren B (spiegelbildliche Verhältnisse auf der Südhalbkugel der Erde)

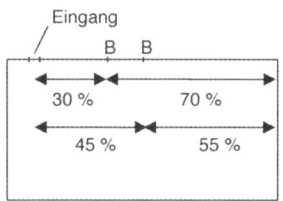

Die Lage der vorderen Geistertüren B, wenn die Haustür zu einer Seite der Vorderfront verschoben ist

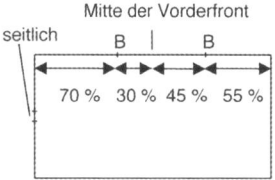

Die Lage der vorderen Geistertüren B, wenn das Haus einen seitlichen Eingang hat (spiegelbildliche Verhältnisse auf der Südhalbkugel der Erde)

ken Geistertür B und der Haustür beträgt ca. 45 % des Abstandes der linken Hausecke zur Haustür. Ist die Haustür soweit zu einer Seite der Vorderfront verschoben, daß die drei Geistertüren A ,B und C nicht mehr genügend Platz haben, sind alle Geistertüren und damit auch beide Geistertüren B auf der gleichen Seite der Haustür.

Wenn das Haus einen seitlichen Eingang hat

Wenn das Haus einen seitlichen Hauseingang hat, liegen die Geistertüren A, B und C weiterhin alle an der Vorderfront des Hauses, obwohl es dort keinen sichtbaren Eingang gibt. Sie können die Vorderfront des Hauses auch daran erkennen, daß sich der Ming Tang davor befindet (s. S. 36). Die Geistertüren A, B und C liegen in diesem Fall so, als hätte das Haus die Haustür in der Mitte der Vorderfront. Wenn der seitliche Hauseingang sich nicht ungefähr in der Mitte der Seite befindet, kann es sein, daß die Geistertür B, die dem Hauseingang am nächsten ist, keine oder lediglich eine geringe Funktion hat.

Lokalisieren Sie die Geistertür B an der Vorderfront des Hauses

Wenn Sie die Geistertüren B finden wollen, gehen Sie zunächst zur Vorderfront des Hauses, und schätzen Sie ab (bei größeren Häusern auch mit Maßband), wo in etwa die beiden Geistertüren B liegen müßten. Dann lokalisieren Sie die beiden Geistertüren B genau mit Biotensor, Pendel oder L-Rute. Dabei ist es möglich, sowohl nach der Geistertür B als auch nach der gelben kugeligen Struktur vor der Geistertür B zu fragen. Sie gehen also den in Frage kommenden Abschnitt der Vorderfront des Hauses mit folgender Fragestellung ab: *„Ist hier eine der beiden Geistertüren B?"* oder *„Ist hier die gelbe kugelige Struktur vor einer der beiden Geistertüren B?"* Sie können auch beide Fragen stellen und müssen dann zum gleichen Ergebnis kommen.

Lokalisieren Sie die Geistertür B im Zimmer

Nun ist es relativ einfach, auch im Haus die Geistertür B an der Zimmerwand genau zu lokalisieren. Sie können sich dabei am besten an einem Fenster orientieren und draußen und drinnen mit einem Maßband den gleichen Abstand bestimmen. Zur Suche nach der Geistertür B im Zimmer benutzen Sie die erste Fragestellung nach einer der beiden Geistertüren B. Die Geistertür B ist etwa 2 m hoch und beginnt knapp über dem Erdboden. Wenn der Fußboden des Erdgeschosses im Haus nicht ebenerdig ist, werden Sie im Zimmer nur den oberen Teil der Geistertür B finden. Im Hochparterre, dessen Fußboden mehr als 1,80 m über dem Erdboden liegt, finden Sie die Geistertür B nicht mehr im Zimmer, sondern im darunterliegenden Kellergeschoß. Bestimmen Sie die Oberkante der Geistertür B mit folgender Fragestellung: *„Ist hier die Oberkante dieser Geistertür B?"* Mit dieser Fragestellung gehen Sie mit der Spitze des Biotensors oder mit dem Pendel den Abschnitt der Zimmerwand hoch bzw. runter, in dem Sie die Oberkante der Geistertür B vermuten. Sie werden dann ein JA bekommen, wenn sich die Spitze des Biotensors oder das Pendel in Höhe der Oberkante befindet. Alternativ können Sie auch mit dieser Fragestellung mit einer Hand oder einem oder mehreren Fingern an der Zimmerwand hoch- bzw. runterstreichen. Mit der anderen Hand halten Sie den Biotensor oder das Pendel. Sie werden dann ein JA bekommen, wenn sich die Hand oder der bzw. die Finger an der Oberkante der Geistertür B befinden. Markieren Sie sich die Oberkante.

Geeignete Schutzmaßnahmen

Wenn Sie Probleme im Haus mit unerwünschten Geistern haben, die vorn durch eine oder beide Geistertüren B kommen, besteht die Möglichkeit, mit einer geeigneten Feng-Shui-Maßnahme Besserung zu schaffen.

Rotes Tor

Ein rotes Tor (s. auch S. 90) (Verkehrsrot, RAL 3020 glänzend) kann von innen oder außen auf die Wand gemalt werden. Tragen Sie die Farbe direkt auf die Wand auf, da Sie nur dann die gewünschte Wirkung haben. Ein rotes Tor als Bild aufzuhängen oder ein rotes Tor auf die Rückseite eines Bildes zu malen, ist nicht ausreichend. Es mindert jedoch die Wirkung nicht, wenn Sie, nachdem Sie das rote Tor auf die Wand gemalt haben, anschließend ein Bild oder einen anderen Gegenstand darüberhängen.

Das Tor sollte aus drei ca. 20 cm langen Seiten bestehen, die etwa 2 cm breit sind und oben im rechten Winkel aneinander stoßen. Nach unten zeichnen Sie keine Seite. Malen Sie das Tor so auf die Wand, daß sich das untere Ende der senkrechten Seiten auf dem Übergang vom mittleren zum oberen Drittel der Geistertür B befindet. Wenn Sie sich unsicher sind, bestimmen Sie die genaue Plazierung mit dem Biotensor oder Pendel.

Ein rotes Tor kann von innen oder außen auf die Wand gemalt werden

Wenn Sie sich unsicher sind, bestimmen Sie die genaue Plazierung mit dem Biotensor oder Pendel

Runder Konkavspiegel

Ein runder Konkavspiegel sollte in der Mitte oberhalb der Geistertür B senkrecht von innen an die Zimmerwand gehängt werden, so daß die Spiegelfläche nach außen zeigt. Die beste Plazierung können Sie mit dem Biotensor oder Pendel bestimmen. Handelsübliche Rasier- oder Kosmetikspiegel sind in der Regel für diesen Zweck geeignet. Die Planspiegelfläche, die sich auf der Rückseite vieler Rasier- oder Kosmetikspiegel befindet, stört dabei nicht. Sie darf gern ins Innere des Zimmers schauen. Hängen Sie den Konkavspiegel nicht von außen an die Hauswand.

> **Handelsübliche Rasier- oder Kosmetikspiegel sind in der Regel für diesen Zweck geeignet**

Roter Kranz

Ein roter Kranz mit ca. 50 cm Durchmesser wird von innen etwa am Übergang vom mittleren zum oberen Drittel der Geistertür B an die Wand gehängt. Es ist in diesem Fall weniger zu empfehlen, den roten Kranz von außen an die Wand zu hängen. Als Farbe für den Kranz ist Verkehrsrot (RAL 3020 glänzend) gut geeignet. Sie können mit dieser Farbe (z. B. mittels Sprühdose) auch einen Kranz anderer Farbe (z. B. aus einer Gärtnerei) umsprühen. Es reicht nicht, lediglich einen grünen Kranz mit roter Schleife zu nehmen.

> **Es reicht nicht, lediglich einen grünen Kranz mit roter Schleife zu nehmen**

Klären Sie, welche Feng-Shui-Maßnahme geeignet ist

Wenn Sie Probleme mit unerwünschten Geistern im Haus haben, die eine oder beide Geistertüren B benutzen, klären sie mit Biotensor oder Pendel, ob Sie als Feng-Shui-Maßnahme ein rotes Tor an die Zimmer- bzw. Hauswand malen, einen runden Konkavspiegel oder einen roten Kranz mit ca. 50 cm Durchmesser aufhängen sollen. Fragen Sie: *„Ist es erforderlich, ein rotes Tor von innen oder außen an die Wand in die Geistertür B zu malen?"* Fragen Sie zusätzlich: *„Ist es erforderlich, einen runden Konkavspiegel von innen über die Geistertür B zu hängen?"* Fragen Sie zusätzlich: *„Ist es erforderlich, einen roten Kranz von innen in die Geistertür B zu hängen?"* Wenn Sie nur ein JA bekommen, treffen Sie die entsprechende Feng-Shui-Maßnahme.

> **Wählen Sie die richtigen Maßnahmen mit Hilfe des Biotensors oder des Pendels**

Wenn Sie dreimal ein JA bekommen, klären Sie, ob es erforderlich ist, alle drei Feng-Shui-Maßnahmen durchzuführen. Fragen Sie dann: *„Ist es erforderlich, alle drei Feng-Shui-Maßnahmen durchzuführen?"* Wenn Sie ein JA bekommen, führen Sie die drei Maßnahmen durch. Wenn Sie ein NEIN bekommen, fragen Sie, ob es erforderlich ist, zwei Maßnahmen durchzuführen. Fragen Sie: *„Ist es erforderlich, zwei Feng-Shui-Maßnahmen durchzuführen?"* Wenn Sie ein NEIN bekommen haben, machen

Sie mit dem nächsten Absatz weiter. Wenn Sie ein JA bekommen, klären Sie, welche Maßnahmen durchgeführt werden sollten. Fragen Sie: *„Ist es am besten, ein rotes Tor aufzumalen?"* Fragen Sie zusätzlich: *„Ist es am besten, einen runden Konkavspiegel aufzuhängen?"* Fragen Sie weiter: *„Ist es am besten, einen roten Kranz aufzuhängen?"* Sie dürfen bei diesen Fragen nur zweimal ein JA bekommen. Treffen Sie die entsprechenden Feng-Shui-Maßnahmen.

Wenn es lediglich erforderlich ist, eine der beschriebenen Maßnahmen durchzuführen, fragen Sie, wie im letzten Absatz beschrieben, alle Feng-Shui-Maßnahmen einzeln ab. Sie dürfen jetzt nur ein JA bekommen. Führen Sie die entsprechende Maßnahme durch.

Ein Pfahl vor der Geistertür B
Ein astloser Baumstamm oder Pfahl vor der Geistertür B kann den Zutritt für unerwünschte Geister ins Haus erleichtern. Wenn Sie den Pfahl nicht beseitigen können, helfen die gerade angegeben Feng-Shui-Maßnahmen.

Nächtliche Alpträume
Eine 42jährige Bauzeichnerin wachte zwei- bis dreimal im Monat über Nacht zwischen zwei und drei Uhr mit Alpträumen auf. Die Feng-Shui-Untersuchung mit dem Biotensor ergab, daß es im Haus ein Problem mit einer der beiden vorderen Geistertüren B gab. Die geeignete Feng-Shui-Maßnahme war in diesem Fall, ein rotes Tor von innen direkt auf die Hauswand zu malen, nachdem der hinzugezogene Feng-Shui-Berater die problematische Geistertür B lokalisiert hatte. Eine Nachfrage nach drei Monaten ergab, daß die nächtlichen Alpträume nicht wieder aufgetreten waren.

Die hinteren Geistertüren

An der Rückseite des Hauses gibt es insgesamt lediglich vier hintere Geistertüren. Wir nennen die Geistertür für die erwünschten Geister hintere Geistertür A, für die unerwünschten Geister hintere Geistertür B, den Ausgang für beide Arten von Geistern nennen wir hintere Geistertür C. Die hinteren Geistertüren A und B sind jeweils nur einmal vorhanden, die hintere Geistertür C zweimal. Im Gegensatz zu den Geistertüren an der Vorderfront des Hauses sind die hinteren Geistertüren nicht fest an einem Platz, sondern haben einen gewissen Bewegungsspielraum. Im folgen-

Im Gegensatz zu den Geistertüren an der Vorderfront des Hauses sind die hinteren Geistertüren nicht fest an einem Platz, sondern haben einen gewissen Bewegungsspielraum

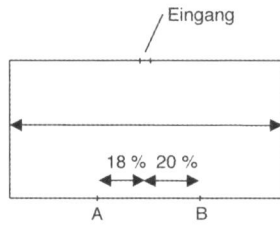

Die Lage der hinteren Geistertüren A und B (spiegelbildliche Verhältnisse auf der Südhalbkugel der Erde, die hintere Geistertür A liegt dann links – auch bei 18 %, die hintere Geistertür B rechts – auch bei 20 %)

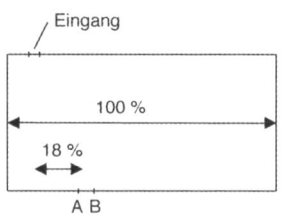

Die Lage der hinteren Geistertüren A und B, wenn die Haustür ganz auf der rechten Seite der Vorderfront des Hauses ist (auf der Südhalbkugel der Erde sind A und B vertauscht mit der Maßangabe 20 %)

den wollen wir uns auf die hinteren Geistertüren A und B konzentrieren.

Wenn es im Haus Probleme mit unerwünschten Geistern gibt, die die hintere Geistertür B benutzen, ist es erforderlich, diese erst zu fixieren, bevor eine geeignete Schutzmaßnahme ergriffen werden kann. Die hintere Geistertür B können Sie mit Biotensor oder Pendel anhand einer schwarz-gelben kugeligen Struktur finden, die sich außen vor der hinteren Geistertür B befindet. Bevor Sie die hintere Geistertür B mit Biotensor oder Pendel suchen, ist es sinnvoll, zunächst theoretisch abzuschätzen, in welchem Abschnitt der Rückfront des Hauses sich diese befinden müßte. Dazu können Sie Ihren Hausgrundriß benutzen.

Die Lage der hinteren Geistertüren A und B

Schräg rechts gegenüber der Haustür (von vorn gesehen) befindet sich auf der Rückseite des Hauses die hintere Geistertür A, die Geistertür für die erwünschten Geister. Schräg links gegenüber der Haustür befindet sich auf der Rückseite die hintere Geistertür B, die Geistertür für die unerwünschten Geister.

Die hintere Geistertür A befindet sich im Mittel ca. 18 % der Länge der Rückseite des Hauses rechts schräg gegenüber der Haustür. Die hintere Geistertür B befindet sich im Mittel ca. 20 % der Länge der Rückseite des Hauses links schräg gegenüber der Haustür. Die hinteren Geistertüren A und B sind, wie bereits kurz erwähnt, nicht fest an einem Platz. Die hintere Geistertür B bewegt sich stärker als die hintere Geistertür A. Der Bewegungsspielraum, den die hintere Geistertür B hat, ist etwas abhängig von der Größe des Hauses. Er ca. 5 % bis 7 % der Länge der Rückseite des Hauses.

Wenn der Hauseingang ganz auf der rechten oder linken Seite der Vorderfront liegt

Ist die Haustür ganz auf der rechten Seite der Vorderfront des Hauses, befindet sich die hintere Geistertür A ca. 18 % der Länge der Rückseite des Hauses links schräg gegenüber der Haustür. Die hintere Geistertür B liegt dann knapp links daneben. Befindet sich die Haustür ganz auf der linken Seite der Vorderfront des Hauses, liegt die hintere Geistertür B ca. 20 % der Länge der Rückseite des Hauses rechts schräg gegenüber der Haustür. Die hintere Geistertür A ist dann knapp rechts daneben.

Wenn das Haus einen seitlichen Eingang hat

Wenn das Haus einen seitlichen Hauseingang hat, liegen die hinteren Geistertüren A und B weiterhin beide an der Rückseite des Hauses, obwohl es an der Vorderfront keinen sichtbaren Eingang gibt. Sie können die Vorderfront des Hauses wieder am Ming Tang erkennen (s. S. 36). Die hinteren Geistertüren A und B liegen in diesem Fall so, als hätte das Haus die Haustür in der Mitte der Vorderfront.

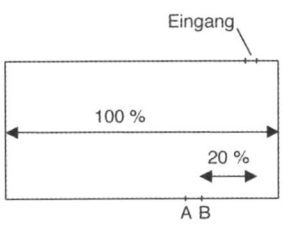

Die Lage der hinteren Geistertüren A und B, wenn die Haustür ganz auf der linken Seite der Vorderfront des Hauses ist (auf der Südhalbkugel der Erde sind A und B vertauscht mit der Maßangabe 18%)

Lokalisieren Sie die schwarz-gelbe kugelige Struktur vor der hinteren Geistertür B an der Rückseite des Hauses

Wenn Sie die schwarz-gelbe kugelige Struktur vor der hinteren Geistertür B finden wollen, gehen Sie zunächst draußen zur Rückseite des Hauses, und schätzen Sie ab (bei größeren Häusern auch mit Maßband), wo sie in etwa liegen müßte. Dann lokalisieren Sie die kugelige Struktur genau mit Biotensor, Pendel oder L-Rute. Sie gehen den in Frage kommenden Abschnitt der Rückseite des Hauses mit folgender Fragestellung ab: *„Ist hier die schwarz-gelbe kugelige Struktur vor der hinteren Geistertür B?"* Wenn Sie die kugelige Struktur gefunden haben, bestimmen Sie genau deren Mitte. Stellen Sie die Frage: *„Ist hier die Mitte der schwarz-gelben kugeligen Struktur vor der hinteren Geistertür B?"*

Lokalisieren Sie die Mitte der schwarz-gelben kugeligen Struktur der hinteren Geistertür B im Zimmer

Wenn sie die Mitte der schwarz-gelben kugeligen Struktur der hinteren Geistertür B draußen gefunden haben, lokalisieren Sie sie auch im Haus. Sie können sich dabei wieder am besten an einem Fenster orientieren und draußen und drinnen mit einem Maßband den gleichen Abstand bestimmen. Zur Suche im Zimmer benutzen Sie gleich die zweite Fragestellung nach der Mitte der kugeligen Struktur.

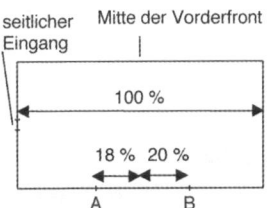

Die Lage der hinteren Geistertüren A und B, wenn das Haus einen seitlichen Eingang hat (spiegelbildliche Verhältnisse auf der Südhalbkugel der Erde)

Fixierung der hinteren Geistertür B und geeignete Schutzmaßnahmen

Die Fixierung der hinteren Geistertür B erfolgt am besten mit einem roten Tor, das Sie etwa in der Mitte der kugeligen Struktur in diesem Fall unter der Zimmerdecke an die Zimmerwand innen aufmalen. Größe und Farbton wählen Sie wie weiter oben beschrieben. In der Regel ist dies auch schon die geeignete Schutzmaßnahme. Sie sollten jedoch trotzdem mit Biotensor oder Pendel abfragen, ob Sie zusätzlich einen runden Konkavspiegel und/oder einen roten Kranz mit ca. 50 cm Durchmesser an der Zimmerwand von innen anbringen. Die Fragestellung wählen Sie analog zu den Fragen im Abschnitt „Geeignete Schutzmaßnahmen" auf S. 99.

Wenn es erforderlich ist, zusätzlich einen runden Konkavspiegel und/oder einen roten Kranz mit ca. 50 cm Durchmesser anzubringen, tun Sie dies so, wie es für die vordere Geistertür beschrieben wurde. Sie bestimmen sich analog wie für die vordere Geistertür beschrieben die Oberkante und hängen den runden Konkavspiegel senkrecht unterhalb des roten Tores etwas oberhalb der Oberkante der hinteren Geistertür auf. Der rote Kranz wird in gleicher Linie wieder am Übergang vom mittleren zum oberen Drittel der Geistertür aufgehängt.

Cholerische Anfälle

Cholerische Anfälle lassen merklich nach

Ein 48jähriger Architekt war wegen cholerischer Anfälle in psychotherapeutischer Behandlung. Der Therapeut riet ihm, zusätzlich einen Feng-Shui-Berater zu bemühen. Es stellte sich heraus, daß der Architekt in seinem Haus u. a. ein Feng-Shui-Problem mit der hinteren Geistertür B hatte. Als Feng-Shui-Maßnahmen wurden neben anderen Sanierungsmaßnahmen ein rotes Tor und ein Konkavspiegel bei der hinteren Geistertür B plaziert. Sechs Wochen nach Durchführung der Feng-Shui-Maßnahmen ließen die cholerischen Anfälle merklich nach.

Kapitel 8

Qi

Positive Energien

Die Chinesen bezeichnen die für den Menschen positiven Energien überwiegend als *Qi*. Für Qi haben sie eine Vielzahl von Unterbezeichnungen eingeführt, die wir aber nicht übernehmen möchten, da sie für den westlichen Leser eher verwirrend als hilfreich sind. Die verschiedenen, für den Menschen positiven Energien unterliegen unterschiedlichen Gesetzmäßigkeiten. Sie sind wichtig für unsere Gesundheit und die Funktion unserer Geistanteile.

Die verschiedenen positiven Energien sind wichtig für unsere Gesundheit und die Funktion unserer Geistanteile

In diesem Buch wollen wir aus einer größeren Zahl positiver Energien zwei Energien vorstellen, die wir als *Perm-Qi* und *Vital-Qi* bezeichnen wollen. Am Beispiel des Perm-Qi zeigen wir Ihnen das Verhalten bzw. die Gesetzmäßigkeiten bei der Verteilung im Haus. Das Vital-Qi beschreiben wir deshalb ausführlich, da es spezielle Probleme im Zusammenhang mit Metallen im Haus gibt und das Vital-Qi für unsere Gesundheit zudem wichtig ist.

Perm-Qi

Perm-Qi ist für das reibungslose Funktionieren unseres Körpers wichtig. Es wird über unsere Aura, unsere Atmung und unsere Nahrung aufgenommen. Perm-Qi erhält uns körperlich und geistig leistungsfähig.

Perm-Qi erhält uns körperlich und geistig leistungsfähig

Perm-Qi in der Natur: Luft-Perm-Qi

Perm-Qi ist in der **freien Natur** in ausreichender Menge vorhanden. Es bewegt sich zusammen mit der Luft als sogenanntes **Luft-Perm-Qi**. Besonders viel Luft-Perm-Qi finden wir in der Nähe von bewegtem Wasser, z. B. an Flüssen oder am Meer. Damit möglichst viel Luft-Perm-Qi ins Haus kommen kann, sollte man immer **gut lüften**. Dies ist besonders deshalb wichtig, da nur gut die Hälfte des Luft-Perm-Qi ins Haus kommt. Für ältere Menschen

Damit möglichst viel Luft-Perm-Qi ins Haus kommen kann, sollte man immer gut lüften

und kranke Personen ist die Versorgung mit Luft-Perm-Qi häufig nicht ausreichend.

Zusätzliches Perm-Qi kommt durch die Haustür

Glücklicherweise haben wir die Möglichkeit, uns **zusätzliches Perm-Qi** aus einer höheren Dimension ins Haus zu holen. Die meisten Häuser sind bereits so konstruiert, daß diese Möglichkeit zumindest zum Teil gegeben ist. Das zusätzliche Perm-Qi kommt nämlich direkt durch die Haustür.

Das zusätzliche Perm-Qi ist kein Luft-Perm-Qi. Es bewegt sich auf einem Träger durchs Haus. Es kann bei seiner Bewegung durch das Haus auf die Luft wechseln und wird dann zu **zusätzlichem Luft-Perm-Qi**. Es kann sich nun zusammen mit dem bereits vorhandenen Luft-Perm-Qi im ganzen Haus zusammen mit der Luft verteilen. Damit ist die Versorgung mit Luft-Perm-Qi auch für ältere Menschen und Kranke in jedem Fall ausreichend.

Geeignete Haustüren

Damit zusätzliches Perm-Qi ins Haus kommen kann, muß die Haustür tatsächlich ins Freie führen und sollte am Tage mindestens 7 Minuten geöffnet sein. Die Türschwelle darf nicht höher als **14 cm** sein, d. h., der Abstand zwischen Türunterkante und Fußboden darf maximal 14 cm betragen. Auch Treppenstufen, die z. B. von der Haustür nach unten führen, dürfen nur eine Höhe von höchstens 14 cm pro Stufe aufweisen. Auch Terrassentüren und Balkontüren ermöglichen es dem zusätzlichen Perm-Qi, ins Haus zu kommen.

Ein günstiges Höhenmaß der Tür entscheidet darüber, in welchem Ausmaß zusätzliches Perm-Qi ins Haus kommt. Die Mindesthöhe der Tür für diesen Vorgang beträgt 42 cm. Günstige Breitenmaße erlauben einen schnelleren Transport von zusätzlichem Perm-Qi auf seinem Träger durch die Türöffnung. Die günstigen Türmaße finden Sie im Anhang in der Tabelle: „Achtermaß" (s. S. 230). Wenn die lichte Türöffnung im oberen Teil halbkreisförmig ist, zählt als Höhe die Distanz zwischen Türschwelle und höchster Stelle der halbkreisförmigen Rundung. Diese Distanz wird ähnlich wie bei Spiegeln gemessen (s. S. 207).

Glastüren

Das zusätzliche Perm-Qi ist auch in der Lage, durch geschlossene Glastüren zu kommen, wenn sie aus durchsichtigem Glas oder Acrylglas sind. Handelt es sich um eine Tür mit Glasscheibe oder ein bis zum Boden reichendes Fenster, ist darauf zu achten, daß

Zimmerdecke

Türöffnung

zusätzliches Perm-Qi

max. 14 cm
Fußboden

Durch geöffnete Türen, die ins Freie führen, kommt zusätzliches Perm-Qi ins Haus. Dabei darf jedoch der Abstand von der Türschwelle der Eingangstür oder sonstigen Außentür zum dahinterliegenden Fußboden des Hauses nicht größer als 14 cm sein

106

der Abstand vom Fußboden bis zum unteren Rand des Glases nicht mehr als 14 cm beträgt. Für die Glasfläche der Glastüren gelten die gleichen günstigen Höhen- und Breitenmaße wie oben beschrieben.

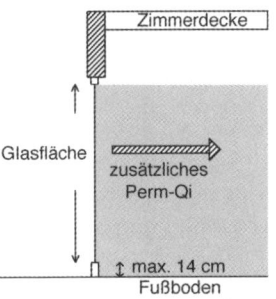

Besonderheiten bei mehrgeschossigen Häusern
Da zusätzliches Perm-Qi keine Treppen überwindet, sollte jede Etage einen eigenen Einlaß für zusätzliches Perm-Qi haben. Das bedeutet, daß auf jeder Etage zumindest ein Fenster ausreichender Größe sein sollte.

Was zusätzliches Perm-Qi daran hindern kann, ins Haus zu kommen

Ein Spiegel, der in sehr kurzem Abstand direkt gegenüber der Haustür angebracht ist, läßt kein zusätzliches Perm-Qi ins Haus. Dies gilt auch für eine Wandecke, die sich gegenüber einer Haustür befindet (s. S. 114). Auch Klangspiele sollten nicht direkt hinter der Haustür aufgehängt werden.

Zusätzliches Perm-Qi kommt auch durch geschlossene Glastüren, die ins Freie führen, ins Haus. Der Abstand zwischen dem unteren Rand der Glasfläche und dem Fußboden darf dabei nicht größer als 14 cm sein

Wie bewegt sich das zusätzliche Perm-Qi im Haus?

Das Perm-Qi, das zusätzlich über geöffnete Türen ins Haus kommt, bewegt sich auf seinem Träger im Haus geradeaus und hat die Tendenz, sich bei Hindernissen eher **nach rechts** zu bewegen. Das bedeutet: Trifft es auf ein Hindernis mit der Möglichkeit, sich nach links und nach rechts zu bewegen, so geht es auf seinem Träger zu etwa einem Drittel nach links und zu zwei Drittel nach rechts. Dieses Richtungsverhalten kann man gezielt nutzen, indem man durch geeignete **Plazierung der Möbel** den Weg des Perm-Qi im Haus oder in der Wohnung bestimmt.

Perm-Qi kann durch eine gute Beleuchtung vermehrt werden

Auf seinem Weg durch das Haus steigt das zusätzliche Perm-Qi teilweise von seinem bisherigen Träger auf die **Luft** um und wird somit zum Luft-Perm-Qi. Neben Möbeln allgemein wirken insbesondere auch **Paravents** lenkend auf zusätzliches Perm-Qi. Paravents sollten möglichst so aufgestellt werden, daß die Kanten nicht direkt in den Fluß des zusätzlichen Perm-Qi zeigen. **Tageslicht** und **künstliche Beleuchtung** wirken anziehend auf zusätzliches Perm-Qi. Räume, in die zusätzliches Perm-Qi auf seinem Träger fließen soll, sollten gut ausgeleuchtet werden.

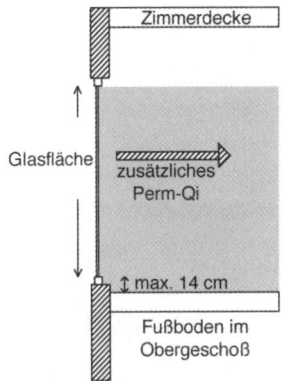

Geeignete Fenster für zusätzliches Perm-Qi im Obergeschoß

Fächer

Wir möchten in diesem Zusammenhang ausdrücklich betonen, daß **Fächer nicht zur Lenkung des zusätzlichen Perm-Qi geeignet sind**. Vielmehr vermindern die Fächer mit fächerförmigen Verstrebungen aus Holz das Perm-Qi im Raum. Sie sind damit auch insbesondere für Schlafzimmer nicht geeignet.

Zusätzliches Perm-Qi überwindet keine Treppen

Das zusätzliche Perm-Qi auf seinem Träger überwindet keine Treppen, weder nach oben noch nach unten. **Versetzte Ebenen** im Haus sind für die Bewegung des zusätzlichen Perm-Qi ebenfalls problematisch, da es auf seinem Träger keine Höhenunterschiede über 14 cm nach oben oder unten überwindet.

Perm-Qi-Verlust durch lange, gerade Durchgänge im Haus

Das zusätzliche Perm-Qi auf seinem Träger erhöht in langen, geraden Durchgängen seine Geschwindigkeit. Wird dabei eine kritische Geschwindigkeit überschritten, verschwindet es in einer höheren Dimension. Es empfiehlt sich deshalb, den Weg des zusätzlichen Perm-Qi in solchen Durchgängen durch geeignete Maßnahmen zu verlangsamen (s. S. 116).

Zusätzliches Perm-Qi entweicht durchs Fenster

Das zusätzliche Perm-Qi auf seinem Träger hat die Tendenz, sich zum Licht zu bewegen. Es läuft deshalb in der Regel nach einer gewissen Strecke im Haus zu einem Fenster und verschwindet dort, ohne daran durch Glasscheiben gehindert zu werden, in eine höhere Dimension, es „verläßt" also das Haus. Dies ist in besonderem Maße dann der Fall, wenn das Fenster der Haustür direkt gegenüber liegt.

Klangspiele verhindern das Entweichen des zusätzlichen Perm-Qi durch das Fenster

Klangspiele für diesen Zweck bestehen aus Metall- oder Glasröhren unterschiedlicher Länge. Wenn Klangspiele vor das Fenster gehängt werden, bilden sie quasi einen energetischen Vorhang, der das Entweichen des zusätzlichen Perm-Qi in eine höhere Dimension verhindert. Sie müssen für diesen Zweck nicht angeschlagen werden, müssen jedoch klingen können. Die Klangspiele werden im Zimmer vor das Fenster möglichst in ca. 40 cm Abstand gehängt (Klangspiele mit massiven Klangröhren sollten Sie jedoch 30 cm statt 40 cm vor das Fenster hängen). Dabei soll-

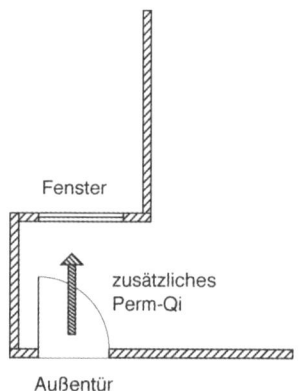

Fenster

zusätzliches Perm-Qi

Außentür

Zusätzliches Perm-Qi entweicht durchs Fenster. Dies gilt insbesondere für ein Fenster gegenüber einer Außentür

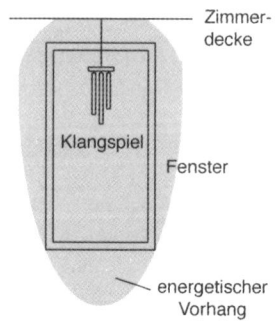

Zimmerdecke

Klangspiel

Fenster

energetischer Vorhang

Fußboden

Ein Klangspiel vor dem Fenster kann das Entweichen von zusätzlichem Perm-Qi verhindern. Es wirkt wie ein energetischer Vorhang

ten sie im oberen Drittel des Fensters und etwa in der Mitte der Fensterbreite plaziert werden.

Klangspiele sollten niemals schwarze Klangröhren haben. Gelbe Klangspiele sind zumindest vor dem Fenster zu meiden. Goldene oder messingfarbene Klangspiele dagegen zählen nicht als gelb und sind günstig. Klangspiele sollten nicht vor oder hinter die Haustür gehängt werden, da das zusätzliche Perm-Qi am Betreten des Hauses gehindert wird.

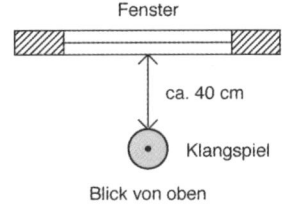

Fenster

ca. 40 cm

Klangspiel

Blick von oben

Zusätzliches Perm-Qi verschwindet auch durch die Toilette

Zusätzliches Perm-Qi verschwindet durch das **Abflußrohr** der Toilette in eine höhere Dimension.

Ein Klangspiel sollte am besten ca. 40 cm vom Fenster entfernt aufgehängt werden

Feng-Shui-Maßnahme
Eine Toilette sollte deshalb möglichst nicht gegenüber oder rechts neben der Haustür liegen. Toilettendeckel und Toilettentür sollten geschlossen gehalten werden. Dies führt zu einer Minderung des Verlustes an zusätzlichem Perm-Qi. Wenn die Toilettentür ungünstig zur Haustür plaziert ist, besteht die Möglichkeit einen **Paravent** vor der Toilettentür aufzustellen.

Das zusätzliche Perm-Qi benutzt auf seinem Weg durch das Haus eine kleine quaderförmige feinstoffliche Struktur. Wenn diese kleine quaderförmige Struktur durch geeignete Plazierung eines rechteckigen Spiegels stabilisiert wird, hat der Träger des zusätzlichen Perm-Qi nicht mehr die Tendenz, in der Toilette zu verschwinden. Am besten ist es, den Spiegel im Toilettenraum links neben der Toilettentür (von außen gesehen) in ca. 1,35 m Höhe (Spiegelunterkante) aufzuhängen. Ein günstiges Spiegelmaß ist 35 x 20 cm (Breite x Höhe).

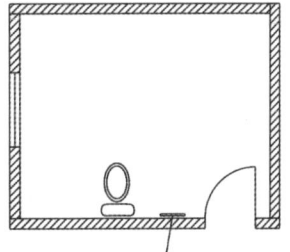

Spiegel links neben der Toilettentür

Ein rechteckiger Spiegel wird im Toilettenraum am besten links neben der Toilettentür aufgehängt

Erhöhung des Perm-Qi durch Licht

Tageslicht in Innenräumen kann dazu beitragen, daß es zu einer Vermehrung des Luft-Perm-Qi kommt. Zu grelles Licht sollte jedoch vermieden werden. Die Funktion des Tageslichts kann in diesem Zusammenhang zum großen Teil auch künstliche Beleuchtung übernehmen. Geeignet sind in diesem Sinne alle gebräuchlichen künstlichen Lichtquellen. Am Ende dieses Kapitels haben wir noch einige Bemerkungen zur Verwendung von Vollspektrumröhren gemacht. Diese sind nicht nur in der Lage, wie andere künstliche Lichtquellen auch, Perm-Qi zu erhöhen, gleichstrombetriebene Vollspektrumleuchten erhöhen darüber hinaus das Vital-Qi im Raum.

Tageslicht in Innenräumen kann dazu beitragen, daß es zu einer Vermehrung des Luft-Perm-Qi kommt

Erhöhung des Perm-Qi durch Klangspiele

Angeschlagene Klangspiele erhöhen für viele Stunden das aufnehmbare Perm-Qi im Raum. Das Klangspiel sollte je nach Bau-
art und Größe einmal oder mehrmals täglich angeschlagen werden. Es ist insbesondere empfehlenswert, das Klangspiel vor dem
Schlafengehen einmal ordentlich anzuschlagen. Die Einzelheiten
sind im „Großen Feng-Shui Gesundheitsbuch", dem ersten Band
der Feng-Shui-Reihe, beschrieben.

Vital-Qi

**Vital-Qi ist wichtig für
die Vitalfunktionen und
die Abwehrfunktion
des Immunsystems**

Die Chinesen nennen Vital-Qi im menschlichen Körper *Wei-Qi*.
Vital-Qi ist wichtig für die Vitalfunktionen und die Abwehrfunktion des Immunsystems. Wir nehmen Vital-Qi über unsere Aura,
unsere Atmung und unsere Nahrung auf.

Warum es manchmal zuwenig Vital-Qi im Haus gibt

In der Natur ist im allgemeinen genügend Vital-Qi vorhanden. In
geschlossene Räume gelangt Vital-Qi wie das Perm-Qi zusammen mit der Luft. Befinden sich im Haus keine Metalle in den
Seitenwänden des 10-m- und 250-m-Systems, so ist in der Regel eine ausreichende Versorgung mit Vital-Qi im Inneren des
Hauses gegeben.

**Metalle in den Seiten
des 10-m- bzw. 250-m-
Systems oder Hoch-
spannung führen zu
einer starken Minderung
des Vital-Qi**

Wenn sich Metalle in den Seitenwänden des **10-m-** bzw. **250-
m-Systems** befinden und damit für uns Trans-Sha (s. S. 155) auf
uns einwirkt, hat dieses auch den fast vollständigen Verlust von
Vital-Qi im Raum zur Folge. Das Vital-Qi, das bisher an die Luft
gebunden war, wechselt dann auf den Träger des Trans-Sha und
verschwindet nach kurzer Zeit in eine höhere Dimension. Metalle
in den Seitenwänden des Hartmann- und 170-m-Systems haben
einen ähnlichen, aber geringeren Effekt. Laufende **Fußbodenhei-
zungen** aus Kupfer- oder Stahlröhren führen ebenfalls dazu, daß
Vital-Qi verschwindet (bis zu 50 %)

Vital-Qi-Verlust durch Hochspannung

Neben der direkten Wirkung auf unseren materiellen und feinstofflichen Körper haben elektromagnetische Felder auch Einfluß auf
feinstoffliche Energien. Wesentlich ist dabei der Einfluß auf Vital-
Qi. In der Nähe von Hochspannungsleitungen und Bahnstroman-
lagen finden wir in einem Radius bis zu 40 m eine deutliche Minderung von Vital-Qi.

Vital-Qi-Erhöhung durch die Feng Shui Power Disc 99

Die Feng Shui Power Disc 99 (s. S. 161 und S. 181) aktiviert Schnittstellen (s. S. 21) für positive Energien unter anderem auch für Vital-Qi. Die Schnittstellen werden nicht nur in dem Zimmer aktiviert, in dem die Feng Shui Power Disc hängt, sondern im ganzen Haus. Damit ist in der Regel für die Bewohner eines Hauses genügend Vital-Qi zum Wohnen und Arbeiten vorhanden. Erwähnt werden sollte an dieser Stelle, daß die Feng Shui Power Disc neben dem Vital-Qi auch andere Arten von positiven Energien im Haus vermehrt. Dabei sind diese Energien zusätzlich in ausreichendem Maße in ihren Yin- und Yang-Qualitäten sowie den verschiedenen Wu Xing-Qualitäten (s. Kapitel 4 S. 57f.) vorhanden. Dies hat sowohl Bedeutung für unsere Gesundheit als auch für das Wohlbefinden im Haus und die Effektivität bei der Arbeit. Vorzeitige Ermüdungserscheinungen, die durch einen Vital-Qi-Mangel ausgelöst werden können, werden so vermieden.

Die Feng Shui Power Disc 99 erhöht das Vital-Qi im Raum

Einige Bemerkungen zu elektrischer Beleuchtung

Von Halogenlampen ist abzuraten

Es ist gut, Räume genügend auszuleuchten. Von Halogenlampen ist, wenn sie, wie im allgemeinen üblich, mit Wechselstrom betrieben werden, abzuraten. Sie erzeugen wie die Leuchtstoffröhren ein für das Auge unsichtbares, uns aber dennoch stark irritierendes Flimmern, da sie 50mal in der Sekunde (in den USA 60mal) an- und ausgehen. Die üblichen trafobetriebenen Halogenlampen erzeugen darüber hinaus ein starkes elektromagnetisches Feld. Herkömmliche Glühfadenlampen flimmern auch bei Wechselstrombetrieb nicht, da der Glühfaden zu träge ist.

Ein Großteil der im Tageslicht enthaltenen Wellenlängen ist im weißem Licht von Leuchtstoffröhren nicht enthalten. US-Militärs haben bereits in den 60er Jahren an den Mannschaften atomgetriebener U-Boote festgestellt, welche negativen Auswirkungen „normales" Kunstlicht auf die Gesundheit haben kann. Wenn die Mannschaften teils ein halbes Jahr lang kein Sonnenlicht mehr gesehen hatten, wurden die unterschiedlichsten Erkrankungen festgestellt. So traten z. B. Bluthochdruck, Herz-Kreislauf-Störungen und Diabetes bis zu Neurosen und Depressionen auf. In Zusammenarbeit mit der NASA wurde deshalb eine sogenannte

Ein Großteil der im Tageslicht enthaltenen Wellenlängen ist im weißem Licht von Leuchtstoffröhren nicht enthalten

111

Die mit Gleichstrom betriebenen Vollspektrumleuchten sind in der Lage, das Vital-Qi im Raum zu erhöhen

Vollspektrumlicht-Lampe entwickelt. Es handelt sich hierbei um eine Leuchtstoffröhre, deren Licht weitgehend dem natürlichen Sonnenlichtspektrum entspricht.

Der positive Einfluß auf die Gesundheit kann noch verstärkt werden durch die Umrüstung der Vollspektrumleuchten auf Gleichstrom. Mit Wechselstrom betriebene Leuchtstoffröhren erzeugen nämlich das oben beschriebene Lichtflimmern. Die mit Gleichstrom betriebenen Vollspektrumleuchten sind nicht nur frei von diesem Flimmern, sie sind zudem in der Lage, das Vital-Qi im Raum zu erhöhen.

Einen weiteren Schritt ging der Licht-Experte Heinrich Wendel. Er stattete die Vollspektrumleuchten zusätzlich mit einem Reflektorsystem aus, das im 12-Stunden-Rhythmus den Farblauf des Sonnenlichts nachahmt. Andere Lichtsysteme können zumindest von hellem mittäglichem Weißlicht auf abendliche Lichttöne umgeschaltet werden. Weitere Informationen erhalten sie über das *Institut für angewandtes Kanyu* (s. Anhang auf S. 234) in Göttingen.

Kapitel 9

Feng-Shui-Situationen innerhalb des Hauses

Ungünstige Gestaltung hinter dem Hauseingang

Längsbalken hinter der Haustür

Längs verlaufende Balken hinter der Haustür wirken einladend auf lineare Wegegeister. Die Mindeststärke der Balken in der Höhe beträgt dabei ca. 10 cm, die Mindestbreite ca. 3 cm. Bei längs verlaufenden Balken ist die Wirkung im Gegensatz zu den quer verlaufenden unabhängig von einem speziellen Längenmaß. Frische Holzbalken (bis ca. 40 Jahre) sind problematischer als ältere Holzbalken oder Stahlträger. Lineare Wegegeister, die über längs verlaufende Balken hinter der Haustür in das Haus kommen, können Nervosität, Fehlentscheidungen und „dumme Gedanken" auslösen.

Längsbalken hinter der Haustür

Querbalken hinter der Haustür

Quer verlaufende Balken hinter der Haustür haben eine geringe Anziehung auf lineare Fluggeister. Sie sind insgesamt weniger problematisch als längs verlaufende Balken (die von innen auf die Haustür zeigen). Die Mindeststärke der Balken in der Höhe beträgt auch hier ca. 10 cm, die Mindestbreite ca. 3 cm. Bei querverlaufenden Balken spielt das Längenmaß eine Rolle. Ein günstiges Geistermaß schwächt die unerwünschten Wirkungen ab (s. S. 231). Auch hier sind frische Holzbalken (bis ca. 40 Jahre) ungünstiger als ältere Holzbalken oder Stahlträger. Lineare Fluggeister, die über quer verlaufende Balken hinter der Haustür in das Haus kommen, können im Einzelfall Angstgefühle oder eine gewisse Gefühlskälte auslösen. Sie können auch die Schutzfunktion der menschlichen Aura herabsetzen. Wenn Probleme mit linearen Fluggeistern in diesem Zusammenhang auftreten, so ist häufig auch eine weniger günstige Feng-Shui-Situation außerhalb des Hauses vorhanden, z. B. durch Dachfirste, die auf den Eingang zeigen o. ä.

Quer verlaufende Balken ziehen lineare Fluggeister an

Ein Querbalken hinter der Haustür

113

Feng-Shui-Maßnahme für Längs- und Querbalken

Es empfiehlt sich, bei entsprechenden Problemen, die Decke bis unter die Balken abzuhängen. Wenn dies nicht möglich ist, kann auch von innen (nach außen zeigend) ein Konkavspiegel (Rasier- oder Kosmetikspiegel) über der Eingangstür angebracht werden.

Ein Spiegel direkt gegenüber der Haustür

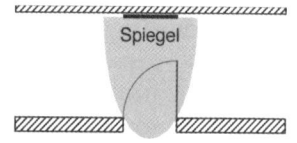

Spiegel direkt gegenüber der Haustür

Ein Spiegel, der in sehr kurzem Abstand direkt gegenüber der Haustür angebracht ist, läßt kein zusätzliches Perm-Qi ins Haus. Auch ein Spiegel, der rechts neben der Haustür (von außen betrachtet) angebracht ist, kann einen ähnlichen Effekt haben. Wenn Sie prüfen wollen, ob ein Spiegel weit genug von der Haustür entfernt ist, können Sie dies mit dem Biotensor oder Pendel tun.

Feng-Shui-Maßnahme

Hängen Sie den störenden Spiegel ab. Es ist nicht ausreichend, den Spiegel lediglich mit einem Tuch abzudecken, so daß der Spiegel nicht mehr zu sehen ist.

Ein Wandecke direkt gegenüber der Haustür

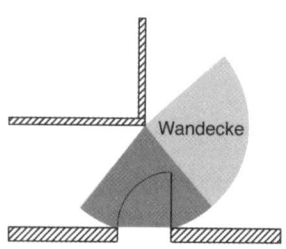

Wandecke gegenüber einer Haustür

Ähnlich wie ein Spiegel kann auch eine Wandecke wirken, die sich gegenüber einer Haustür befindet. Gleichzeitig kann diese auch auf unerwünschte Geister einladend wirken. Wenn Sie vor der Haustür stehen und ins Haus schauen, fragen Sie mit dem Biotensor oder Pendel: *„Hindert diese Ecke zusätzliches Perm-Qi daran, in das Haus zu kommen und lädt sie gleichzeitig unerwünschte Geister ein, in das Haus zu kommen?"*

Feng-Shui-Maßnahme

Oft wird es schwierig sein, die Wandecke durch bauliche Maßnahmen (z. B. Verlegung der Haustür) zu entfernen. Sie können dann mental arbeiten und sich vorstellen, daß sich gegenüber der Tür keine Ecke befindet. Dies können Sie dadurch unterstützen, daß Sie dies auch schriftlich festhalten. Sie schreiben z. B. auf ein Blatt Papier: „Dies ist keine Ecke im Sinne des Feng Shui" und hängen das Blatt so an die störende Ecke, daß es von der Haustür aus zu lesen ist. Wichtig ist, daß Sie selbst überzeugt sind, daß dies funktioniert (s. auch S. 205).

Eine Treppe gegenüber der Haustür

Eine Treppe gegenüber der Haustür

Treppen können sich ungünstig auf den Fluß des zusätzlichen Perm-Qi im Haus auswirken. Befindet sich eine **aufwärts** führende Treppe direkt hinter der Haustür, „hakt" sich das zusätzliche

Perm-Qi auf seinem Träger an der Treppe fest. Dadurch kann es sich nicht in ausreichendem Maße durch die übrigen Räume bewegen. Eine **abwärts** führende Treppe führt dazu, daß sich das zusätzliche Perm-Qi nur bis zur obersten Treppenstufe bewegt und Probleme hat, in die übrigen Räume zu gelangen.

Feng-Shui-Maßnahme
Hängen Sie ein kleines Klangspiel seitlich an der Wand kurz vor dem Beginn der Treppe auf. Das zusätzliche Perm-Qi, das durch die Haustür kommt, wird dann an der Treppe vorbeigeleitet. Prüfen Sie mit Biotensor oder Pendel, ob diese Maßnahme ausreichend und günstig ist. Wenn das Klangspiel zu groß ist, kann es sein, daß das zusätzliche Perm-Qi gar nicht erst die Haustür passiert.

Eine Uhr gegenüber der Haustür

Eine Uhr gegenüber der Haustür wirkt einladend auf nicht arealgebundene Naturgeister. Diese Geistergruppe ist nicht primär ungünstig, bringt jedoch Unruhe ins Haus. Wenn Uhren im Eingangsbereich plaziert werden, so ist der günstigste Platz rechts neben der Haustür (von außen gesehen). Wenn Sie eine Uhr innen über der Eingangstür anbringen, macht dies keine Probleme.

Eine Uhr gegenüber der Haustür

Feng-Shui-Maßnahme
Hängen Sie die Uhr an einen anderen Platz.

Fußbodenmuster hinter der Haustür

Ein linienartiges Fußbodenmuster hinter der Haustür, dessen Linien von der Haustür in das Haus hinein laufen, kann tagsüber, wenn das Muster gut sichtbar ist, eine bestimmte Gruppe von linearen Wegegeistern dazu einladen, in das Haus zu kommen. Diese können die Kommunikation zwischen 1. und 3. Geistanteil stören.

Fußbodenmuster hinter der Haustür (Längsmuster)

Feng-Shui-Maßnahme
Entfernen Sie das störende Muster, oder legen Sie einen Teppich oder Teppichboden darüber. Wenn Sie nur einen Teil des Fußbodens überdecken können, weil sonst die Tür nicht mehr aufgeht, kann auch dies evtl. ausreichend sein. Prüfen Sie es mit dem Biotensor oder Pendel nach.

Quer verlaufende Linien dagegen haben für diese Geistergruppe den entgegengesetzten Effekt. Quer verlaufende Linien wirken auch nicht einladend auf andere Geistergruppen, sie wirken vielmehr neutral.

Fußbodenmuster hinter der Haustür (Quermuster)

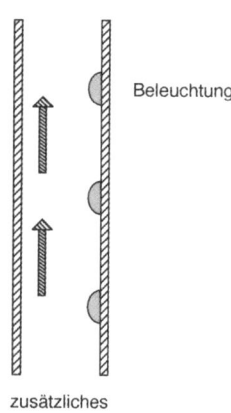

Beleuchtung

zusätzliches
Perm-Qi

*Beleuchtung in geraden
Durchgängen auf der
rechten Seite (in
Fließrichtung des
zusätzlichen Perm-Qi)*

Probleme mit langen Durchgängen
im Haus

Probleme mit linearen Wegegeistern und
linearen Fluggeistern

Lange Durchgänge im Haus wirken anziehend sowohl auf lineare Wegegeister als auch lineare Fluggeister. Besonders ungünstig wirkt sich die Plazierung von Eingangs- und Hintertür eines Hauses in einer Linie aus. Aber auch Tür und Fenster in einer Linie oder lange Flure z. B. zwischen zwei Treppenhäusern können diese Probleme machen.

Lineare Wegegeister wirken, wie oben beschrieben, auf unsere 1. bis 3. Geistanteile. Körperlich kann dies zu Nervosität und Schlafstörungen bei den Hausbewohnern führen. Disponierte Personen werden auf „dumme Gedanken" gebracht und treffen vermehrt Fehlentscheidungen. Die linearen Fluggeister wirken auf den 4. bis 7. Geistanteil des Menschen. Sie können einerseits zu Angstgefühlen, aber andererseits auch zu einer gewissen Gefühlskälte führen. Zusätzlich setzen sie die Schutzfunktion der menschlichen Aura herab und machen sie damit auch anfälliger für die Einwirkung anderer unerwünschter Geister.

Feng-Shui-Maßnahme

Hilfreich ist eine gute Ausleuchtung des Flures. Die günstigste Plazierung der Beleuchtung ist weiter unten beschrieben. Alternativ oder auch zusätzlich können ein besser zwei (oder auch mehr, je nach Länge des Durchgangs) Klangspiele an die Decke des Flurs gehängt werden. Die Klangspiele sollten die richtige Länge der Klangröhren (günstiges Geistermaß, s. S. 231) haben. Es kann ausreichend sein, messingfarbene Klangröhren zu benutzen, besser ist es jedoch, die Klangröhren in einem geeigneten Gelbton (Schwefelgelb, RAL 1016 glänzend) zu haben. Silberfarbene Klangröhren sind in der Regel nicht ausreichend in der Wirkung. Wenn in Fluren die Deckenhöhe nicht ausreichend ist, kann es günstiger sein, Vollmetallklangröhren zu verwenden. Diese haben bei halber Röhrenlänge den gleichen Wirkungsbereich in dieser Hinsicht wie die sonst verwendeten Hohlklangröhren.

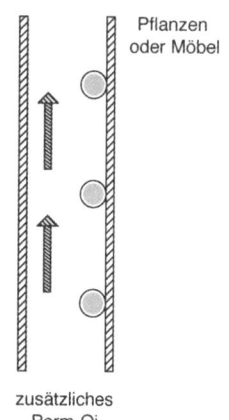

Pflanzen
oder Möbel

zusätzliches
Perm-Qi

*Plazierung von Pflanzen
oder Möbeln in geraden
Durchgängen auf der
rechten Seite (in
Fließrichtung des
zusätzlichen Perm-Qi*

Perm-Qi-Verlust durch lange, gerade Durchgänge im Haus

Das zusätzliche Perm-Qi auf seinem Träger bewegt sich normalerweise eher langsam (etwa ein halber Meter in der Sekunde) durch die Etage. Befindet es sich auf langen, geraden Durchgängen, erhöht sich seine Geschwindigkeit. Wird dabei eine kritische

Geschwindigkeit überschritten, verschwindet es in einer höheren Dimension. Es empfiehlt sich deshalb, den Weg des zusätzlichen Perm-Qi in solchen Durchgängen durch geeignete Maßnahmen zu verlangsamen. Hierfür gibt es mehrere Möglichkeiten, die sich zusätzlich günstig auf die Bewegung des Luft-Perm-Qi auswirken.

Feng-Shui-Maßnahmen
Plazierung von Beleuchtung auf der rechten Seite führt dazu, daß der Fluß des zusätzlichen Perm-Qi verlangsamt wird. Er wird außerdem von Lichtquelle zu Lichtquelle nach oben angezogen. Dies führt ebenfalls dazu, daß sich insgesamt der Fluß verlangsamt.

Eine Plazierung von Möbelstücken oder Pflanzen auf der **rechten Seite** (in Fließrichtung des zusätzlichen Perm-Qi gesehen) führt zu einer relativen Verlangsamung der Geschwindigkeit.

Wenn Sie nicht sicher sind, welche Bewegungsrichtung das zusätzliche Perm-Qi auf dem Flur hauptsächlich hat, können Sie mit dem Biotensor oder Pendel fragen: *„Ist dies die hauptsächliche Bewegungsrichtung des zusätzlichen Perm-Qi auf diesem Flur?"* Dabei stellen sie sich die betreffende Richtung vor oder zeigen mit einer Hand in die Richtung, wenn Sie im Flur stehen.

Auf langen Durchgängen kann das Perm-Qi so schnell werden, daß es in eine höhere Dimension verloren geht

L-förmige Zimmer

Die günstigste Zimmerform ist der Quader. L-förmige und andere nicht rechteckige Zimmer sind von einigen Ausnahmen abgesehen ungünstig. Ausnahmen sind z. B. halbkreisförmige Ergänzungen eines eigentlich rechteckigen Zimmers.

Probleme bei L-förmigen Zimmern
Die ins Zimmer zeigende Ecke kann in drei Richtungen direkt ungünstig auf das Zimmer wirken. Die Hauptrichtung der ungünstigen Wirkung ist direkt von der Ecke in das Zimmer hinein. Zwei weitere ungünstige Richtungen sind jeweils in Verlängerung der ins Zimmer zeigenden Wände. Außerdem finden wir in einem solchen Zimmer vermehrt ungünstige Energien. Für ein Schlafzimmer bedeutet dies, daß man sich möglicherweise morgens nicht so ausgeschlafen fühlt. Für ein Wohnzimmer kann das bedeuten, daß nicht so gut Ruhe einkehrt. In einem Arbeitszimmer kann man sich leichter unkonzentriert fühlen.

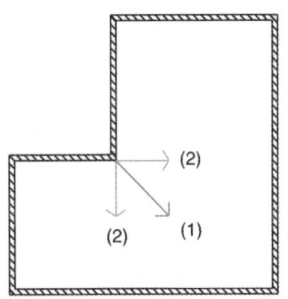

Die Richtungen der ungünstigen Wirkung einer ins Zimmer zeigenden Ecke: Hauptrichtung (1), zwei weitere ungünstige Richtungen (2)

Feng-Shui-Maßnahmen beim L-förmigen Zimmer

Es gibt prinzipiell zwei Möglichkeiten, die ungünstigen Wirkungen eines L-förmigen Zimmers durch geeignete Feng-Shui-Maßnahmen auszugleichen. Sie können das Zimmer durch eine geeignete Maßnahme zumindest feinstofflich und nicht-stofflich zum Rechteck ergänzen. Alternativ können Sie durch geeignete Raumteilung das L-förmige Zimmer in zwei rechteckige Teile aufteilen.

Ergänzung eines L-förmigen Zimmers zum Quader durch Spiegel

Es ist möglich, ein L-förmiges Zimmer durch geeignete Spiegelplazierung zu einer quaderförmigen Struktur zu ergänzen. Die Ergänzung bewirkt, daß sich das L-förmige Zimmer für die Verteilung von Energien und Strukturen teilweise wie ein Quader verhält. Energien, die für die Reorganisation der Raumstruktur verantwortlich sind, können den ergänzten Teil des Quaders benutzen, ohne sich auf den benachbarten Raum auszuwirken. Andere Energien, die sich nach einem bestimmten Muster im Raum verteilen, werden in dem Flügel, in dem der Spiegel angebracht ist, so verteilt, daß sich dort das Verteilungsmuster von Flügel und Ergänzung zwar vollständig, jedoch komprimiert ausbildet. Die Ergänzung zum Quader wirkt sich auf benachbarte Zimmer nicht ungünstig aus. Die dort vorhandenen Strukturen werden in ihrer Funktion nicht beeinträchtigt.

Rechteckiger Spiegel an der Wand der Aussparung: Rechteckige Spiegel ausreichender Größe sind geeignet, ein L-förmiges Zimmer zum Quader zu ergänzen. Dafür werden sie an die Wand gehängt, die in dem L-förmigen Zimmer die Aussparung verursacht. Am besten ist es, wenn der rechteckige Spiegel ein günstiges Höhen- und Breitenmaß (s. S. 230) hat. Der Spiegel sollte mindestens 50 cm von der ins Zimmer zeigenden Ecke entfernt sein. Die günstigste Plazierung in der Höhe ist am Übergang vom mittleren zum oberen Drittel der Zimmerwand. Fragen Sie Größe und geeignete Plazierung des Spiegels am besten mit dem Biotensor oder Pendel ab. Für einen Flügel von ca. 3 x 3 m Grundfläche und 2,40 m Deckenhöhe benötigen Sie beispielsweise einen Spiegel von ca. 120 cm Breite und 130 cm Höhe. Für einen Flügel von ca. 5 x 5 m Grundfläche und 3 m Deckenhöhe benötigen Sie beispielsweise einen Spiegel von ca. 160 cm Breite und 170 cm Höhe. Ist der Spiegel größer, stört das in der Regel nicht; ist er kleiner, ist die Wirkung nicht ausreichend.

Zwei Spiegelkugeln übereinander: Zwei Spiegelkugel übereinander können ein L-förmiges Zimmer ebenfalls zur Quaderform

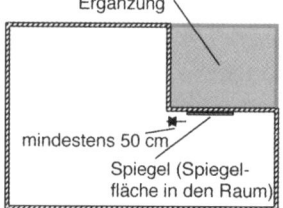

Ein rechteckiger Spiegel an der Wand der Aussparung in einem L-förmigen Zimmer

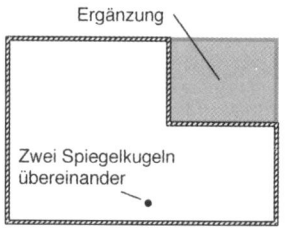

Zwei Spiegelkugeln übereinander in einem L-förmigen Zimmer

ergänzen. Im allgemeinen sind Spiegelkugeln von 8 bis 10 cm Durchmesser ausreichend. Geeignet für diesen Zweck sind beispielsweise handgeblasene silberne Christbaumkugeln, selbst wenn sie nicht ideal kugelförmig sind. Die erste Spiegelkugel sollte hinsichtlich der Höhe am besten etwas unterhalb des Übergangs vom mittleren zum oberen Drittel der Zimmerhöhe aufgehängt werden, die zweite in die Mitte des oberen Drittels. Bei einer Deckenhöhe von 240 cm käme die obere Spiegelkugel ca. 40 cm unter der Decke zu hängen, die untere Spiegelkugel ca. 85 cm.

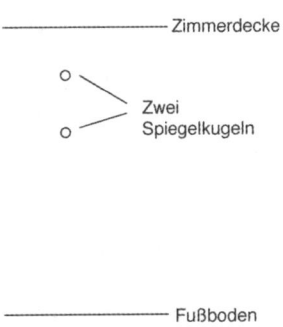

Zwei Spiegelkugeln übereinander

Die Plazierung im Zimmer geschieht am besten wie folgt: Gehen Sie von der ins Zimmer zeigenden Ecke die gedachte Verlängerung einer Wand nach, bis Sie zur gegenüberliegenden Zimmerwand kommen. Von dort bewegen Sie sich noch ein kurzes Stück in den größeren Teil des Zimmers hinein. Die beiden Spiegelkugeln werden dann dort ca. 40 cm von der Zimmerwand entfernt aufgehängt. Es gibt zwei Richtungen, in die Sie von der Zimmerecke aus gehen können. In der Regel ist es am günstigsten, in Richtung der Zimmerwand zu gehen, die der Zimmerecke am nächsten liegt. Sie können die beste Plazierung mit Biotensor oder Pendel bestimmen.

Wenn das Zimmer nicht L-förmig sondern T-förmig oder angedeutet T-förmig ist, werden die beiden Spiegelkugeln in der Ecke aufgehängt, die zum oberen Teil des kleineren „T-Balkens" gehört.

Zwei Spiegelkugeln übereinander in einem T-förmigen Zimmer

Raumteilung

Es ist auch möglich, ein L-förmiges Zimmer in zwei Quader (Rechtecke) aufteilen. Eine Aufteilung kann durch Spiegel, durch Einrichtungsgegenstände oder mental vorgenommen werden. Auch eine Kombination dieser Maßnahmen ist möglich.

Teilen Sie ein L-förmiges Zimmer durch Spiegel: Spiegel müssen für diesen Zweck die richtige Form haben und geeignet plaziert werden.

Achteckspiegel (plan): Um ein L-förmiges Zimmer in zwei Teile mit rechteckigem Grundriß zu teilen, benötigt man zwei Achteckspiegel. Diese werden gegenüber der ins Zimmer zeigenden Ecke sowohl in mittlerer Höhe als auch ca. 10 cm unter der Decke senkrecht aufgehängt. Die Spiegelfläche zeigt auf die gegenüberliegende Ecke. Sie erreichen hiermit die gewünschte vollständige Aufteilung in zwei fein- bzw. nicht-stoffliche Strukturen. Wird lediglich ein Achteckspiegel in mittlerer Höhe aufgehängt, ist diese Aufteilung unvollständig (bis zu 50 %). Es sollten für diesen Zweck auch nicht drei Achteckspiegel übereinander hängen. Achteckspiegel

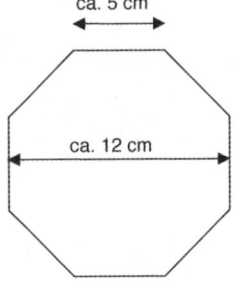

Ein geeigneter Achteckspiegel

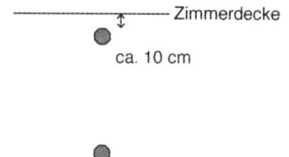

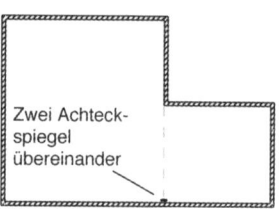

Zwei Achteckspiegel teilen ein L-förmiges Zimmer in zwei Teile mit rechteckigem Grundriß

Zwei Achteck-spiegel übereinander

ca. 10 cm
Zimmerdecke

Fußboden

Plazierung von zwei Achteckspiegeln (Ansicht von der Seite)

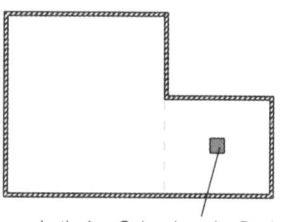

quadratischer Spiegel an der Decke (Spiegelfläche nach unten)

Ein rechteckiger Spiegel an der Decke des abzutrennenden Teiles eines L-förmigen Zimmers (Aufsicht von oben)

sollten für diesen Zweck acht gleichlange Seiten haben. Die Seiten sollten dabei ein günstiges Höhenmaß, der Querdurchmesser von Seite zu Seite ein günstiges Breitenmaß haben (s. Tabelle Achtermaß auf S. 230). Achteckspiegel mit ca. 5 cm Seitenlänge und ca. 12 cm Durchmesser sind im allgemeinen ausreichend, eine Raumteilung über 4 bis 5 Meter Länge zu bewirken. Ist die Distanz größer, muß auch ein entsprechend großer Spiegel gewählt werden. Spiegel mit einem Durchmesser zwischen 50 und 58 cm haben dabei auch eine geeignete Seitenlänge.

Eine Raumteilung erfolgt nicht, wenn man gegenüber der ins Zimmer zeigenden Ecke statt Achteckspiegel runde Plan-, Konkav-, Konvexspiegel oder rechteckige Spiegel anbringt. Eine solche Spiegelplazierung kann sogar ungünstige Effekte auf den Raum haben (s. S. 211).

Quadratischer Spiegel an der Decke: Wird ein quadratischer Spiegel waagerecht mit der Spiegelfläche nach unten an der Decke etwa in der Mitte des abzuteilenden Flügels eines L-förmigen Zimmers angebracht, wird dieser Flügel feinstofflich und nicht-stofflich recht gut abgetrennt. Die Wirkung des Spiegels ist in diesem Fall unabhängig von dem sonst bekannten Höhen- und Breitenmaß. Die Spiegelkanten sollten auf jeden Fall parallel zu den Zimmerwänden angebracht werden. Die erforderliche Größe des quadratischen Spiegels sollte mit Hilfe des Biotensors oder Pendels bestimmt werden. Um einen Flügel mit ca. 3 x 3 m Grundfläche und 2,40 m Höhe abzutrennen, benötigt man einen quadratischen Spiegel, dessen Seitenlänge nicht kleiner als 60 bis 70 cm ist. Bei einem Flügel mit ca. 5 x 5 m Grundfläche und 3 m Höhe wäre die benötigte Größe des quadratischen Spiegels 80 bis 90 cm Seitenlänge. Ein solcher Spiegel sollte jedoch aus verschiedenen Gründen nicht direkt über dem Arbeitsplatz oder dem Bett angebracht werden.

Teilen Sie ein L-förmiges Zimmer durch Einrichtungsgegenstände: Alternativ oder zusätzlich zu Spiegeln sind auch Einrichtungsgegenstände wie Bücherregale, Schränke, Paravents, Pflanzen, Aquarien und andere gut geeignet, ein L-förmiges Zimmer in zwei Rechtecke aufzuteilen. Sie sollten die Aufteilung so vornehmen, daß sie einerseits ausreichend ist, Ihnen andererseits jedoch auch gefällt und zur Gesamteinrichtung paßt.

Teilen Sie ein L-förmiges Zimmer mental: Sie können ein L-förmiges Zimmer auch mental aufteilen. Günstig ist dabei eine zusätzliche physische Stimulans durch Einrichtungsgegenstände und Farbgestaltung. Sie können beispielsweise den abzutrennenden Flügel mit einer anderen Wand-, Decken- oder Fußbodenfarbe gestalten. Selbstverständlich können Sie eine Aufteilung durch Spiegel und/oder Einrichtungsgegenstände auch zusätzlich mental unterstützen. Sie stellen sich einfach vor, das es sich um zwei voneinander getrennte Räume handelt. Es unterstützt die mentale Aufteilung, wenn Sie sich dabei auch die unterschiedliche Nutzung der Räume vorstellen. Beispielsweise kann ein L-förmiges Wohn-Eßzimmer in ein Wohnzimmer und ein Eßzimmer geteilt werden, ein L-förmiges Arbeitszimmer in ein Arbeitszimmer und einen Bibliotheks- oder Archivraum.

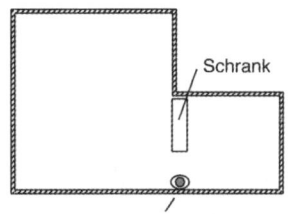

Ein L-förmiges Zimmer wird durch einen Schrank und einen Tisch mit Pflanze in zwei Teile mit rechteckigem Grundriß geteilt

Probleme mit Zimmerecken und versetzten Ebenen

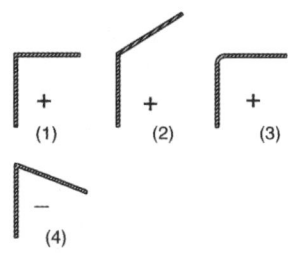

Unregelmäßig geschnittene Zimmer: Wenn Zimmerecken nicht rechtwinklig sind

Wenn Zimmerecken nicht rechtwinklig sind, sondern einen Winkel unter 90 Grad haben, ist dies ungünstig. Es bilden sich dann ungünstige feinstoffliche und nicht-stoffliche Strukturen im Zimmer. Es kann sein, daß sich auf feineren Ebenen günstige Energien in ungünstige umwandeln. Hält man sich in solchen Ecken auf, ist die Kommunikation der Geistanteile untereinander gestört, man neigt zu Unkonzentriertheit und macht leichter Fehler. Außerdem halten sich in diesen Ecken unerwünschte Geister auf, die beispielsweise Arbeitsunlust verursachen können.

Abgerundete rechtwinklige Zimmerecken sind in der Regel günstig.

Zimmerecken mit unterschiedlichen Winkeln und Gestaltungen: günstig sind Zimmerecken mit einem rechten Winkel (1), mit einem Winkel über 90 Grad (2), abgerundete Zimmerecken mit einem Winkel von 90 Grad (3) oder auch darüber. Ungünstig sind Zimmerecken mit einem Winkel unter 90 Grad (4)

Feng-Shui-Maßnahmen
Geeignete Möbelplazierung: Wenn es bei unregelmäßig geschnittenen Zimmern nicht möglich ist, das Zimmer in Rechtecke aufzuteilen, kann es Vorteile haben, die verbliebenen unregelmäßigen Abschnitte z. B. durch Pflanzen, Blumenvasen oder Möbel

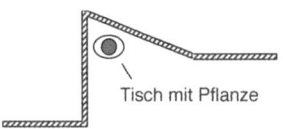

Ein Tisch mit einer Pflanze in einer Zimmernische

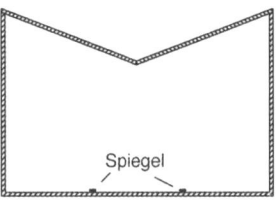

Beispiel einer Spiegelplazierung in einem unregelmäßig geschnittenen Zimmer (Aufsicht)

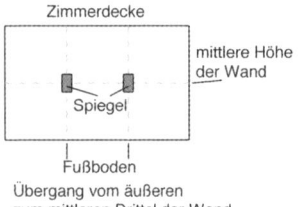

Plazierung an einer Wand

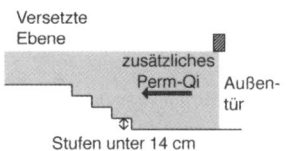

Wenn versetzte Ebenen durch Treppenstufen unter 14 cm Höhe verbunden sind, fließt das zusätzliche Perm-Qi auf die versetzte Ebene, allerdings nur bis zur Höhe der Außentür

auszufüllen. Dabei sollten Pflanzen bzw. Möbelstücke eine Höhe von mindestens 35 % der Zimmerhöhe haben.

Geeignete Spiegelplazierung: Probleme, die in einem unregelmäßig geschnittenen Zimmer entstehen, können durch geeignete Spiegelplazierung teilweise ausgleichen werden. Geeignet sind rechteckige Spiegel mit einer Höhe von 14 cm und einer Breite von 8 cm, runde Planspiegel mit einem Durchmesser von 12 cm oder Spiegelkugeln mit einem Durchmesser von 8 cm. Die Spiegelplazierung ist insbesondere dann von Nutzen, wenn die Form des Zimmers störend wirkt bzw. Zimmerecken unter 90 Grad vorhanden sind. Es werden zwei Spiegel der gleichen Art benötigt.

Fragen Sie mit Biotensor oder Pendel ab, welche Wand für die Spiegelplazierung am geeignetsten ist. Der Ausgleich ist auf der Seite des Zimmers am stärksten, der den Spiegeln gegenüberliegt. In der Regel wird es eine der längeren Zimmerwände bzw. die Zimmerwand sein, die dem ungünstigsten Teil des Zimmers gegenüberliegt. Fragen Sie dann mit Biotensor oder Pendel, welche Spiegelart am besten ist (rechteckige Spiegel, runde Planspiegel oder Spiegelkugeln der oben angegeben Maße).

Beachten Sie dabei, daß für das Schlafzimmer lediglich Spiegelkugeln genommen werden sollten. Rechteckige Spiegel und runde Planspiegel sind für das Schlafzimmer ungeeignet. Achten Sie darauf, daß die Spiegelkugeln zu Problemen mit Trans-Sha führen können (s. S. 155).

Beim Plazieren der Spiegel an der Wand gehen Sie wie folgt vor: Teilen Sie die Wand in drei gleich breite Abschnitte. Hängen Sie jeweils einen der beiden Spiegel am Übergang vom äußeren zum mittleren Drittel in mittlerer Höhe auf. Spiegelkugeln sollten in diesem Fall nah an der Wand (ca. 2 cm Abstand) aufgehängt werden.

Versetzte Ebenen im Haus

Versetzte Ebenen im Haus sind für die Bewegung des zusätzlichen Perm-Qi problematisch, da es auf seinem Träger keine Höhenunterschiede über 14 cm nach oben oder unten überwindet.

Unterschiedliche Deckenhöhen im Zimmer

Unterschiedliche Deckenhöhen im Zimmer wirken sich ungünstig auf die feinstofflichen und nicht-stofflichen Strukturen im Zimmer aus. Außerdem finden wir in einem solchen Zimmer vermehrt ungünstige Energien, wie bereits für L-förmige Zimmer beschrieben.

Unterschiedliche Deckenhöhen im Zimmer

Feng-Shui-Maßnahmen
Beim Zimmer mit unterschiedlichen Deckenhöhen gibt es zwei Möglichkeiten:

1) **Bildung einer großen Quaderform für beide Zimmerteile:** Bei einem rechteckigen Grundriß des Zimmers empfiehlt es sich, einen quadratischen Spiegel von 80 x 80 cm an die Decke mit der größeren Höhe in der Mitte der Decke anzubringen. Die Spiegelfläche soll nach unten zeigen. Die Energien im Zimmer verteilen sich dann teilweise so, als hätte das Zimmer eine einheitliche Deckenhöhe auf dem Niveau des niedrigeren Teiles. Ein quadratischer Spiegel von 80 x 80 cm reicht etwa für eine Deckenfläche von 20 Quadratmeter im höheren Teil des Zimmers. Hat die Decke des höheren Teils des Zimmers eine größere Fläche als 20 Quadratmeter, benötigen Sie zwei oder mehr quadratische Spiegel von 80 x 80 cm.

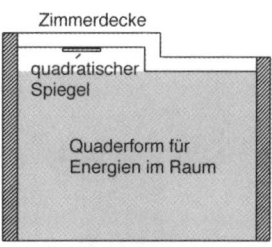

Bildung einer großen Quaderform für beide Zimmerteile

2) **Teilung des Zimmers in zwei Teile:** Sie können ein Zimmer mit unterschiedlichen Deckenhöhen auch in zwei Teile teilen. Die Trennlinie wird durch die Zimmerdecke vorgegeben. Wird ein quadratischer Spiegel in der Mitte der Decke des Zimmerteils mit der geringeren Höhe angebracht, führt dies zu einer recht guten Trennung der Zimmerteile. Die erforderliche Größe des Spiegels ist wieder 80 x 80 cm bis zu einer Größe der niedrigeren Deckenfläche von 20 Quadratmeter.

Auch eine Aufteilung durch Einrichtungsgegenstände ist möglich, vergleichbar mit der Teilung eines L-förmigen Zimmers in zwei Teile.

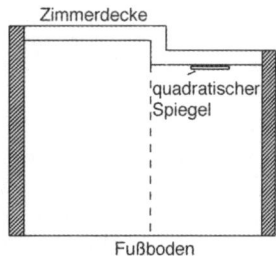

Teilung des Zimmers in zwei Quader

Toiletten und Abflußrohre

Probleme mit Tunnelgeistern

Seit sich die Toiletten nicht mehr auf dem Hof, sondern im Haus befinden, gibt es eine ganze Reihe neuer Probleme im Haus mit unerwünschten Geistern, speziell sogenannten Tunnelgeistern. Als Tunnelgeister bezeichnen wir unerwünschte Geister der 3. und 5. Dimension. Sie benutzen Abflußrohre, insbesondere solche für die Toilette, als Eingang in das Haus. Sie stören die Kommunika-

Eine Toilette gegenüber der Haustür

Eine Toilette über dem Eingang

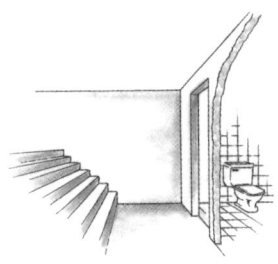

Eine Treppe gegenüber einer Toilette

tion der Geistanteile der Bewohner des Hauses untereinander. Dies kann insbesondere bei Tunnelgeistern der 3. Dimension zur Folge haben, daß Personen im Haus weniger miteinander reden und weniger kontaktfreudig nach außen sind. Die Unlust für bestimmte Tätigkeiten kann zunehmen, z. B. in der Freizeit für Hobbys. Personen fühlen sich leichter gekränkt. Tunnelgeister der 5. Dimension verursachen im Prinzip ähnliche Störungen, wenn auch im Einzelfall etwas heftiger. Auch Schreianfälle bei Kindern können vorkommen. Befindet sich die Toilette am Eingang, besteht die Tendenz, daß sich die Tunnelgeister in der Aura des Hereinkommenden festsetzen.

Perm-Qi verschwindet durch die Toilette

Zusätzliches Perm-Qi verschwindet durch das Abflußrohr der Toilette in eine höhere Dimension. In wesentlich geringerem Umfang gilt dies auch für andere Abflußrohre. Da sich das zusätzliche Perm-Qi vom Eingang aus geradeaus oder vor Hindernissen bevorzugt nach rechts bewegt, sollte eine Toilette möglichst nicht gegenüber oder rechts neben der Haustür liegen (Feng-Shui-Maßnahme s. S. 109). Der Träger des zusätzlichen Perm-Qi, der in der Toilette verschwindet, wirkt darüber hinaus auch anziehend auf Tunnelgeister der 3. Dimension.

Ungünstige Plazierung der Toilette im Haus

Ungünstig ist es insbesondere, wenn:

- sich die Toilette über, unter oder neben (insbesondere rechts neben) dem Eingang des Hauses befindet
- sich die Toilette über, unter oder hinter dem Bett befindet
- sich die Toilette über, unter oder hinter dem Altar befindet
- sich die Toilette über, unter oder hinter dem Küchenherd befindet
- sich die Toilette über, unter oder hinter der Speisekammer befindet
- sich die Toilette über dem Eß- oder Arbeitszimmer befindet

In der Regel ist der ungünstige Effekt am stärksten, wenn sich die Toilette über einem der angegebenen Räume befindet. Die Wirkung ist etwas geringer, wenn die Toilette unter einem dieser Räume liegt. Befindet sich die Toilette neben einem dieser Räume, ist die Wirkung zwar weiterhin nicht günstig, aber noch am ehesten zu tolerieren.

Feng-Shui-Maßnahmen bei Problemen mit der Toilette im Haus

Toilettendeckel und Toilettentür sollten nicht nur aus hygienischen Gründen geschlossen gehalten werden. Dies führt zu einer Minderung des Verlustes an zusätzlichem Perm-Qi und auch zu einer Reduzierung von Problemen mit Tunnelgeistern der 3. Dimension. Wenn die Toilettentür ungünstig zur Haustür plaziert ist, besteht auch die Möglichkeit, einen Paravent vor der Toilettentür aufzustellen. Häufig ist es erforderlich, eine oder mehrere der hier beschriebenen Feng-Shui-Maßnahmen durchzuführen. Klären Sie mit Biotensor oder Pendel, welche Maßnahme in Ihrem Fall am geeignetsten ist.

Eine Toilette über dem Bett

Hilfreich sind bei Problemen mit Tunnelgeistern der 3. Dimension zusätzlich

- rechteckiger Spiegel neben der Toilettentür (s. S. 109)
- violette Klangspiele mit günstigem Geistermaß (s. S. 215 und S. 231)

Hilfreich sind bei Problemen mit Tunnelgeistern der 5. Dimension
- schwarze Barong-Masken über der WC-Tür, die in Richtung WC schauen
- zweifarbige Tore (s. u.)
- Konkavspiegel (Rasier- oder Kosmetikspiegel) an der Wand des betreffenden Raumes

Ein Badezimmer mit Toilette neben dem Bett

Wenn eine Toilette über oder unter einem der oben genannten Räume liegt, sollte eine Maßnahme auf der Etage ergriffen werden, auf der sich die Toilette befindet. Es können alle weiter oben beschriebenen Maßnahmen durchgeführt werden. Das setzt natürlich voraus, daß Sie zu dem betreffenden Toilettenraum Zugang haben. In Häusern mit mehreren Mietparteien sind Sie somit auf die Kooperation der Mitbewohner angewiesen.

Schwarze Barong-Maske

Wenn die Toilette für benachbarte Räume auf der Etage, aber auch für darunter- oder darüberliegende Räume Probleme mit Tunnelgeistern machen, kann im Toilettenraum selbst eine schwarze Barong-Maske (s. S. 220), am besten von innen über der Tür, aufgehängt werden. Zusätzlich kann im Toilettenraum ein Klangspiel mit günstigem Geistermaß und violetten Klangröhren (s. S. 215) aufgehängt werden. Das setzt natürlich voraus, daß Sie zu dem betreffenden Toilettenraum Zugang haben. In Häusern mit mehreren Mietparteien sind Sie somit auf die Kooperation der Mitbewohner angewiesen.

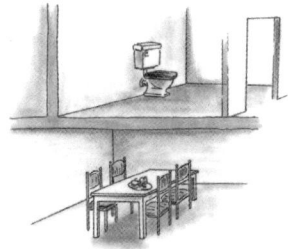

Eine Toilette über dem Eßzimmer

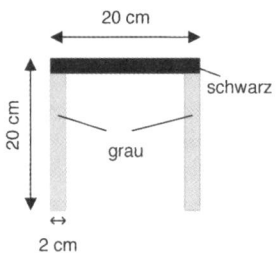

20 cm

20 cm

schwarz

grau

2 cm

Ein schwarz-graues Tor

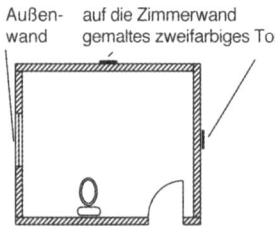

Außen-
wand

auf die Zimmerwand
gemaltes zweifarbiges Tor

*Zweifarbige Tore, die auf die
Wände gemalt werden, die
an den Toilettenraum
angrenzen: in diesem Beispiel
besteht die Möglichkeit, an
zwei Zimmerwände ein
zweifarbiges Tor zu malen.
Die Außenwand und die
Wand, an der die Toilette mit
dem Abfluß steht, scheiden
aus. Im Einzelfall ist es auch
möglich, an eine Wand
zweifarbige Tore der gleichen
Farbkombination zu malen*

Zweifarbige Tore

Ein oder mehrere schwarz-graue Tore oder blau-rote Tore sind ein gutes Feng-Shui-Hilfsmittel gegen Tunnelgeister. Das Tor sollte aus drei ca. 20 cm langen Seiten bestehen, die etwa 2 cm breit sind und oben im rechten Winkel aneinander stoßen. Nach unten zeichnen Sie keine Seite. Sie müssen jedoch im Einzelfall mit Biotensor oder Pendel klären, ob das schwarz-graue Tor oder das blau-rote Tor geeignet ist. Benutzen Sie für einen Toilettenraum auf jeden Fall nur eine Farbkombination. Bei mehreren Toiletten im Haus kann es jedoch vorkommen, daß unterschiedliche Farbkombinationen im Haus zum Einsatz kommen.

Der obere Querbalken des schwarz-grauen Tores sollte die Farbe Tiefschwarz (RAL 9005 glänzend), die beiden Seiten die Farbe Granitgrau (RAL 7026 glänzend) haben.

Der obere Querbalken des blau-roten Tores sollte die Farbe Brillantblau (RAL 5007 glänzend), die beiden Seiten sollten die Farbe Verkehrsrot (Ral 3020 glänzend) haben.

Das jeweilige Tor wird von einem benachbarten Raum aus auf die Wand gemalt, die an den Toilettenraum grenzt. Tragen Sie die beiden Farben direkt auf die Wand auf, da Sie nur dann die gewünschte Wirkung haben. Ein solches Tor als Bild aufzuhängen oder auf die Rückseite eines Bildes zu malen, ist nicht ausreichend. Es mindert jedoch die Wirkung nicht, wenn Sie, nachdem Sie das zweifarbige Tor auf die Wand gemalt haben, anschließend ein Bild oder einen anderen Gegenstand darüberhängen.

Das Tor sollte relativ weit oben auf die Wand gemalt werden, so daß sich die unteren Enden der senkrechten Seiten des Tores etwa in der Höhe befinden, in der die oberen Türrahmen der Zimmertüren der Etage abschließen. Wenn Sie sich unsicher sind, bestimmen Sie die genaue Plazierung mit dem Biotensor oder Pendel.

Ein zweifarbiges Tor schützt sowohl benachbarte wie auch darunter- und darüberliegende Räume. Im Einzelfall kann es erforderlich sein, an mehrere Zimmerwände, die an den Toilettenraum grenzen, das jeweils geeignete Tor zu malen. Die Zimmerwand, an der das Toilettenbecken mit dem Abfluß nach hinten selbst steht, sollte nicht bemalt werden.

Violette Klangspiele mit günstigem Geistermaß

Im Toilettenraum können auch violette Klangspiele in der Nähe der Toilettentür aufgehängt werden. Diese Maßnahme empfiehlt sich insbesondere dann, wenn sich die Toilette in der Mitte des Hauses befindet und der Toilettenraum nicht an einer Außenwand des Hauses liegt. Die violetten Klangspiele wirken jedoch in der

Regel etwas schwächer als die anderen Maßnahmen, wenn der WC-Raum in anderen Teilen des Hauses liegt.

Konkavspiegel

Wenn Toiletten für benachbarte Räume ein Problem machen, besteht die Möglichkeit, Konkavspiegel (Rasier- oder Kosmetikspiegel) an die Wand des betreffenden Raumes zu hängen. Dabei muß sich jedoch der Spiegel in dem Raum befinden, für den ein Problem besteht. Der Spiegel sollte in Richtung WC-Raum zeigen. Eine solche Lösung besteht für darunterliegende oder darüberliegende Räume nicht.

Mentale Feng-Shui-Maßnahmen

Falls die Mitbewohner bei der Feng-Shui-Maßnahme nicht mitmachen, reicht eine Plazierung von Barong-Maske und/oder violettem Klangspiel in Ihrem eigenen betroffenen Raum in der Wirkung nicht aus. Sie können dann nur mental projizieren, daß sich zwischen dem störenden Toilettenraum und dem betroffenen Zimmer eine für Geister undurchdringliche Decke oder Wand befindet (s. auch S. 205). Ob und wie häufig Sie die mentale Projektion wiederholen müssen, können Sie beispielsweise mit Biotensor oder Pendel klären.

Falls die Mitbewohner bei der Feng-Shui-Maßnahme nicht mitmachen, müssen Sie eine mentale Projektion einsetzen

Tunnelgeister und Lüftungsrohre bei Niedrigenergiehäusern

Niedrigenergiehäuser wirken auf Tunnelgeister anziehend durch ein Rohrsystem, mit dem sämtliche Räume des Hauses verbunden sind. In diesen Häusern gibt es außerdem in jedem Zimmer eine Öffnung nach außen, die mit dem Rohrsystem verbunden ist.

Niedrigenergiehäuser wirken auf Tunnelgeister anziehend

Feng-Shui-Maßnahme
Wenn Sie Probleme mit Tunnelgeistern in Niedrigenergiehäusern haben, ist es hilfreich, grau-schwarze Tore (s. S. 126) auf die Wand um das Lüftungsloch herum aufzumalen.

127

Brunnengeister im Brunnen

Ein Haus über einem stillgelegten Brunnen

Wenn Sie Probleme mit einem stillgelegten (oder noch benutzten) Brunnen unter dem Haus haben, ist es das beste, den Brunnen möglichst weit in die Erde hinein abzutragen

Der Brunnen spielt seit alters her in Märchen eine besondere Rolle. Probleme treten bei Brunnen ab einem inneren Durchmesser von 50 cm auf. Diese Brunnen bieten für Brunnengeister einen geeigneten Ein- und Austritt. Die Brunnengeister sind weitaus unangenehmer als die bei den Toiletten zu findenden Tunnelgeister. Sie wirken direkt auf unsere eigenen Geistanteile und versuchen sie dazu zu bewegen, dem Körper Schaden zuzufügen. Dies kann sowohl zu Fehlsteuerungen des Körpers als auch zu Unfällen führen. Bei den häufig anzutreffenden runden Brunnen handelt es sich um Einflüsse unerwünschter Geister der 5. Dimension, bei rechteckigen Brunnen um Einflüsse unerwünschter Geister der 4. Dimension.

Feng-Shui-Maßnahmen

Wenn Sie Probleme mit einem stillgelegten (oder noch benutzten) Brunnen unter dem Haus haben, ist es das beste, den Brunnen möglichst weit in die Erde hinein abzutragen. Ist dies nicht möglich, sollte der Brunnen von oben mit Zellglasplatten geeigneter Qualität (s. S. 163) abgedeckt werden. Die Dicke der Zellglasplatten muß in diesem Fall 10 cm betragen. Der Durchmesser der Abdeckung sollte 40 Prozent größer sein als der äußere Brunnendurchmesser, so daß das Zellglas nach allen Seiten um 20 Prozent übersteht. Wichtig ist es, rechteckige Brunnen rechteckig abzudecken. Runde Brunnen sollten auf jeden Fall eine runde Zellglasabdeckung bekommen. Die Zellglasplatten müssen in diesem Fall entsprechend zugeschnitten werden.

Fragen sie mit dem Biotensor oder Pendel, ob diese Art der Abdeckung ausreichend ist, den Raum über dem Brunnen als Schlafzimmer zu nutzen. Ist dies nicht der Fall, verlegen Sie das Schlafzimmer.

Dachgeister in Schornsteinen, Dachschrägen und Klimaanlagen

Ein Entlüftungsrohr vor der Haustür

Traditionell wird in Europa dem Schornstein als Einstiegsmöglichkeit unerwünschter Geister große Aufmerksamkeit geschenkt. Dachgeister halten sich nach ihrem Einstieg ins Haus am liebsten im Dachgeschoß auf. Sie können aber durch Schornsteine und Kamine in untere Etagen gelangen. Die Dachgeister kommen jedoch heutzutage nicht nur durch Schornsteine, sondern auch durch Klimaanlagen und Entlüftungsrohre ins Haus. Dachgeister stören die Kommunikation der Geistanteile des Menschen untereinander. Dies kann sogar zu psychischen Störungen führen. Aus den Klimaanlagen und Entlüftungsrohren gegenüberliegender Gebäude, die vor der Haustür münden, können die Dachgeister dann durch die Haustür ins Haus gelangen.

Feng-Shui-Maßnahmen an Dach und Schornstein

Am Schornstein können ein oder mehrere Konvexspiegel, die etwa die Größe eines Rasierspiegels haben sollten, angebracht werden. Die Konvexspiegel sollten direkt außen am Schornstein so angebracht werden, daß sie auf das jeweilige Ende des Dachfirstes zeigen. Sollten Sie aus technischen Gründen den Spiegel nicht außen anbringen können, besteht auch die Möglichkeit, größere runde Konvexspiegel (ab ca. 25 bis 30 cm Durchmesser) am Schornstein unterhalb der Dachschräge so anzubringen, daß sie auf das jeweilige Ende des Dachfirstes gerichtet sind.

Zusätzlich zu diesen Maßnahmen kann es günstig sein, am jeweiligen Ende des Dachfirstes eine Kugel anzubringen. Kugeln am Ende des Dachfirstes findet man als Stilelement nicht selten an Häusern aus der Zeit des Barock. Es ist in diesem Fall jedoch nicht nötig, Kugeln aus Stein zu benutzen; Kunststoffkugeln, insbesondere in roter Farbe, sind für diesen Zweck ausreichend.

Spiegel und Kugeln gegen Dachgeister

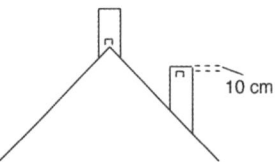

Rote Tore am Schornstein
(Ansicht von der Seite)

Rote Tore am Schornstein

Einen guten Schutz für das Dach bieten rote Tore, die am Schornstein außen aufgemalt werden. (Hinsichtlich der Maße und dem genauen Farbton von aufgemalten roten Toren s. S. 90). Befindet sich der Schornstein direkt auf dem Dachfirst, werden zwei rote Tore beiderseits knapp über dem Dachfirst aufgemalt. Für den Fall, daß Dachfirste benachbarter Häuser auf den Schornstein zeigen, lassen Sie auch zu der betreffenden Seite ein rotes Tor aufmalen. Es empfiehlt sich, diese Malarbeiten jemandem zu übertragen, der sich beruflich sicher auf dem Dach bewegt (z. B. Dachdecker oder auch Schornsteinfeger).

Wenn der Schornstein seitlich des Dachfirstes steht, lassen sie an allen vier Seiten ca. 10 cm unterhalb der Schornsteinspitze rote Tore aufmalen. Bei kleinen Schornsteinen können Sie auf das rote Tor, das zum Dachfirst zeigen würde, verzichten.

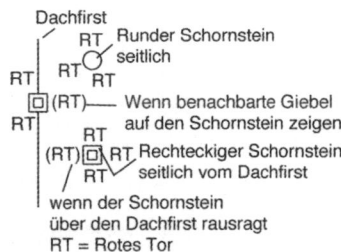

Rote Tore am Schornstein
(Aufsicht)

Dachgeister in Räumen mit Deckenschrägen

Im Haus halten sich Dachgeister gern in Räumen mit **Deckenschrägen** ab ca. 22 Grad auf. Deckenschrägen ab 30 Grad bei

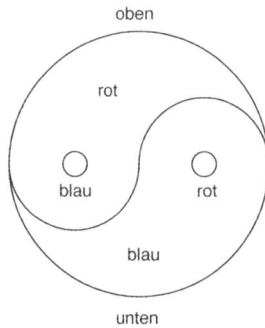

Ein rot-blaues Yin-Yang-Symbol

nicht voll ausgebautem Dachgeschoß wirken noch anziehender auf diese Geister, weil insbesondere die innere Geister-Aura des Hauses stark geschwächt ist. Dies wirkt sich besonders negativ für eine Person aus, die unter einer solchen Schräge schläft.

Feng-Shui-Maßnahme
Wenn Sie in einem Raum mit einer Deckenschräge schlafen oder arbeiten, kann Sie ein rot-blaues Yin-Yang-Symbol schützen, das an die Decke unterhalb der Schräge aufgemalt wird. Es reicht aus, wenn das Yin-Yang-Symbol einen Durchmesser von ca. 15 cm hat. Selbst wenn Sie es nicht kreisrund auf die Wand gemalt bekommen und die „Handarbeit" sichtbar ist, gibt es ausreichend Schutz. Es reicht, wie z. B. bereits von den roten Toren bekannt, nicht aus, ein Bild des Yin-Yang-Symbols an der Schräge zu befestigen. Der genaue Farbton des roten Anteils an Verkehrsrot (RAL 3020 glänzend), des blauen Anteils Brillantblau (RAL 5007 glänzend).*

Dachgeister in klimatisierten Räumen
Problematisch sind Dachgeister insbesondere für Häuser, die klimatisiert sind. Es kann erhebliche Probleme insbesondere dort geben, wo die Lüftungen der Klimaanlage münden. Schlaf- und Arbeitsplätze sollten nicht direkt unter den Lüftungen der Klimaanlage liegen.

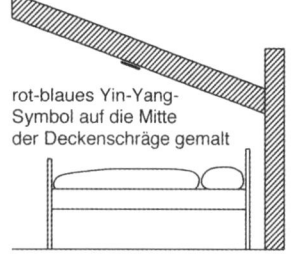

rot-blaues Yin-Yang-Symbol auf die Mitte der Deckenschräge gemalt

Ein rot-blaues Yin-Yang-Symbol, das auf die Mitte der Deckenschräge gemalt wird, gibt Schutz vor Dachgeistern

Eine Büroangestellte fühlt sich an ihrem Arbeitsplatz nicht wohl
Eine 38jährige Büroangestellte einer großen Versicherungsgesellschaft klagte über Konzentrationsstörungen am Arbeitsplatz. Interessanterweise, waren diese Störungen erst aufgetreten, als sie innerhalb der Firma ihren Arbeitsplatz gewechselt hatte. Bei der Untersuchung des Arbeitsplatzes fiel auf, daß sich schräg über ihrem Kopf die Öffnung der Klimaanlage befand. Erst zwei Wochen, bevor sie ihren neuen Arbeitsplatz bezogen hatte, war die komplette Klimaanlage des Verwaltungsgebäudes gereinigt und auf ihre Funktionsweise hin untersucht worden. Sie zog nach der Feng-Shui-Beratung mit ihrem Schreibtisch zwei Meter zur Seite und konnte zwei Monate später berichten, daß die Konzentrationsstörungen am Arbeitsplatz nicht mehr aufgetreten waren.

---

* Bitte beachten Sie, daß die hier dargestellte Form des Yin-Yang-Symbols für eine spezielle Anwendung bei Problemen mit Geistern empfohlen wird. Diese Form ist spiegelbildlich zur sonst am häufigsten verwendeten Form des Yin-Yang-Symbols.

Konkavspiegel gegen Dachgeister, die durch die Haustür kommen

Wenn Klimaanlagen oder Entlüftungsrohre vor dem Eingang münden, kann dies dazu führen, daß Dachgeister durch die Haustür kommen. In diesem Fall kann die feinstoffliche und nicht-stoffliche rote Eingangskugel durch einen Konkavspiegel aktiviert oder gestärkt werden, der über der Haustür in einem Winkel von 15 Grad nach unten angebracht wird (s. S. 96).

Geister, die über Satellitenschüsseln ins Haus kommen

Satellitenschüsseln auf dem Dach und an der Hauswand können zu Problemen mit unerwünschten Geistern im Haus führen. Satellitenschüsseln verändern die innere Geister-Aura so, daß Geister der 5. Dimension unbeabsichtigt in den Raum hinter der Satellitenschüssel gelangen können. Es handelt sich dabei nicht prinzipiell um Geister, die uns schlecht gesonnen sind. Sie vertreiben einerseits unerwünschte Geister der 3. Dimension, wirken andererseits jedoch störend auf unsere eigenen Geistanteile. Sie halten sich in der Regel nur ca. fünf Stunden in unserer Dimension auf. Es ist jedoch häufig so, daß bereits nach wenigen Stunden erneut Geister einer höheren Dimension über die Satellitenschüssel ins Haus gelangen. Satellitenschüsseln können auch Probleme mit ungünstigen Energien *(Per-Sha)* machen (s. S. 169).

Satellitenschüsseln als Geister-Tor zu anderen Dimensionen

Feng-Shui-Maßnahme
Wenn Sie die Satellitenschüsseln nicht entfernen wollen oder nicht entfernen können, besteht die Möglichkeit, die Feng Shui Power Disc 99 einzusetzen (s. S. 161 und S. 181).

Wenn Sie die Satellitenschüssel entfernen und woanders plazieren wollen, ist es am besten, die Satellitenschüssel in ausreichender Entfernung vom Haus, zumindest außerhalb der zweiten Aurahülle, zu plazieren. Die Satellitenschüssel sollte hinter dem Haus, am besten in Bodennähe, aufgestellt werden, so daß die Verlängerung nach hinten weder auf das eigene Haus noch auf Nachbarhäuser zeigt. Achten Sie auch darauf, daß auch die Seitenkanten der Satellitenschüssel weder auf das eigene Haus noch auf Nachbarhäuser zeigen.

Kellergeister in Schuppen und leerstehenden Räumen

Vielleicht war es Ihnen als Kind unangenehm, in dunkle Kellerräume zu gehen. Dieses Gefühl kommt nicht von ungefähr. In Kellern, Schuppen, leeren, ungenutzten oder wenig genutzten Räumen halten sich sogenannte Kellergeister auf. Sie stören uns nicht primär, irritieren uns jedoch gefühlsmäßig und können ein eher dumpfes Gefühl erzeugen. Wenn Sie diese Kellergeister nicht im Haus haben möchten, sollten Sie mit Salbei räuchern. Auch häufig genutzte Garagen können Sie mit Salbei räuchern. Dieses gilt allerdings nicht für Schuppen, da sich dort die Kellergeister bereits zwei Tage nach der Räucherung erneut sammeln. Auch für Garagen, die leerstehen oder z. B. mit Sperrmüll gefüllt sind, trifft dies zu.

Eine Schuppentür gegenüber der Haustür

Befindet sich eine **Schuppentür gegenüber der Haustür**, so gelangen Kellergeister, die sich im Schuppen sammeln, leichter ins Haus. Befindet sich die Schuppentür an einer anderen Seite des Schuppens, ist die Situation günstiger. Trotzdem kann es zu Problemen mit Kellergeistern kommen.

Feng-Shui-Maßnahme

Befindet sich eine Schuppentür gegenüber der Haustür, besteht eine Möglichkeit darin, die Haustür während der Dunkelheit ständig zu beleuchten, beispielsweise mit einer Energiesparlampe. Außerdem kann es erforderlich sein, den Schuppen von innen ständig beleuchtet zu halten. Möglicherweise müssen Sie zusätzlich die feinstoffliche und nicht-stoffliche rote Eingangskugel durch einen Konkavspiegel über der Haustür aktivieren oder stärken. Dieser wird in einem Winkel von 15 Grad nach unten über der Haustür angebracht (s. S. 96). Fragen Sie mit dem Biotensor oder Pendel, welche der angegebenen Maßnahmen erforderlich sind. Es kann sein, daß eine Maßnahme ausreichend ist, ggfa. müssen Sie aber auch zwei oder drei Maßnahmen kombinieren.

Parterre-Geister

Parterre-Geister wirken ähnlich wie lineare Wegegeister

Eine eigenständige Gruppe von Geistern hält sich sowohl in Bodennähe im Erdgeschoß unterkellerter Wohnungen und Häuser bzw. an der Kellerdecke der Keller selbst auf. Wir nennen sie Parterre-Geister. Sie wirken ähnlich wie die linearen Wegegeister (s. S. 116).

Wenn Sie Probleme mit Parterre-Geistern haben, hilft es, im Keller braune Klangspiele (s. S. 215) zu plazieren.

Deckenbalken im Zimmer

Deckenbalken wirken nur dann, wie in diesem Abschnitt beschrieben, wenn sie sich direkt unter der Decke befinden, und die Zimmerdecke in etwa waagerecht ist. Balken, die einen Abstand von 15 bis 20 cm zur Decke haben, zählen nicht dazu.

Deckenbalken wirken anziehend auf lineare Fluggeister. Balken, die auf Fensteröffnungen zulaufen, sind, wie für Längsbalken hinter der Haustür beschrieben, problematischer als querverlaufende. Für Innentüren gilt der entgegengesetzte Fall. Hier sind Querbalken problematischer. Frische Holzbalken (bis ca. 40 Jahre) wirken dabei anziehender als ältere Holzbalken oder Stahlträger. Bezüglich der Wirkung von Stahlträgern im Zimmer berücksichtigen Sie auch unsere Anmerkungen zu Trans-Sha (s. S. 155) und Vital-Qi (s. S. 110).

Deckenbalken wirken anziehend auf lineare Fluggeister

Die Mindeststärke der Balken in der Höhe beträgt dabei ca. 10 cm, die Mindestbreite ca. 3 cm. Bei querverlaufenden Balken spielt auch das Längenmaß eine Rolle (Geistermaß, s. S. 231). Ein Deckenbalken in der Länge eines günstigen Geistermaßes ist weniger problematisch als ein solcher mit neutralem Geistermaß. Wenn lineare Fluggeister ins Haus gekommen sind, halten sie sich gern in Räumen mit Deckenbalken auf. Insbesondere über Nacht zwischen 21 Uhr und 5 Uhr Ortszeit sind sie aktiv. Deckenbalken können über Nacht dazu führen, daß lineare Fluggeister auch relativ leicht durch geschlossene Türen und durch die sogenannten Geistertüren (s. S. 97) kommen. Balken an Deckenschrägen können sich im Gegensatz zu Balken an geraden Decken günstig auswirken (s. S. 190).

Ein Deckenbalken in der Länge eines günstigen Geistermaßes ist weniger problematisch als einer mit neutralem Geistermaß

Die beste Lösung ist, die Decke bis unter die Balken abzuhängen. Wenn dies nicht möglich ist, gibt es mehrere Alternativen. Eine Möglichkeit ist, in dem betreffenden Zimmer zwei oder mehrere violette Klangspiele mit günstigem Geistermaß der Klangröhrenlänge an den Wänden verteilt aufzuhängen. Der Abstand zur Wand sollte in diesem Fall ca. 40 bis 60 cm betragen. Hilfreich ist es ferner, Flöten an den Balken und/oder den Wänden zu plazieren,

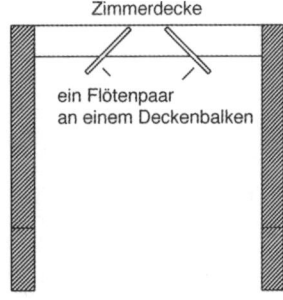

Ein Flötenpaar an den Deckenbalken im Zimmer

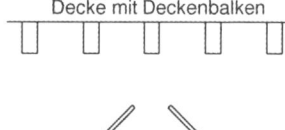

Decke mit Deckenbalken

ein Flötenpaar

Ein Flötenpaar an Zimmerwänden unter Deckenbalken. Ein Flötenpaar ist in der Regel für eine Wand bis zu 10 Meter Länge ausreichend. Die Flöten werden etwa am Übergang vom mittleren zum oberen Drittel der Zimmerwand aufgehängt

wobei die Farbe Rot (Verkehrsrot, RAL 3020 glänzend) sowie ein günstiges Geistermaß (s. S. 231) zusätzlich unterstützend wirken. Sie können auch einen oder mehrere Konvexspiegel an den Wänden von innen (mit der Spiegelfläche nach außen gerichtet) aufhängen. Der Abstand der Spiegelfläche zur Wand sollte ca. 10 bis 15 cm betragen. Praktisch ist es, die Konvexspiegel mit zwei stabilen Fäden an der Decke zu befestigen.

Lineare Fluggeister zwischen Zimmerdecke und Schrank

Der Raum zwischen Zimmerdecke und der glatten Oberfläche eines Möbelstücks, insbesondere eines Schranks, der an der Wand steht, kann eine anziehende Wirkung auf lineare Fluggeister haben. Das ist insbesondere dann der Fall, wenn der Abstand zwischen Zimmerdecke und glatter Oberfläche des Möbelstücks ein ungünstiges Abstandsmaß hat. Die Abstandsmaße können Sie im Anhang des Buches der Tabelle: „Zehnermaß" entnehmen (s. S. 232).

Feng-Shui-Maßnahme
Wenn der Abstand von glatten Möbeloberflächen zur Zimmerdecke ein ungünstiges Abstandsmaß hat und die glatte Oberfläche des Möbelstücks nicht entsprechend höher oder und tiefer gesetzt werden kann, ist es in der Regel ausreichend, einige Gegenstände auf dem Möbelstück zu plazieren, damit die glatte Oberfläche nicht mehr voll wirksam wird. Im Zweifelsfall fragen Sie mit Biotensor oder Pendel ab, ob Sie die Gegenstände richtig plaziert haben.

Kapitel 10

Die Aura-Verbindungskugel und die Sechs Paläste – Liu Tang

Es gibt eine Reihe feinstofflicher und nicht-stofflicher Strukturen im Haus, die in einer höheren Dimension angelegt sind. Für die Bewohner des Hauses ist es gut, diese Strukturen auch in der 3. Dimension wirksam werden zu lassen. Eine Möglichkeit, diese Strukturen in der 3. Dimension wirksam werden zu lassen, besteht darin, ganz konkret darum zu bitten. Diese Bitte sollte an die richtige Instanz gerichtet werden. Wie Sie Ihre Bitte stellen und an wen Sie sich mit dieser Bitte wenden können, werden wir Ihnen am Ende dieses Kapitels genau erläutern. Zunächst einmal ist es sinnvoll, den theoretischen Hintergrund für diejenigen Strukturen kennenzulernen, die in der 3. Dimension wirksam werden sollen.

Feinstoffliche und nicht-stoffliche Strukturen im Haus sind häufig recht kompliziert aufgebaut. Für die Bitte um Aktivierung der hier besprochenen Strukturen ist es nicht erforderlich, die Einzelheiten genau zu verstehen. Deshalb richten Sie Ihre Bitte eben auch an eine Instanz, die alle Einzelheiten konkret überblickt. Es wird trotzdem gut sein, sich auf den nächsten Seiten ein wenig in den theoretischen Hintergrund einzudenken.

Es gibt eine Reihe feinstofflicher und nicht-stofflicher Strukturen im Haus, die in einer höheren Dimension angelegt sind

Die Aura-Verbindungskugel

Das Haus sollte sich am besten in der Mitte des Grundstücks befinden. Dies ist für die Bewohner des Hauses u. a. deshalb von großer Bedeutung, da sich über der Mitte des Grundstücks die sogenannte Aura-Verbindungskugel befindet. Die Aura-Verbindungskugel ist eine feinstoffliche und nicht-stoffliche Struktur, die in der Regel in der 3. Dimension nur unvollständig angelegt ist. Sie kann jedoch auch in dieser Dimension voll wirksam werden. Diese Kugel wirkt insbesondere nachts während des Schlafs auf den Menschen. Sie ist dafür verantwortlich, daß die Aura des Menschen von schädlichen Einflüssen gereinigt werden bzw. sogar, wenn nötig, repariert werden kann. Zwei Schutzgeister (mit je 6 Geistanteilen) können in die Aura-Verbindungskugel der 3. Dimension gebeten werden, damit die Reinigung regelmäßig erfolgen kann. Ein Schutzgeist ist für die Geistanteile 1 bis 3 zustän-

Das Haus sollte sich am besten in der Mitte des Grundstücks befinden

135

dig, der andere für die Geistanteile 4 bis 9. Die Reinigung der menschlichen Aura geschieht über eine Struktur der Aura-Verbindungskugel, die in das Haus hineinreicht. Die Struktur im Haus wird als Sechs Paläste bezeichnet.

Die Sechs Paläste – Liu Tang

Die eigentliche Aura-Reinigung bzw. Aura-Wiederherstellung erfolgt für den Menschen im Haus in den Sechs Palästen. Die Sechs Paläste sind eine feinstoffliche und nicht-stoffliche Struktur in der Form eines Quaders oder Sechserblocks, der sich wiederum in sechs Einzelquader aufteilt. Die sechs Einzelquader sind gleich groß. Sie sind im Sechserblock so angeordnet, daß zwei mal drei Einzelquader nebeneinander stehen. Es können sich in einem Haus ein oder mehrere Sechserblocks bilden.

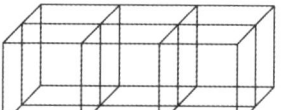

Die Sechs Paläste: sie bestehen aus sechs gleich großen Einzelquadern, die nicht unbedingt Würfelform haben müssen, sondern auch in die Länge, Breite oder Höhe gestreckt sein können

Die Funktion der Sechs Paläste

Die Paläste füllen sich mit farbig wahrnehmbaren Energien, wobei die Wände der Paläste eines Sechserblocks, die nicht an einen Palast des gleichen Sechserblocks grenzen, zusätzlich eine farbige Energie in der Wand haben, die sich in der Regel farblich von der Energie innerhalb des jeweiligen Palastes unterscheidet. Die farbliche Füllung ist auf den einzelnen Ebenen unterschiedlich, wobei es auch ungefüllte Paläste gibt. Die Wandfarbe der einzelnen Paläste bleibt auf den verschiedenen Ebenen im Prinzip gleich, kann sich jedoch ganz erheblich im Farbton der einzelnen Farbe verändern.

Die Verteilung der Sechs Paläste im Haus

Ein Sechserblock kann sich nur bilden, wenn es in einem Haus mindestens eine Tür und ein Fenster gibt, das ins Freie führt

Ein Sechserblock kann sich nur bilden, wenn es in einem Haus mindestens eine Tür und ein Fenster gibt, das ins Freie führt. Das Fenster gilt in diesem Sinne nur dann als Fenster, wenn es mindestens 0,25 qm (Glasfläche) groß ist. Auch kleinere Glasflächen können sich zu einer größeren ergänzen, wenn die Zwischenstreben nicht breiter als 20 cm sind. Diese Maße gelten ab der 4. Ebene. Für die 1. und 2. Ebene ist die Mindestfläche 0,25 qm, für die 3. Ebene 0,32 qm. Die angegebenen Maße für die 1. bis 3. Ebene sind erforderlich, damit die Chakren und die Aura auf diesen Ebenen über Nacht auch entsprechend gereinigt und wiederhergestellt werden können.

Die Bewohner eines Hauses, einer Wohnung oder auch nur eines Zimmers, haben prinzipiell die Wahl zwischen mehreren Möglichkeiten, das Innere des Hauses in Sechserblocks aufteilen zu lassen. Es ist die Errichtung eines Sechserblocks für ein ganzes

Haus möglich. Sechserblocks können aber auch etagenweise errichtet werden. Des weiteren besteht diese Möglichkeit für eine einzelne Wohnung oder ein einzelnes Appartement. Auch für ein einzelnes Zimmer kann ein Sechserblock errichtet werden, wenn dieses ein Fenster entsprechender Größe hat, das ins Freie führt.

Die Verteilung der Sechs Paläste in einem L-förmigen Haus oder Raum

Ist das Haus nicht quaderförmig, z. B. ein L-förmiges Haus, bildet sich ein einzelner Sechserblock normalerweise um das Haus so, als wäre es zu einer Quaderform ergänzt. Es bietet sich an, für L-förmige Häuser nicht nur einen, sondern mehrere Sechserblocks errichten zu lassen, so daß kein Palast außerhalb des Hauses liegt.

Bei nicht rechteckigem Grundriß des Raums erfolgt die Verteilung auf dem zum gedachten Rechteck ergänzten Raum, wobei die Energien jedoch nur im Raum und nicht außerhalb zu finden sind. Alternativ besteht die Möglichkeit, mehrere Zimmer zu einer Einheit zusammenzufassen, z. B. eine Wohnung, aber auch mehrere Zimmer innerhalb einer Wohnung.

Günstige äußere Voraussetzungen

Es gibt günstige äußere Voraussetzungen, die die Bildung der Sechs Paläste erleichtern:

* Haus in die Mitte des Grundstückes
* Tür in die Mitte der Hausfront
* Zimmer hat Fenster
* Fenster (Minimum 0,25 qm) gegenüber der Haustür mit Wand dazwischen
* keine unterschiedlichen Deckenhöhen
* keine unterschiedlichen Fußbodenhöhen

Bitte um Aktivierung der Aura-Verbindungskugel und der Sechs Paläste

Der heilige Florian als Mittler zur Verstärkung Ihrer Bitte

Der heilige Florian kann als Mittler Ihre Bitte um Aktivierung der Aura-Verbindungskugel und der Sechs Paläste verstärken. Wenn Sie zur Unterstützung Ihrer Bitte seine Figur oder sein Bild verwenden oder ihn direkt verbal oder gedanklich anrufen, wird es zu einer Aktivierung der Aura-Verbindungskugel und der Sechs Paläste für ein bis zwei Jahre kommen. Sie sollten deshalb nach einem Jahr mit dem Biotensor oder Pendel fragen, ob die Aktivierung der Aura-Verbindungskugel und der Sechs Paläste noch besteht. Sie können auch, wie unten beschrieben, direkt um Verlängerung der Aktivierung bitten. Für den Buddhisten oder Hinduisten oder Anhänger einer anderen Religion, der keine persönliche Beziehung oder Vorstellung von St. Florian hat, wird es eine entsprechende Instanz aus seinem Kulturkreis geben, die seine Bitte als Mittler in entsprechender Weise verstärken kann. (Bild der Statue von St. Florian auf der nächsten Seite und auf S. 205.)

So bitten Sie um Aktivierung der Aura-Verbindungskugel und der Sechs Paläste

Nehmen Sie sich einen ruhigen Moment, in dem Sie ungestört sind

Wenn Sie möchten, daß sich die Aura-Verbindungskugel mit allen Strukturen vollständig und optimal ausbildet und die beiden oben beschriebenen Schutzgeister über Nacht Ihre Aura und Ihre Geistanteile in entsprechender Weise reinigen und wiederherstellen, bitten Sie in geeigneter Weise darum. Nehmen Sie sich einen ruhigen Moment, in dem Sie ungestört sind. Sprechen Sie folgende Bitte am besten dreimal direkt hintereinander laut aus: *„Ich bitte die beiden zuständigen Schutzgeister, die Aura-Verbindungskugel mit allen Strukturen für das Haus und Grundstück, das ich bewohne, vollständig und optimal errichten zu lassen und selbst hineinzukommen."* Fragen Sie zunächst mit dem Biotensor oder Pendel, ob die beiden Schutzgeister Ihre Bitte vernommen haben. Fragen Sie: *„Ist meine Bitte vernommen worden?"* Wenn Sie ein NEIN bekommen, können Sie nach einer halben Stunde Ihre Bitte erneut dreimal vortragen. Wenn Sie jetzt ein JA bekommen, fragen Sie: *„Wird meine Bitte erfüllt?"* In der Regel werden Sie auf diese Frage ein JA bekommen. Sollten Sie ein NEIN bekommen, kann es sein, daß Sie nicht die beiden zuständigen Schutzgeister in der Aura-Verbindungskugel angesprochen haben, sondern z. B. einen anderen Schutzgeist, der Ihnen diese Bitte nicht erfüllen kann. Beginnen Sie dann noch einmal von vorn.

Sie bitten nun wie folgt weiter: *„Ich bitte die beiden Schutzgeister der Aura-Verbindungskugel, über Nacht meine Aura und meine Geistanteile zu reinigen und wiederherzustellen."* Stellen Sie auch diese Bitte dreimal – am besten wieder laut. Fragen Sie auch hier wieder mit dem Biotensor oder Pendel: *„Ist meine Bitte vernommen worden?"* In der Regel brauchen Sie jetzt die Frage, ob Ihre Bitte erfüllt wird, nicht erneut zu stellen.

Damit Ihre Bitte für zumindest ein Jahr erfüllt werden kann, bedanken Sie sich nach elf Tagen zunächst laut und bitten dann dreimal hintereinander: *„Ich bitte die beiden Schutzgeister der Aura-Verbindungskugel, für einen Zeitraum von mindestens einem Jahr über Nacht meine Aura und meine Geistanteile zu reinigen und wiederherzustellen."* Überprüfen Sie wieder mit Biotensor oder Pendel, ob Ihre Bitte vernommen wurde.

Sie sollten nach einem Jahr erneut die gleiche Bitte stellen und wieder mit dem Biotensor oder Pendel fragen, ob Ihre Bitte vernommen wurde. Denken Sie daran, diese Bitte jeweils nach einem Jahr zu wiederholen.

Statue von St. Florian

138

Kapitel 11

Das Schlafzimmer und andere Zimmer im Haus

Für unsere Gesundheit und unser Wohlbefinden ist das Schlafzimmer und die Plazierung des Bettes von herausragender Bedeutung. Es gilt dabei, sowohl negative Einflüsse zu meiden oder auszugleichen als auch positive Einflüsse zu stärken. Dabei spielen unsichtbare Energien und Strukturen eine große Rolle. Einen Teil der Einflüsse, die auf uns wirken, können wir anhand der uns umgebenden baulichen Formen und Einrichtungsgegenstände ablesen, einen anderen Teil müssen wir mit Biotensor, Pendel oder L-Rute aufspüren, um eine ausreichende Bewertung der Situation vornehmen zu können. Wir wollen uns zunächst den unsichtbaren Einflüssen zuwenden.

Für unsere Gesundheit und unser Wohlbefinden ist das Schlafzimmer und die Plazierung des Bettes von herausragender Bedeutung

Plazierung des Schlafzimmers im Haus

In der Regel wird bei der Planung eines Hauses oder einer Wohnung das Schlafzimmer auf die ruhige Seite des Gebäudes gelegt. Bei zweistöckigen Einfamilienhäusern liegen die Schlafzimmer meistens im ersten Obergeschoß. Die Plazierung des Schlafzimmers nach Kriterien der Lärmbelästigung vorzunehmen, ist sicherlich sinnvoll. Darüber hinaus gibt es wichtige Feng-Shui-Kriterien, die zu beachten sind.

Bei der Wahl des Schlafzimmers gibt es wichtige Feng-Shui-Kriterien zu beachten

Das Schlafzimmer sollte nicht im Anbau liegen

Bei Einfamilienhäusern, die keinen rechteckigen Grundriß bzw. keine Quaderform haben, sollte das Schlafzimmer in dem Teil des Hauses liegen, der von der gleichen ersten Aura-Hülle des Hauses umschlossen ist wie der Haupteingang (bei zwei ersten Aura-Hüllen, die den Haupteingang einschließen, am besten in der größeren von beiden, s. S. 51).

Das Schlafzimmer sollte nicht im Kellergeschoß liegen

Schlafräume gehören nicht in Kellergeschosse. Besonders ungünstig ist es, wenn das Haus nicht ganz unterkellert ist. Arealgebun-

Schlafräume im Keller stören die Naturgeister

dene Naturgeister halten sich innerhalb des Hauses am liebsten in **Kellerräumen** auf. Dies hat entsprechende Bedeutung für die Plazierung von Schlafräumen in Kellergeschossen.

Feng-Shui-Maßnahme
Verlegen Sie Ihr Schlafzimmer in ein höheres Geschoß.

Schlafzimmer unter dem Dach

Schlafzimmer im nicht ausreichend ausgebauten Dachgeschoß

Wenn sich Schlafzimmer unter dem Dach befinden, sollten Sie darauf achten, daß erste und zweite Aura-Hülle des Hauses im vollen Abstand zum Haus über das Dach verlaufen.

Feng-Shui-Maßnahme
Vervollständigen Sie den Dachausbau in der erforderlichen Wandstärke. Fragen Sie im Einzelfall mit dem Biotensor oder Pendel ab, welche Maßnahmen erforderlich sind. Wenn ein Ausbau nicht möglich ist, verwenden Sie zumindest ein oder mehrere orangefarbene Klangspiele mit günstigem Geistermaß der Klangröhren (s. S. 215). Bei Dachschrägen verwenden Sie zusätzlich ein rotblaues Yin-Yang-Symbol (s. S. 129).

Ein Schlafzimmer über nach außen offenem Raum

Befindet sich ein Schlafzimmer über nach außen offenem Raum, bzw. über einer Terrasse oder offenen Garage, so können uner-

wünschte Geister (u. a. lineare Fluggeister) an der Kante, die von Außenwand und Schlafzimmerdecke gebildet wird, relativ leicht in das Schlafzimmer eindringen. Am ungünstigsten ist es, wenn das Bett über dieser Kante steht. Die innere Geister-Aura des Hauses ist unterhalb des Bereichs, in dem das Haus in einer oberen Etage vorspringt, geschwächt. Der ungünstigste Teil des Schlafzimmers liegt über bzw. knapp vor der Hauswand des darunterliegenden Geschosses.

Ein Schlafzimmer über nach außen offenem Raum

Feng-Shui-Maßnahme

Wenn das Schlafzimmer in der beschriebenen Weise ungünstig plaziert ist, ist es in der Regel das beste, das Schlafzimmer in einen anderen Raum zu verlegen. Ist dies nicht möglich, sollte zumindest das Bett nicht über der Hauswand des darunterliegenden Geschosses stehen. Darüber hinaus wird es nötig sein, noch eine oder mehrere Feng-Shui-Maßnahmen zu ergreifen.

Ein Schlafzimmer über einer offenen Garage

Günstig ist es, den offenen Raum unter dem Schlafzimmer während der Dunkelheit zu beleuchten. Ferner ist es möglich, die Situation durch einen Konkavspiegel (Rasier- oder Kosmetikspiegel) zu verbessern, der vorn an der überstehenden Kante des überhängenden Geschosses angebracht wird. Es ist das beste, den Spiegel von außen an der Hauswand anzubringen. Ist dies nicht möglich, kann es ausreichend sein, den Spiegel von innen (Spiegelfläche nach außen) ca. 5 cm (ab Unterkante des Spiegels gemessen) über dem Fußboden anzubringen. Je nach Länge der Zimmerwand kann es erforderlich sein, auch mehr als einen Spiegel zu verwenden. Fragen Sie Zahl und beste Plazierung der Spiegel am besten mit Biotensor oder Pendel ab.

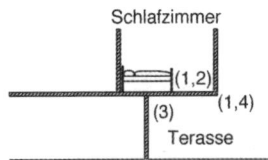

Wenn das Schlafzimmer über nach außen offenem Raum liegt, können die Feng-Shui-Hilfsmittel in der beschriebenen Weise wie folgt allein oder in Kombination plaziert werden: Konkavspiegel von außen oder innen (1), rote Tore innen (2), Beleuchtung außen (3), auf die Hauswand mit farblosem Klarlack gemalte Tore außen (4)

Günstig ist die Kombination mit roten Toren (s. S. 90), die Sie von innen an die Schlafzimmerwand direkt über der Fußbodenleiste aufmalen. Der Radius der Wirkung eines roten Tores beträgt 180 cm, so daß in der Regel für eine Wand zwei rote Tore ausreichend sind (wenn die Wand kürzer als 360 cm ist, reicht auch ein rotes Tor). Sie können die Konkavspiegel auch über die roten Tore hängen.

Darüber hinaus ist es möglich, allein oder in Kombination außen an der überstehenden Kante des überhängenden Geschosses Tore mit farblosem Klarlack direkt auf die Hauswand zu malen. Die Tore haben die gleichen Maße wie die roten Tore, auch der Radius der Wirkung ist gleich.

Befindet sich in der unteren Etage unter dem Vorsprung eine Tür, kann es hilfreich sein, einen roten Kranz von außen an die Tür zu hängen (s. S. 222 und S. 91).

Einflüsse im Schlafzimmer durch bauliche Formen und Einrichtungsgegenstände

Unregelmäßig geschnittene Schlafzimmer

Von unregelmäßig geschnittenen Schlafzimmern ist abzuraten. Wenn Sie trotzdem in einem unregelmäßig geschnittenem Schlafzimmer leben müssen, ergreifen sie die Maßnahmen, die ab S. 121 beschrieben sind. Verwenden Sie jedoch als Spiegel nur die dort beschriebenen Spiegelkugeln und **keine anderen Spiegel**. Plazieren Sie die Spiegelkugeln nicht direkt am Schlafplatz, und beachten sie Probleme mit Trans-Sha (s. S. 155).

Ein unregelmäßig geschnittenes Schlafzimmer. Für den Fall, daß Sie in diesem Beispiel Spiegelkugeln verwenden wollen, hängen Sie diese in der beschriebenen Weise an die Wand, die sich rechts neben der Tür befindet (und dem Bett gegenüber liegt)

Eine Tür zeigt aufs Bett

Wenn eine Tür auf das Bett zeigt, bewirkt die feinstoffliche und nicht-stoffliche Struktur der Türöffnung (auch bei geschlossener Tür), daß sich die Aura des Menschen nachts nur ungenügend regenerieren kann. Im ungünstigsten Fall kann dies sogar zu einer Schwächung der Aura-Struktur selbst führen. Für eine Person, die in einem so plazierten Bett schläft, kann dies eine unerklärbare Schwächung der gesundheitlichen Konstitution zur Folge haben. Wenn die Tür nachts geöffnet bleibt, ist der Effekt stärker als bei geschlossener Tür. Zeigt bei geöffneter Tür diese mit ihrer Kante zusätzlich auf den Schlafenden, wird der beschriebene Effekt nochmals verstärkt.

Feng-Shui-Maßnahme

Stellen Sie das Bett an einen anderen Platz. Wenn dies aus anderen Gründen nicht möglich sein sollte, achten Sie zumindest darauf, daß die Tür über Nacht geschlossen bleibt. Stellen Sie, wenn möglich, noch einen Paravent oder einen anderen geeigneten Einrichtungsgegenstand zwischen Tür und Bett.

Eine Tür zeigt aufs Bett

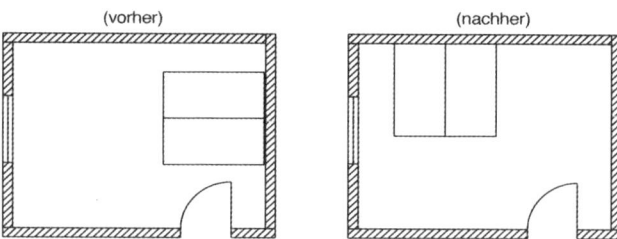

(vorher)   (nachher)

Die Tür zeigt nicht mehr aufs Bett. Es wurde verstellt

142

Ein Bett zwischen zwei
Schlafzimmertüren

Noch problematischer sind Betten, die zwischen zwei Türen liegen. Es zeigen in diesem Fall zwei Türen auf das Bett. Im ungünstigsten Fall gehen von beiden Nachbarräumen weitere Türen ab, so daß das Schlafzimmer sozusagen ein Durchgangszimmer ist. Gegenüberliegende Türen können zusätzlich irritierend auf Geistanteile des Menschen wirken. (Siehe auch weiter unten: „Zu viele Türen im Schlafzimmer")

Feng-Shui-Maßnahme

Wenn möglich, sollte das Bett ver-

Ein Bett zwischen zwei Türen

stellt werden. Da es zudem generell ungünstig ist, im Schlafzimmer zu viele Türen zu haben, sollte möglichst eine Tür z. B. mit einem Schrank zugestellt werden.

Zu viele Türen im Schlafzimmer

Ein Schlafzimmer mit zu vielen Türen ist ungünstig. Es ist schwierig, das Bett in einem solchen Zimmer so zu stellen, daß keine Tür auf das Bett zeigt. Außerdem entsteht in einem Zimmer mit vielen Türen nicht so leicht eine ruhige Atmosphäre, da die Zahl der möglichen, auch unsichtbaren, Störeinflüsse größer wird.

Keine Tür sollte direkt auf das Bett zeigen

Auch in einem Zimmer mit rechteckigem Grundriß bildet sich pro Innentür, die in den Raum führt, eine quaderförmige feinstoffliche und nicht-stoffliche Struktur, ein sogenannter Raumquader. Diese Raumquader überschneiden sich nicht, sondern grenzen aneinander. Voraussetzung dafür, daß sich für eine Innentür auch ein Quader bildet, ist, daß diese Tür in einen Raum führt, der ein Fenster mit einer bestimmten Mindestgröße hat. Abhängig von der Plazierung des Fensters im Nebenraum beträgt diese Mindestgröße 0,25 qm oder mehr. Liegt das Fenster gegenüber der Tür, haben wir den Effekt schon ab 0,25 qm, liegt es an einer seitlichen Wand, wirkt es erst bei größerer Fensterfläche.

Eine einzelne Balkon- oder Terassentür führt nicht zur Bildung eines zusätzlichen Raumquaders. Die Balkon- oder Terassentür zählt in diesem Fall als Fenster nach draußen.

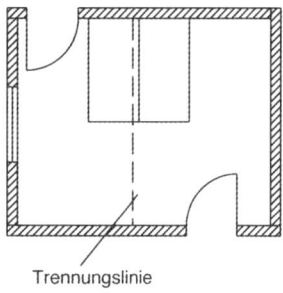

Trennungslinie

Trennung eines rechteckigen Schlafzimmers mit zwei Türen in zwei Teile

Wenn in einem Schlafzimmer mit zwei Türen und zwei Raumquadern das Doppelbett oder auch zwei Betten so plaziert sind, daß die beiden Schlafenden in unterschiedlichen Raumquadern liegen, kann dies zu einer Trennungsproblematik führen. Den genauen Verlauf der Quadergrenzen können Sie mit Biotensor, Pendel oder L-Rute bestimmen. Liegen die beiden Türen weit genug auseinander, werden sich in der Regel bei einem Raum mit rechteckigem Grundriß zwei in etwa gleich große Raumquader bilden. Liegen beide Türen näher beieinander, bildet sich ein kleinerer und ein größerer Quader.

Trennung eines rechteckigen Schlafzimmers mit zwei Türen in zwei Teile: wenn sich die Türen direkt gegenüberliegen, verläuft die Trennungslinie in der Mitte des Zimmers quer zur Türrichtung

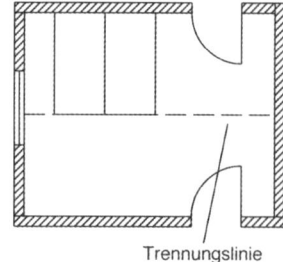

Trennungslinie

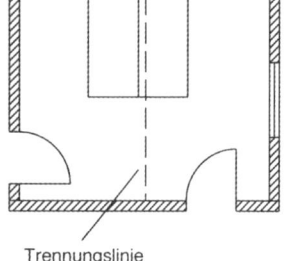

Trennungslinie

Trennung eines rechteckigen Schlafzimmers mit zwei Türen in zwei Teile: wenn die Türen im Winkel von 90 Grad zueinander stehen, verläuft die Trennungslinie so, daß sich zwei Rechtecke bilden, die der Form eines Quadrates am nächsten kommen

Trennung eines rechteckigen Schlafzimmers mit drei Türen in drei Teile: in der Regel verläuft die erste Trennungslinie zwischen den Türen an den gegenüberliegenden Wänden so, wie sie sich auch bei lediglich zwei Türen bilden würde. Die zweite Trennungslinie bildet sich in dem Teil des Raums, in dem sich zwei Türen befinden

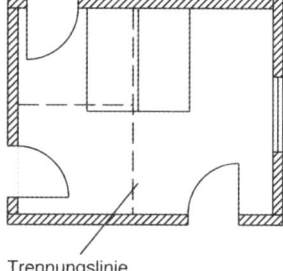

Trennungslinie

Feng-Shui-Maßnahme

Zimmer mit vielen Türen sind als Schlafzimmer ungeeignet. Oft läßt sich in einem solchen Zimmer trotz vielfacher Bemühungen wie Aufstellen von Paravents, Verstellen von Türen mit Schränken usw. keine befriedigende Lösung erreichen.

Ecken und Kanten von Möbelstücken, die aufs Bett zeigen

Achten Sie darauf, daß keine Ecken und Kanten von Möbelstükken auf das Bett zeigen. Es ist günstig, soweit möglich, Schlafzimmermöbel mit abgerundeten Ecken und Kanten zu haben. Senkrechte Kanten von Möbelstücken haben drei Richtungen, in die eine ungünstige Wirkung geht:

- Richtung 1: zwischen den beiden Verlängerungen der Seitenflächen des Möbelstücks
- Richtung 2: jeweils in Verlängerung der Seitenflächen des Möbelstücks

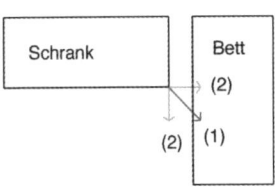

Die Wirkung der Richtung 1 ist in der Regel stärker als die Wirkung der Richtungen 2, insbesondere, wenn die Kante nicht abgerundet ist. Die Wirkung von Ecken, beispielsweise von frei hängenden Regalböden, ist noch stärker als die Wirkung von Kanten.

Wirkungsrichtungen einer Ecke, die aufs Bett zeigt

Feng-Shui-Maßnahme

Nehmen Sie Schlafzimmermöbel mit abgerundeten Ecken und Kanten. Achten Sie darauf, daß im Schlafzimmer keine Ecken und Kanten auf Ihr Bett zeigen. Es empfiehlt sich, die Richtung und Länge des Wirkungsbereichs der betreffenden Ecke oder Kante mit dem Biotensor oder Pendel zu bestimmen.

Deckenbalken über dem Bett

Neben der weiter oben beschriebenen Probleme durch unerwünschte Geister bei Deckenbalken im Zimmer treten weitere ernsthafte Probleme auf, wenn sich Deckenbalken direkt über dem Schläfer befinden.

Befindet sich ein Längsbalken in der Mitte eines Ehebettes, kann dies eine Trennungsproblematik verursachen oder verstärken. Wenn sich der Längsbalken direkt über einem Schlafenden befindet, kann es für diesen gesundheitliche Probleme durch Beeinträch-

Ein Längsbalken über dem Bett

Ein Querbalken über dem Bett

tigung der Aura-Funktion geben, ähnlich wie bei der Tür, die auf das Bett zeigt, beschrieben.

Querbalken über dem Schlafenden können gesundheitliche Problem speziell in dem Körperbereich verursachen, über dem der Querbalken verläuft.

Feng-Shui-Maßnahme

Wenn Sie im Schlafzimmer nur einen Deckenbalken haben, verstellen Sie das Bett. Haben Sie viele Deckenbalken im Schlafzimmer, ist es günstiger, die Zimmerdecke abzuhängen. Sie können selbstverständlich auch die Zimmerdecke abhängen, wenn Sie nur einen einzelnen Deckenbalken im Schlafzimmer haben. Grundsätzlich ist es besser, die ganze Zimmerdecke abzuhängen, als lediglich den Teil über dem Bett.

Feng-Shui-Maßnahme bei Deckenbalken über dem Bett

Ein Regal über einem Bett

Regale über dem Bett

Es ist ungünstig, insbesondere über dem Kopfende des Bettes ein Regal zu haben. Die Kante des Regals kann die Aura des Menschen beeinträchtigen. Je niedriger sich das Regal über dem Kopfende befindet, desto ungünstiger ist die Situation.

Feng-Shui-Maßnahme

Wenn möglich, entfernen Sie hier das Regal über dem Bett, insbesondere über dem Kopfende. Verstellen

Sie ansonsten das Bett so, daß weder eine Regalecke noch eine Regalkante auf Ihr Bett zeigt.

Offene Regale hinter oder neben dem Bett

Auch offene Regale können Ihre Aura beeinträchtigen. Dies trifft besonders dann zu, wenn die Regalböden scharfe Kanten aufweisen. Abgerundete Regalböden vermindern zumindest diese Wirkung. Offene Regale hinter oder neben dem Bett sind außerdem wegen ihrer Wirkung auf unerwünschte Geister zu meiden.

Feng-Shui-Maßnahme
Wenn möglich, entfernen Sie das Regal. Wenn das nicht möglich ist, füllen Sie das Regal so, daß die Wirkung der scharfen Kanten abgemildert wird. Eine gute Lösung ist es, das Regal mit Stoff zu verhängen. Sie können natürlich auch Türen am Regal anbringen.

Betten mit Überbau und Wandklappbetten

Bei Betten mit Überbau und Wandklappbetten ist das Kopfende nach oben und zur Seite umbaut. Bei den einfacheren Betten mit Überbau sind die Kanten meist nicht abgerundet. Es gibt für Betten mit Überbau ein günstiges Maß für das über dem Bett befindliche Regal bzw. den Schrankteil über dem Bett. Günstig ist ein Abstand von 1,50 m bis 1,59 m zum Fußboden.

Bei Wandklappbetten ist der Abstand zwischen Fußboden und oberer Möbelkante höher als bei einem Bett mit Überbau.

Hinweis
Achten Sie beim Kauf eines Bettes mit Überbau darauf, daß der Abstand zwischen Fußboden und Überbau das richtige Maß hat.

Ein Bett zwischen zwei Schränken

Wenn ein Bett zwischen zwei Schränken steht, ist die Wirkung ungünstiger, als wenn Sie in einem Wandklappbett schlafen. Beim Wandklappbett sind die Schrankteile zur Seite durch einen Überbau verbunden. Dadurch wird die Wirkung der Kanten zu beiden Seiten des Bettes wesentlich geringer, als wenn dieser gemeinsame Überbau fehlt wie bei zwei einzelnen Schränken. In der Regel ist es schlechter, zu beiden Seiten des Bettes einen einzelnen Schrank zu haben als lediglich zu einer Seite.

Feng-Shui-Maßnahme
Prüfen Sie, ob Sie die Schlafzimmermöbel anders aufstellen können.

Offene Regale hinter oder neben dem Bett beeinträchtigen Ihre Aura und sind wegen ihrer Wirkung auf unerwünschte Geister zu meiden

Wenn ein Bett zwischen zwei Schränken steht, ist die Wirkung ungünstiger, als wenn Sie in einem Wandklappbett schlafen

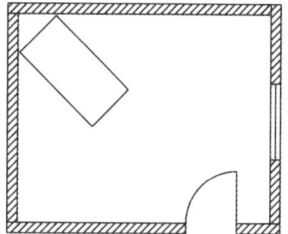

Ein Bett steht schräg in der Ecke eines Zimmers

Ein Bett steht schräg in der Ecke eines Zimmers

Das Bett sollte nicht schräg in der Ecke eines Zimmers stehen. Wenn ein Bett so in eine Ecke gestellt wird, daß zwei Bettkanten die Wände, die die Ecke bilden, berühren, bildet sich ein Dreieck. Wenn das Dreieck nicht gleichschenklig ist, bildet sich in der Mitte des Dreiecks eine feinstoffliche bzw. nicht-stoffliche schwarze Säule. Hierdurch werden Strukturgeister angelockt. Wenn das Dreieck gleichschenklig ist, bildet sich ein feinstofflicher und nicht-stofflicher Streifen, der von der Ecke über das Bett zieht. Dieser Streifen zieht arealgebundene Naturgeister an. Es ist im allgemeinen unproblematisch, wenn das Bett parallel zu einer Wand steht. Es kann dabei durchaus die ganze Ecke ausfüllen.

Feng-Shui-Maßnahme
Stellen Sie das Bett mit einer Seite an die Wand. Wenn Sie das Bett nicht verrücken können, füllen Sie die Ecke aus. Achten Sie dabei darauf, daß keine scharfen Kanten auf den Schlafenden zeigen.

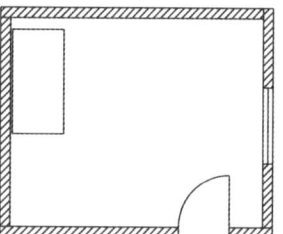

Das Bett wird mit einer oder beiden Seiten an die Wand gestellt

Ein Bett unter einem Fenster

Wenn das Bett mit dem Kopfende direkt unter dem Fenster steht und der Kopf zum Fenster zeigt, kann es sein, daß vorüberziehende Geister neugierig werden und zum Fenster kommen. Dies kann den Schlafenden irritieren.

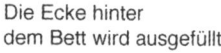

Die Ecke hinter dem Bett wird ausgefüllt

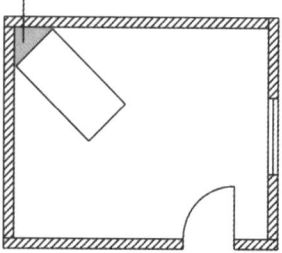

Der Raum hinter dem Bett wird so ausgefüllt, daß der Abschluß am Kopfende möglichst gerade ist

Feng-Shui-Maßnahme
Stellen Sie das Bett weiter in den Raum hinein. Sollte dies nicht möglich sein, verändern Sie Ihre Schlafposition im Bett: schlafen Sie zumindest künftig mit den Füßen zum Fenster

Ein Bett mitten im Raum

Im Regelfall ist es günstig, das Bett mit einer Seite an einer Zimmerwand stehen zu haben. Steht die schmale Seite des Bettes an der Wand, ist es günstig, dort das Kopfende zu haben. Steht das Bett mitten im Raum, kann dies bei einigen Personen dazu führen, daß die Aura im Kopfbereich geschwächt wird (auf der 2. Ebene). Wenn es im Schlafzimmer Probleme mit arealgebundenen Geistern gibt, kann dies dazu führen, daß diese Geister um das Bett herumlaufen und die nächtliche Ruhe beeinträchtigen.

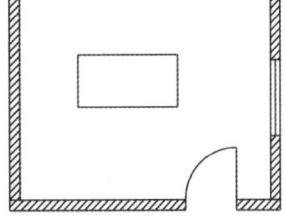

Ein Bett mitten im Raum

Feng-Shui-Maßnahme
Wenn Sie Probleme haben, stellen Sie das Bett zumindest mit einer Seite an die Wand.

Hochbetten

Befindet sich leerer Raum unter einem Bett, wie z. B. beim Hochbett, bildet sich eine feinstoffliche kugelige Struktur unter dem Bett. Ab einer Höhe von 1,30 m ist dies für den Schlafenden relevant. Seine Aura wird trichterförmig nach unten gezogen. Betroffen sind sein 2. und 3. Chakra und die dazugehörigen Hüllensysteme (hauptsächlich auf der 3. und 4. Ebene). Der Schlafende fühlt sich am nächsten Morgen unausgeruht und etwas nervös. Außerdem ermöglichen Hochbetten arealgebundenen Geistern eine Begehung des Raumes unter dem Bett. Dies gilt nicht, wenn bei einem Doppelstockbett das untere Bett ebenfalls zum Schlafen benutzt wird.

Ab einer Höhe von 1,30 m ist leerer Raum unter einem Hochbett ein „Störfaktor"

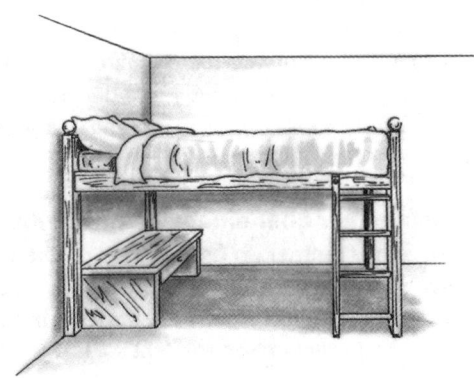

Leerer Raum unter einem Hochbett ist ungünstig. In diesem Fall wird der Raum unter dem Hochbett zumindest teilweise durch einen Schreibtisch ausgefüllt

Feng-Shui-Maßnahme
Achten Sie darauf, daß unter einem Hochbett kein leerer Raum entsteht. Füllen Sie den Raum unter dem Hochbett so, daß kein Raum über 1,30 m freibleibt. Es ist nicht günstig, den leeren Raum lediglich mit einem Vorhang zu verkleiden.

Risse in der Wand des Schlafzimmers

Risse in der Wand erleichtern das Eindringen schlechter Gedanken und Wünsche anderer Menschen

Risse in der Wand erleichtern das Eindringen schlechter Gedanken und Wünsche anderer Menschen. Risse in der Wand des Schlafzimmers wirken außerdem anziehend auf arealgebundene Naturgeister.

Feng-Shui-Maßnahme
Reparieren Sie die Wand, oder stellen Sie zumindest etwas davor.

Ein Bett unter der Treppe

Befindet sich das Kopfende des Bettes unter der Schräge einer Treppe, so kann das die Koordination einiger Geistanteile über Nacht stören. Das bedeutet, daß man morgens möglicherweise unkonzentrierter aufwacht und sich schwerer auf die Aktivitäten des Tages einstellen kann. Sind Betten z. B. in einer Schräge unter einer Treppe, so ist dies ebenfalls anziehend für arealgebundene Naturgeister.

oben

unten

Schwarz-weißes Yin-Yang-Symbol

Feng-Shui-Maßnahme
Wenn Sie das Bett nicht verstellen können, wählen Sie Ihre Schlafposition zumindest so, daß die Füße in Richtung Treppenschräge zeigen. Wenn Sie unter der Deckenschräge unter einer Treppe schlafen, ist es gut, ein *schwarz-weißes Yin-Yang-Symbol* mit einem Durchmesser von 10 cm in die Mitte der Schräge zu malen (es hat keinen Effekt, ein Bild eines Yin-Yang-Symbols einfach nur aufzuhängen bzw. anzukleben):*

Ein Schlafzimmer über einem Öltank im Keller

Befindet sich ein Schlafzimmer im Erdgeschoß direkt über einem Öltank im Keller, so können sich ungünstige feinstoffliche Energien, die vom Chemieprodukt Heizöl ausgehen, ungünstig auf unsere Aura-Struktur auswirken. Es entsteht sozusagen eine „fein-

---

* Bitte beachten Sie, daß die hier dargestellte Form des Yin-Yang-Symbols für eine spezielle Anwendung bei Problemen mit Geistern empfohlen wird. Diese Form ist spiegelbildlich zur sonst am häufigsten verwendeten Form des Yin-Yang-Symbols.

stoffliche Giftwirkung". Im Prinzip kann dieser Effekt auch dann auftreten, wenn größere Mengen anderer „Giftstoffe" in Schlafplatznähe gelagert werden.

Wenn sich das Schlafzimmer im Erdgeschoß direkt über einem solchen Öltank befindet, sollte man auf jeden Fall vermeiden, größere absorptionsfähige Oberflächen, z. B. in Form einer Textiltapete zu schaffen, da die feinstoffliche Giftwirkung im Schlafzimmer konserviert wird und der günstige Effekt des Lüftens gemindert wird.

Es entsteht eine „feinstoffliche Giftwirkung"

Feng-Shui-Maßnahme
Verlegen Sie das Schlafzimmer. Wenn das nicht möglich ist, stellen Sie zumindest das Bett nicht direkt über den Öltank. Vermeiden Sie Textiltapeten im Schlafzimmer. Teppichböden sind unabhängig von deren Material in dieser Hinsicht eher neutral.

Schlafzimmer verlegen oder Bett umstellen

Wohnzimmer

Für die Auswahl und Plazierung von Möbeln im Wohnzimmer gibt es einige grundsätzliche Feng-Shui-Regeln. Darüber hinaus ist die spezielle Gestaltung des Wohnzimmers zum großen Teil dem individuellen Geschmack bzw. den individuellen Vorlieben vorbehalten. In einem Haus, das z. B. in erster Linie mit Stilmöbeln ausgestattet ist, wird man das Wohnzimmer in der Regel auch mit Stilmöbeln ausstatten wollen. Für den einen oder anderen dagegen mag gerade die Kombination unterschiedlicher Stilrichtungen in einer Wohnung oder sogar einem Zimmer ein besonderer Reiz sein. Aus Feng-Shui-Sicht ist es wichtig, daß sich insgesamt ein harmonischer Gesamteindruck ergibt.

Aus Feng-Shui-Sicht ist es wichtig, daß sich ein harmonischer Gesamteindruck ergibt

Achten Sie speziell darauf, daß derzeit bei modernen Designermöbeln sehr viel Metall verwendet wird, das zu Problemen mit Trans-Sha (s. S. 155) führen kann. Auch Mobiliar mit vielen scharfen Ecken und Kanten, die auf die Personen im Raum zeigen, ist problematisch. Spitzen oder Stacheln von Pflanzen, die in den Raum zeigen, haben in der Regel lediglich eine geringe Reichweite der Wirkung und sollten in dieser Hinsicht nicht überbewertet werden.

Designermöbel haben oft ungünstige Formen und bestehen aus ungünstigen Materialien

Insbesondere die Plätze, die zum regelmäßigen Aufenthalt einladen sollen, sollten auch nach Feng-Shui-Kriterien gute Plätze sein. Erst dann ist gewährleistet, daß man sich beispielsweise nach getaner Arbeit im Wohnzimmer gut erholen kann und auch während der Freizeit auf kreative Ideen kommt. In diesem Zusammenhang ist selbstverständlich ein Deckenbalken direkt über dem „Lieblingssitzplatz" zu meiden. Falls erforderlich, kann das Wohn-

Insbesondere die Plätze, die zum regelmäßigen Aufenthalt einladen sollen, sollten auch nach Feng-Shui-Kriterien gute Plätze sein

zimmer nach Wu-Xing-Kriterien auf die einzelne Person abgestimmt werden (s. S. 80).

Ein L-förmiges Wohnzimmer kann durch geeignete Möbelplazierung oder auch geeignete Spiegelplazierung in zwei Teile mit rechteckigem Grundriß geteilt werden oder durch geeignete Spiegelplazierung funktionell zum Rechteck ergänzt werden (s. S. 118). Auch versetzte Ebenen im Wohnzimmer können wie bereits erwähnt Probleme bereiten (s. S. 121).

Eßzimmer

Bei der Gestaltung des Eßzimmers ist darauf zu achten, daß sich über dem Eßzimmer und speziell über dem Eßtisch keine Toilette befindet (s. S. 123). Wenn eine Person während der Mahlzeit eine feste Wand im Rücken und die Tür zum Eßzimmer in Blickrichtung hat, hat sie dadurch nach Feng-Shui-Kriterien die stärkste Position am Tisch. Dies kann bei der Planung der Sitzordnung Berücksichtigung finden.

Arbeitszimmer

Eine Wand im Rücken stärkt Konzentration und Wohlbefinden

Insbesondere beim Arbeitszimmer kann eine feste Wand im Rücken mit Blickrichtung auf die Zimmertür die Konzentration und die Ausdauer bei der Arbeit fördern. Bei L-förmigen Häusern ist die Plazierung des Arbeitszimmers im Haus von Bedeutung (s. S. 51). Bei Computerarbeitsplätzen kann es von Vorteil sein, den Computerbildschirm so zu plazieren, daß der Bildschirm mit der Rückseite an einer festen Wand steht, auch wenn das bedeutet, selbst mit dem Rücken zur Zimmermitte zu sitzen. Es sollte dann jedoch darauf geachtet werden, daß die Tür zum Arbeitszimmer nicht direkt auf den Arbeitsplatz führt.

Wintergärten

Wintergärten schwächen die äußere Aura-Struktur des Hauses in diesem Teil

Wintergärten, die einen großen Teil einer festen Hauswand ersetzen, schwächen die äußere Aura-Struktur des Hauses in diesem Teil. Es ist dann sinnvoll, ein violettes Klangspiel (s. S. 215) zur Stärkung der äußeren Aura-Struktur in diesem Teil des Hauses einzusetzen.

Große Wintergärten, die an das Haus angebaut sind, so daß sich eine L-förmige Hausform ergibt, sind für das Gesamthaus eher ungünstig zu beurteilen. Ein solches Haus sollte, falls möglich, durch entsprechende Maßnahmen im Garten zum Rechteck ergänzt werden (s. S. 52).

Kapitel 12

Geomagnetische Strukturen

Energien mit ihren Trägern benutzen u. a. feinstoffliche und nicht-stoffliche Strukturen, die nach den Himmelsrichtungen ausgerichtet sind. Wir haben diese Strukturen in diesem Buch als geomagnetische Strukturen bezeichnet, obwohl sich die Himmelsrichtungen nicht genau auf den magnetischen Nordpol der Erde beziehen, sondern auf die *Feng-Shui-Nordrichtung,* die 2,6 Grad nach Westen von der geographischen Nordrichtung abweicht. Die Feng-Shui-Nordrichtung selbst ist eine Richtung in der 4. Dimension, die für alle Breitengrade konstant ist. In den Graphiken mit den Kubensystemen ist nicht extra vermerkt, daß sich das „N" auf die Feng-Shui-Nordrichtung bezieht. Es ist auch möglich, diese Strukturen allgemein als richtungsabhängige Strukturen zu bezeichnen.

Diese feinstofflichen Strukturen haben in der Regel klar bestimmbare geometrische Formen. Sie sind dem menschlichen Auge normalerweise verborgen, jedoch gut mittels L-Rute, Biotensor oder Pendel zu finden.

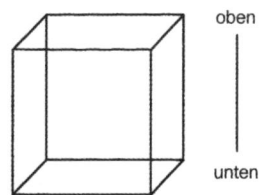

Kubus (Würfel) einzeln

Geomagnetische Kubensysteme

Die wichtigsten geomagnetischen Strukturen haben die Form aneinandergereihter Würfel (Kuben) und werden deshalb auch Kubensysteme genannt. Die einzelnen Kuben sind dabei sowohl seitlich als auch nach oben und unten aneinandergereiht. Diese Kubensysteme sind auf der ganzen Erde zu finden, sowohl über der Erde in die Höhe reichend als auch in die Erde hineinreichend. Wir finden sie in der freien Natur wie auch innerhalb von Häusern. Die Kubensysteme werden oft nach der mittleren Seitenlänge bzw. Höhe des einzelnen Würfels (Kubus) benannt. Die Seitenwände sind Nord-Süd- und Ost-West-ausgerichtet und zeigen dabei senkrecht nach oben. Die Dicke der Seitenwände des Würfels ist bei den einzelnen Kubensystemen unterschiedlich.

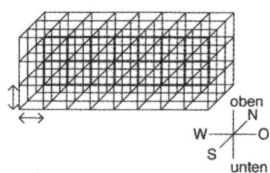

Ein Kubensystem besteht aus etwa gleich großen Einzelkuben. Die obere und untere Begrenzung der Kuben erfolgt horizontal. Die Kubensysteme werden häufig nach der mittleren Seitenlänge oder Höhe des einzelnen Kubus(Würfel) benannt (s. Pfeil)

Negative Energien (Sha) in den Seitenwänden von Kubensystemen schaden Ihrer Gesundheit

Haben Sie die letzte Nacht gut geschlafen? Sind Sie nachts aufgewacht, obwohl Sie keinen Wecker gestellt haben? Fühlen Sie sich morgens müde und abgeschlagen, obwohl Sie acht Stunden

153

geschlafen haben? Schlafen Sie im Urlaub oder bei Freunden besser als zu Hause?

Wenn Sie Probleme mit Ihrem Nachtschlaf oder chronische Gesundheitsprobleme haben, können Sie bereits, ohne es zu wissen, persönliche Erfahrungen mit für den Menschen schädlichen Energien in den Seitenwänden bestimmter Kubensystemen gemacht haben.

In diesen Seitenwänden werden für den Menschen negative Energien geleitet. Diese negativen Energien werden auch als *Sha* bezeichnet. Man kann sich leicht vorstellen, daß man während eines Tages häufiger die Seitenwände dieses Kubensystems durchschreitet bzw. sich „darin" kürzere oder längere Zeit aufhält. Glücklicherweise kann der Mensch von dem Sha, das sich in diesen Seitenwänden befindet, eine ganze Menge vertragen, sofern er die Möglichkeit hat, dieses Sha nachts auf einem unbelasteten Schlafplatz wieder abzubauen. Erst wenn man sich auch noch nachts diesem Sha aussetzt, weil man in einer solchen Kubenwand schläft, können Störungen des Befindens oder sogar gravierende Krankheiten auftreten. Die für unsere Gesundheit wichtigen Kubensysteme und die mit ihnen verbundenen Erkrankungen stellen wir in diesem Band in Kurzform vor. Eine ausführliche Darstellung finden Sie im ersten Band dieser Feng-Shui-Reihe: „Das große Feng-Shui Gesundheitsbuch".

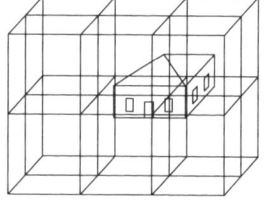

Ein Haus im Kubensystem: Die Kubenwände finden wir auch im Inneren eines Hauses

Geo-Sha
Eine Form dieser negativen Energien bezeichnen wir als Geo-Sha. Geo-Sha ist die Abkürzung für geomagnetisches Sha. Wir finden es hauptsächlich in den Seitenwänden des 10-m- und 250-m-Kubensystems, auch kurz 10-m- und 250-m-System genannt.

Das 10-m-System
Das 10-m-System (nach seinem Entdecker auch Benker-Kubensystem oder Benker-System genannt) ist eine auf der ganzen Erde vorkommende geomagnetische Struktur. Es wird auch aufgrund seiner mittleren Seitenlänge und Höhe des Würfels (Kubus) von je 10 Metern 10-m-System genannt. Die Seitenwände des Würfels haben eine Dicke von 10 bis 60 cm. In seinen Seitenwänden wird für den Menschen schädliches Geo-Sha von oben nach unten geleitet.

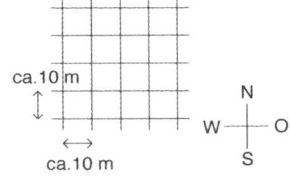

Das 10-m-System (Aufsicht)

Bestimmung des Verlaufs des 10-m-Systems im Haus
Wir haben Ihnen bereits gezeigt, wie Sie die zweite und erste Aura-Hülle des Hauses mit Biotensor, Pendel oder L-Rute finden kön-

154

nen. Prinzipiell können Sie analog auch geomagnetische Strukturen im Haus oder auf dem Grundstück suchen. Das genaue Vorgehen und die Möglichkeit, auch die Stärke von Energien in den geomagnetischen Strukturen zu bestimmen, haben wir im „Großen Feng-Shui Gesundheitsbuch" beschrieben.

Das 250-m-System

Auch in den Seitenwänden des 250-m-Systems wird Geo-Sha von oben nach unten geleitet. Das 250-m-System wurde zuerst von Wilhelm Gerstung beschrieben, es hat in mitteleuropäischen Breiten eine mittlere Seitenlänge bzw. eine mittlere Höhe von ca. 250 m. Die Dicke der Seitenwände beträgt 50–90 cm.

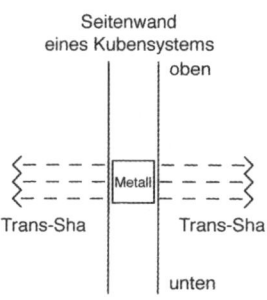

Metall bringt Trans-Sha in unsere Dimension

Trans-Sha, das durch Metalle aktiviert wird

Trans-Sha ist eine andere negative Energie, die uns insbesondere dann Probleme bereitet, wenn Metalle in den Seitenwänden des 10-m- und 250-m-Systems plaziert sind. Diese Metalle aktivieren dann Trans-Sha durch Schnittstellen aus einer höheren Dimension in die 3. Dimension.

Dabei lenkt die Form des Metalls Trans-Sha in eine bestimmte Richtung, z. B. durch Spitzen oder hervorragende Teile. Bei längeren Distanzen nimmt Trans-Sha einen bogenförmigen Verlauf nach unten. Wenn Trans-Sha auf weitere Metallteile trifft, kann ein Ping-Pong-Effekt entstehen, d. h. diese Metalle aktivieren zusätzlich Trans-Sha.

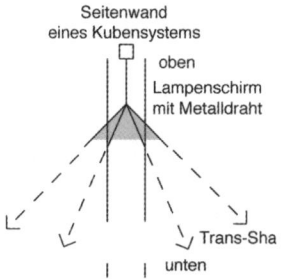

Abhängig von der Form des Metalls kann Trans-Sha in der 3. Dimension auch in die Richtung gelenkt werden, in die die Spitze bzw. hervorragende Teile eines Metallgegenstandes zeigen

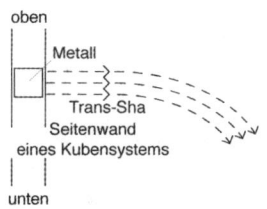

Bei längeren Distanzen ist ein bogenförmiger Verlauf nach unten anzutreffen

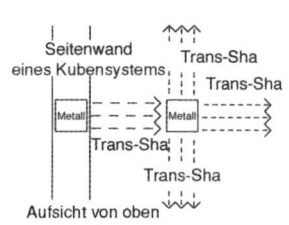

„Ping-Pong-Effekt"

Typische Erkrankungen durch Geo-Sha und Trans-Sha

Wenn wir unsere Gesundheit schützen wollen, ist es besonders wichtig, uns insbesondere während des Schlafs vor Geo-Sha und Trans-Sha zu schützen. Die Einwirkung dieser Energien während unseres Schlafs kann vielfältigste Erkrankungen und Befindlichkeitsstörungen auslösen.

Befindlichkeitsstörungen

Viele Menschen erfahren die Wirkung dieser Energien in Form von Einschlaf- und Durchschlafstörungen, morgendlicher Abgeschlagenheit oder Erwachen mit Kopf- und Gliederschmerzen. Regelmäßiges Erwachen zwischen 2 und 5 Uhr morgens kann ebenfalls Ausdruck eines gestörten Schlafplatzes sein.

Chronische Erkrankungen

In Abhängigkeit von der Widerstandskraft des Körpers können sich nach längerer Einwirkung dieser Energien, insbesondere auf dem Schlafplatz, über Monate und Jahre neben Störungen des Befindens auch chronische Krankheiten entwickeln. Hierzu gehören beispielsweise chronisch wiederkehrende Infekte der oberen Luftwege und rheumatische Erkrankungen. Viele chronische Erkrankungen können in ihrem Entstehen gefördert bzw. in ihrem Erscheinungsbild verstärkt werden.

Insbesondere trifft dies zu auf: Bluthochdruck, Diabetes mellitus, Schilddrüsenerkrankungen, chronische Frauenleiden, Allergien, Asthma bronchiale, Neurodermitis (insbesondere bei Kindern) und chronische Hauterkrankungen. Man findet Verstärkung von Venenleiden bis hin zur Thrombose.

Spezielle Wirkungen bei Kindern

Bei Kindern finden sich u. a. unbegründetes Schreien bei Babys, Bettnässen, Lernschwierigkeiten und Konzentrationsstörungen.

Krebserkrankungen und Herzinfarkt

Besonders erwähnenswert ist , daß mehr als 80 Prozent der an **Krebs** Erkrankten durch Geo-Sha oder Trans-Sha aus den Seitenwänden des **10-m-Systems** betroffen sind. Auffallend häufig werden bei Personen, die in der Seitenwand des 10-m-Systems schlafen, auch **Herzinfarkte** beobachtet.

Wichtig ist zu berücksichtigen, daß für die Schwere der Erkrankung und für den Zeitraum, in dem die Person auf dem Schlafplatz den Energien ausgesetzt ist, bis die Erkrankung ausbricht, die Konstitution des Patienten maßgeblich ist. Es spielen hier insbesondere genetische Faktoren, Ernährung, emotionale Einflüsse, wesentlich auch Umweltbelastungen und andere Einflüsse aus der Lebensführung der Person eine Rolle.

In Band 1 der Feng-Shui-Reihe „Das große Feng-Shui Gesundheitsbuch" haben wir ausführlich beschrieben, wie man mit Biotensor oder Pendel eine Stärkebestimmung von Geo-Sha und Trans-Sha u. a. in der Seitenwand eines Kubensystems vornehmen kann. Eine kleine Dosis dieser Energien kann der Mensch vertragen, wenn jedoch ein sogenannter individueller Grenzwert überschritten wird, kommt es zu Problemen.

Meiden Sie Metall im Schlafzimmer

Insbesondere, wenn sie nicht wissen, wo die Seitenwände des 10-m- oder 250-m-Systems (oder anderer später noch genannter Systeme) im Schlafzimmer verlaufen, ist es besser, auf Metall im Schlafzimmer möglichst vollständig zu verzichten. Damit vermeiden Sie Probleme mit Trans-Sha durch Metalle in diesen Seitenwänden von vornherein.

Besonders Spiegel sind im Schlafzimmer extrem ungünstig. Auch Elektrogeräte sind Störfaktoren

Zu den **Einrichtungsgegenständen**, die Sie im Schlafzimmer meiden sollten, gehören insbesondere Spiegel (Spiegelschränke), Metallbetten (wenn das Metall über den Lattenrost hinausragt), Deckenlampen, Lichtleisten, Deckenstrahler, Halogenlichtanlagen an Drähten oder Metallschienen, Nachttischlampen aus Metall (bzw. mit Metallfuß oder Schirm mit Drahtgeflecht), Stehlampen, Beleuchtungen von Schlafzimmerschränken, Radiowecker, Telefone oder Handys neben dem Bett, Fernsehgeräte, Videorecorder, Stereoanlagen, Garderobenständer (auch fahrbare) aus Metall, Herrendiener aus Metall, Metallstühle, Metallregale, Schränke aus Ganzmetall und andere Designermöbel aus Metall und Kühlschränke.

Ein Spiegel hinter dem Bett

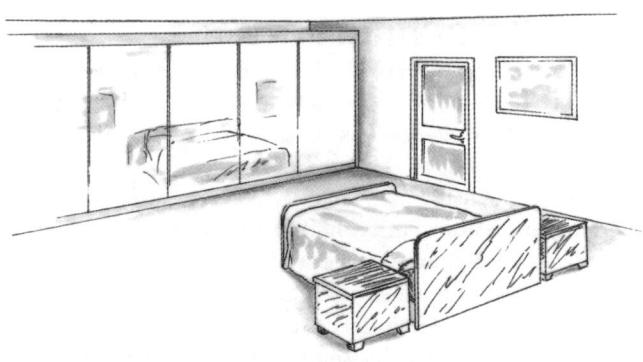

Ein Spiegelschrank vor dem Bett

Festeingebaute oder festangebrachte Metallgegenstände sind auch häufig ein Problem, das bereits bei der Konstruktion des Hauses so weit wie möglich, insbesondere in Schlafzimmernähe, vermieden werden sollte. Dazu gehören Metallfenster, metallverstärkte Kunststoffenster, Metallfensterbänke, Tür- und Fenstergriffe aus Metall, Metallrolläden, Metalljalousetten, Gardinenstangen aus Metall, Tresore, Deckenventilatoren, Sonnenbänke, Thermostate von Heizkörpern sowie sonstige Metallteile, die aus der Wand in das Zimmer hineinragen. Auch Dachrinnen aus Metall, Balkongitter, Kellerroste und sonstige außen am Haus angebrachte Metallteile mit großer Masse, wie beispielsweise **Satellitenschüsseln** und Dachantennen sowie Außenverkleidungen aus Aluminium oder anderem Metall können gegebenenfalls Trans-Sha ins Innere des Hauses bringen. Auch aus der Wand herausragende Nägel bringen häufig Trans-Sha ins Zimmer und damit auf den Schlafplatz.

Vermeiden Sie schon beim Bau Metallteile in Schlafzimmernähe

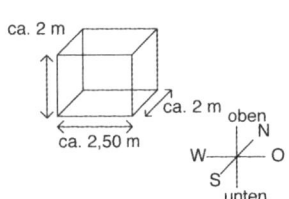

Der Hartmann-Kubus

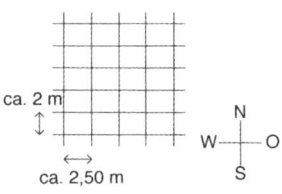

Das Hartmann-System (Aufsicht). Da das Hartmann-System von oben betrachtet wie ein Gitter aussieht, wird es auch als Hartmann-Gitter bezeichnet

Unterirdische Wasserführungen

Das verwirbelnde Wasser einer unterirdischen Wasserführung aktiviert ebenfalls unsichtbare feinstoffliche Schnittstellen für Trans-Sha. Das hierdurch aktivierte Trans-Sha ist in seiner Wirkung auf den Menschen jedoch schwächer als das Trans-Sha, das durch Metalle in den Seitenwänden des 10-m- und 250-m-Systems aktiviert wird. Es steigt über einer Wasserführung senkrecht auf. Wenn wir also auf dem Erdboden oder dem Fußboden eines Zimmers stehen, so kommt Trans-Sha aus dem Erdboden bzw. von unten. Deshalb wird diese Energie gelegentlich auch als Erdstrahlung oder Erdstrahlen bezeichnet.

Das Hartmann-System

Hartmann-System ist die Kurzform für Hartmann-Kubensystem. Es wurde zuerst von dem deutschen Arzt Dr. E. Hartmann beschrieben. Betrachtet man das Hartmann-System nur in der Fläche, d. h. die Stellen, an denen es durch die Erdoberfläche oder die Zimmerdecke tritt, erscheint eine Gitterstruktur. Deshalb wird das Hartmann-System auch häufig Hartmann-Gitter genannt. Der Abstand der Seitenwände des Hartmann-Systems in Nord-Süd-Richtung beträgt ca. 2 m, in Ost-West-Richtung ca. 2,50 m. Die Höhe des einzelnen Würfels (Kubus) beträgt ca. 2 m. Die Seitenwände des Hartmann-Systems haben eine durchschnittliche Breite von 6–18 cm. Das Hartmann-System paßt sich in seinem Verlauf dem 10-m-System an. In der Seitenwand des Hartmann-Systems wird Trans-Sha von unten nach oben geleitet, wenn sich die Seitenwand in der Nähe einer unterirdischen Wassserführung befindet. Das Trans-Sha in der Seitenwand des Hartmann-Systems ist dann ähnlich stark wie über der Wasserführung selbst.

Typische Erkrankungen über unterirdischen Wasserführungen und in den Seitenwänden des Hartmann-Systems

Über unterirdischen Wasserführungen und in den Seitenwänden des Hartmann-Systems werden mit Ausnahme schwerwiegender internistischer Erkrankungen wie Krebs und Herzinfarkt alle oben beschriebenen Erkrankungen und Befindlichkeitsstörungen gefunden. Der Zeitraum, der erforderlich ist, um die betreffenden Erkrankungen bzw. Störungen hervorzubringen, ist größer als beim 10-m-System. Dies ergibt sich u. a. aus der geringeren Stärke der hier gefundenen Energien.

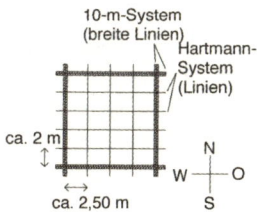

Das 10-m-System bestimmt den Verlauf des Hartmann-Systems (Aufsicht). In der Seitenwand des 10-m-Systems verläuft auch jeweils eine Seitenwand des Hartmann-Systems

Unsichtbare Strukturen schützen vor Geo-Sha und Trans-Sha

Wir wollen Ihnen in diesem Buch zwei grundsätzliche Möglichkeiten vorstellen, wie Sie sich vor den bereits bekannten aber auch weiteren, noch nicht beschriebenen negativen Einflüssen schützen und positive Energien stärken können.

Die erste und beste Möglichkeit besteht darin, störende feinstoffliche und nicht-stoffliche Strukturen der 3. Dimension in einem ganzen Haus praktisch komplett „aufzulösen" und die innere und äußere Aura-Struktur des Hauses zu stärken. (Die Aura-Struktur des Hauses ist in Kapitel 3 beschrieben). Sie sind dann vor Geo-Sha, Trans-Sha durch Metalle, Trans-Sha und Per-Sha wirksam geschützt, die positiven Energien im Haus werden vermehrt. Außerdem haben Sie eine gute Wirkung auf eine große Zahl anderer Feng-Shui-Probleme im Haus. Um dies zu erreichen, können Sie die *Feng Shui Power Disc 99* benutzen, die wir Ihnen in diesem Kapitel vorstellen werden.

Eine weitere Möglichkeit besteht darin, lediglich in einem begrenzten Umfeld negative Energien zu verringern, ohne gleichzeitig die positiven Energien wesentlich zu vermehren. Auch störende feinstoffliche und nicht-stoffliche Strukturen der 3. Dimension im Haus werden dabei nicht aufgelöst. In diesem Zusammenhang stellen wir Ihnen *XPS-Platten, Zellglasplatten geeigneter Qualität und Korkplatten geeigneter Qualität* vor.

Zwei grundsätzliche Möglichkeiten, sich vor negativen Einflüssen zu schützen

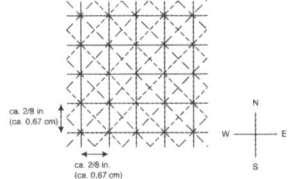

N
W ━━ E
S

Mini-Kubensysteme

Um verstehen zu können, wie es möglich ist, störende feinstoffliche und nicht-stoffliche Strukturen der 3. Dimension im Haus aufzulösen, möchten wir Ihnen kurz Mini-Kubensysteme vorstellen, die sowohl im Haus als auch in der freien Natur überall vorkommen.

Die 0,95-cm-Diagonalsysteme A und B (jeweils unterschiedlich gestrichelt) und das 0,67-cm-System (durchgezogene Linien)

Das 0,67-cm-System

Das 0,67-cm-System ist das grundlegende Kubensystem, nach dem sich die anderen, größeren Kubensysteme im Prinzip ausrichten. Es ist in der freien Natur Nord-Süd und Ost-West ausgerichtet. Die mittlere Seitenlänge und Höhe des Würfels (Kubus) beträgt 0,67 cm.

Die 0,95-cm-Systeme A und B

Das 0,95-cm-System A verläuft diagonal im 0,67-cm-System. Die Seitenlänge beträgt 0,95 cm die Höhe 0,67 cm, so daß die horizontalen Flächen deckungsgleich sind mit den horizontalen Flächen des 0,67-cm-Systems.

Das 0,95-cm-System B verläuft ebenfalls diagonal im 0,67-cm-System. Auch hier beträgt die Seitenlänge 0,95 cm. Die Höhe beträgt allerdings auch 0,95 cm, so daß sich die horizontalen Flächen nicht mit den horizontalen Flächen des 0,67-cm-Systems decken.

Die größeren diagonalen Kubensysteme richten sich im Prinzip nach den 0,95-cm-Systemen A und B aus.

Neue Strukturen kommen aus der 4. und 5. Dimension

Die Mini-Kubensysteme werden durch ein geeignetes Leitsystem aus der 4. und 5. Dimension ersetzt

Die in diesem Kapitel beschriebenen störenden Strukturen im Haus (10-m-System, 250-m-System u. a.) sind an das Vorhandensein des 0,67-cm-Systems und der beiden dazugehörigen 0,95-cm-Diagonal-Systeme gebunden. Wird das 0,67-cm-System "aufgelöst", lösen sich auch die beiden 0,95-cm-Systeme sowie die größeren störenden Strukturen auf. Mit Hilfe der Feng Shui Power Disc 99 wird das 0,67-cm-System in die 2. Dimension beschleunigt, verschwindet also aus unserer 3. Dimension. Es wird dabei gleichzeitig durch ein geeignetes Leitsystem aus der 4. und 5. Dimension ersetzt. Dieses neue Leitsystem enthält alle erforderlichen Schnittstellen für positive Energien, Schnittstellen für negative Energien werden nicht aktiviert.

So verschwinden u. a. die folgenden größeren störenden Kubensysteme im Haus:

- 10-m-System
- 250-m-System
- 170-m-System
- Hartmann-System

Zusätzlich verschwinden auch störende Strukturen, die noch später in diesem Kapitel beschrieben werden:

- Mondstreifen
- Curry-System
- 400-m-System-Komplex

Sie werden folglich auch keine unerwünschten Energien wie Geo-Sha, Trans-Sha und Per-Sha in Ihren Räumen finden.

Folgende Strukturen und die darin vorhandenen Schnittstellen werden so verändert bzw. an ihrem Entstehen gehindert, daß quasi keine schädlichen Strukturen und schädlichen Energien mehr zu finden sind:

- Strukturen über Wasserführungen
- Strukturen über Verwerfungen

Bedenken Sie dabei bitte, daß die Wasserführung bzw. Verwerfungszone selbst selbstverständlich weiterhin vorhanden ist.

Die Feng Shui Power Disc 99

Die Feng Shui Power Disc 99 beschleunigt durch ein System spezieller Schnittstellen eine Kombination ausgewählter Leitsysteme der 4. und 5. Dimension in unsere 3. Dimension. Die in die 3. Dimension beschleunigten Leitsysteme der 4. Dimension, bestehen aus leicht wellig fließenden Wänden in Kubenform unterschiedlicher Größe. Die ebenfalls in unsere 3. Dimension beschleunigten Leitsysteme der 5. Dimension, bestehen dagegen aus röhrenförmigen Strukturen unterschiedlicher Größe und unterschiedlicher Richtungen im Raum. Diese Kombination von Leitsystemen der 4. und 5. Dimension befinden sich sowohl im ganzen Haus als auch auf dem gesamten Grundstück. Die Wirkung dieser neuen Strukturen auf dem Grundstück reicht bis zur Grundstücks-Aura, einer feinstofflichen und nicht-stofflichen Struktur an der Grundstücksgrenze. Auf den Nachbargrundstücken befinden sich weiter die bekannten Strukturen der 3. Dimension.

Die Feng Shui Power
Disc 99 gibt
ausreichend Schutz
vor Geo-Sha, Trans-Sha
sowie anderen Arten
von Sha

Die Feng Shui Power Disc 99 gibt ausreichend Schutz vor Geo-Sha, Trans-Sha, Trans-Sha durch Metalle und den verschiedenen Arten von Per-Sha. Störende Kubensysteme (z. B. 10-m-,

250-m-, 170-m-, Hartmann-, Curry-System und 400-m-System-Komplex) werden aufgelöst. Die neuen Leitsysteme enthalten Schnittstellen, über die für uns positive Energien wie das Vital-Qi und Perm-Qi aus der 5. Dimension in unsere Dimension beschleunigen werden. Die Energien bringen auch ihre Träger aus der 5. Dimension mit in unsere 3. Dimension. Diese Träger sorgen für eine anhaltend gute Versorgung mit diesen positiven Energien im Haus. Die Feng Shui Power Disc 99 führt auch zu einer größeren Ausgewogenheit der Fünf Elemente (Wu Xing, s. Kapitel 4). Darüber hinaus können Sie mit der Feng Shui Power Disc 99 eine Vielzahl von Feng-Shui-Problemen in Ihrem Haus deutlich verbessern oder lösen. Einen Überblick über wichtige weitere Wirkungen geben wir Ihnen auf S. 181f. (Bezugsquellen siehe im Anhang auf S. 234).

Die Feng Shui Power Disc 99 bringt auch vermehrt positive Energien ins Haus

Die Plazierung der Feng Shui Power Disc 99
Die Feng Shui Power Disc 99 wird einfach an eine Wand im Haus gehängt. Eine genaue Beschreibung mit weiteren Details für die Plazierung liegt der Feng Shui Power Disc 99 bei. Eine einzige Feng Shui Power Disc 99 ist auch für große Häuser und Grundstücke ausreichend. Bei Geschäftshäusern kann es sinnvoll sein, für unterschiedliche Nutzungsbereiche jeweils eine Feng Shui Power Disc 99 einzusetzen, z. B. jeweils eine Feng Shui Power Disc 99 für den Verkaufsbereich, eine für den Produktionsbereich, eine für den Verwaltungsbereich, ggf. zusätzlich eine für den Wohnbereich. Die Feng Shui Power Disc 99 ist ohne Altersbegrenzung für die genannten Zwecke einsetzbar. Sie muß dafür jedoch vom Material her intakt sein, d. h. sie darf nicht zerbrochen oder anderweitig beschädigt sein.

Unsichtbare Strukturen, die an einen „Faradayschen Käfig" erinnern

Materialien, die vor Geo-Sha und Trans-Sha schützen

Es gibt Materialien, die nicht auf das ganze Haus wirken, sondern uns partiell wie ein "Faradayscher Käfig" schützen, wenngleich der Wirkungsmechanismus ein völlig anderer ist. Im Wirkungsbereich dieser Materialien (Schutzstruktur) bleiben die beschriebenen geomagnetischen Strukturen (z. B. 10-m-, 250-m-, Hartmann-System) erhalten. Die Schnittstellen, die sich in ihren Seitenwänden befinden, werden in ihrer Funktion jedoch so verändert, daß im Bereich der Schutzstruktur fast kein Geo-Sha und fast kein Trans-Sha mehr in unserer 3. Dimension entstehen.

Ähnliches gilt auch für Trans-Sha über unterirdischen Wasserführungen. Zu beachten ist ferner, daß es in der Regel nicht zu einer ausreichenden Erhöhung von Qi kommt.

Folgende Materialien sind für den Aufbau einer solchen Struktur besonders geeignet: **XPS-Platten, Korkplatten geeigneter Qualität** und **Zellglasplatten geeigneter Qualität**.

XPS-Platten (extrudierte Polystyrol-Hartschaumplatten)

XPS-Platten bestehen aus Kunststoff. Es ist ein geschlossenzelliger Polystyrolschaum, der unter Druck gewalzt (extrudiert) wird. XPS-Platten haben eine glatte Oberfläche und werden vor allem für die Wärmedämmung von Gebäuden eingesetzt.

XPS-Platten werden in Deutschland von verschiedenen Firmen angeboten. Die Standardgrößen der Platten sind 125 x 60 cm. Die Platten sind ab einer Dicke von 2 cm im Baustoff-Fachhandel zu erhalten. Die XPS-Platten sind ab 3 cm Dicke mit Stufenfalz erhältlich, so daß bei der Abdeckung Lücken vermieden werden können. Geeignet sind folgende Platten: **Fina X** von der Firma Isofoam, **Styrodur** von der Firma BASF, **Roofmate** von der Firma Dow Chemical und **Jackodur** von der Firma Gefinex.

Struktur durch horizontal gelegte XPS-Platten

Horizontal gelegte XPS-Platten ergeben die gewünschte unsichtbare Struktur. Sie bauen diese Struktur sowohl nach oben als auch nach unten auf. Wir finden also in den Seitenwänden der entsprechenden Kubensysteme fast kein Sha mehr. Auch Metalle, die in den Seitenwänden stehen, bringen fast kein Trans-Sha mehr in den Raum. Das bedeutet, daß die XPS-Platte sowohl oberhalb als auch unterhalb der Platte ausreichend Schutz gibt.

Die Länge der Struktur nach oben beträgt bei rechteckigen Platten mehr als das Vierfache der Diagonale, von der Platte aus gemessen, nach unten reicht sie bis zum Erdboden. Werden mehrere Platten lückenlos aneinandergelegt, so zählt die Diagonale der Gesamtfläche. Für den vollständigen Aufbau der Struktur nach oben und nach unten ist eine **Mindestfläche** von ca. **1 qm** notwendig.

Dauer der Wirkung von XPS-Platten

Die Wirkung der XPS-Platten für die genannten Feng-Shui-Zwecke ist zeitlich begrenzt, sie beträgt ab Fertigstellung 8 bis 9 Jahre.

Zellglasplatten geeigneter Qualität

Zellglas ist ein Baustoff, der zur Wärmedämmung benutzt wird. Für Feng-Shui-Zwecke geeignet ist **Foamglas F** der Firma **Deut-**

Die Struktur setzt sich nach oben fort bis zum 4-fachen der Diagonale der XPS-Platte bzw. der nebeneinanderliegenden XPS-Platten

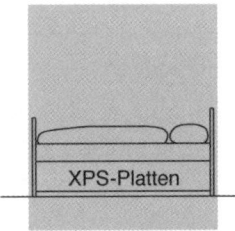

Die Struktur setzt sich nach unten fort

Ein Bett wird mit XPS-Platten unterlegt

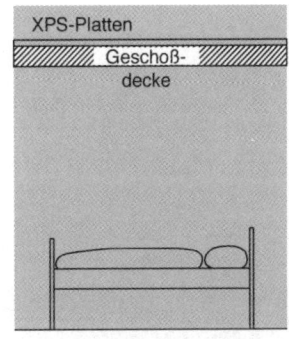

Der Fußboden im Geschoß über dem Schlafzimmer wird mit XPS-Platten ausgelegt

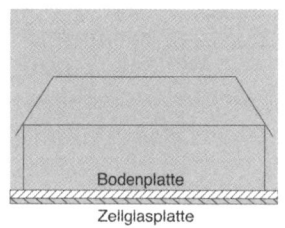

Bodenplatte

Zellglasplatte

Zellglasplatten müssen so unter dem Haus verlegt werden, daß alle Mauern, Dachüberhänge und Balkone in die unsichtbare Struktur kommen

sche **Pittsburgh Corning GmbH** in Haan ab einer Dicke von 5 cm. Andere Qualitäten sind zum Schutz vor Sha nicht ausreichend oder weniger wirksam. Erhältlich ist Foamglas F in Fachhandlungen für Dachdeckerbedarf.

Struktur durch waagerecht gelegte Zellglasplatten geeigneter Qualität (Foamglas F)

Waagerecht gelegte Zellglasplatten verhalten sich hinsichtlich des Aufbaus einer unsichtbaren Struktur wie XPS-Platten, mit dem Unterschied, daß die Höhe der Struktur nach oben mindestens das 3,3fache der Diagonale bei rechteckigen Platten beträgt, nach unten reicht sie wieder bis zum Erdboden. Die Mindestfläche für den vollständigen Aufbau der Struktur sowohl nach oben wie auch nach unten bis zum Erdboden beträgt 0,25 qm.

Dauer der Wirkung von Foamglas F

Die Wirkung von Foamglas F für die genannten Feng-Shui-Zwekke ist zeitlich begrenzt, sie beträgt ca. 60 Jahre.

Korkplatten geeigneter Qualität

Seit vielen Jahren werden Korkplatten geeigneter Qualität erfolgreich bei der Schlafplatzsanierung eingesetzt. Das Ausgangsmaterial für Korkplatten ist die Rinde der Korkeiche (Quercus suber lin.). Die vom Handel angebotenen Korkqualitäten und Dicken der Platten sind leider oft ungeeignet. Sie enthalten entweder zuviel Klebstoffe oder ungeeignetes Füllmaterial wie Holzabfälle. Die Platten sind außerdem ungeeignet, wenn Korkgranulat einer Schälung verwendet wurde, die nicht in genügendem Maße eine geeignete Struktur aufbaut (z. B. erste Schälung). Geeignet sind Platten von 8–15 mm Dicke, dickere Platten können auch verwendet werden. Die Korkplatten haben eine Standardgröße von ca. 60 x 90 cm, geeignet ist auch Korkparkett mit einer Stärke von 8–10 mm bei einer Größe von 30 x 30 cm. Korkplatten bzw. Korkparkett geeigneter Qualität gibt es nur über ausgewählte Bezugsadressen (siehe Anhang auf S. 234 „Rat und Hilfe durch die Autoren").

Waagerecht gelegte Korkplatten geeigneter Qualität im handelsüblichen Format (60 x 90 cm) bauen oberhalb und unterhalb der Korkplatte eine unsichtbare Struktur auf. Diese Struktur ist jedoch etwas anders geformt, als wir es von XPS-Platten und Zellglasplatten kennen. Die Länge der Struktur nach oben beträgt bei rechteckigen Korkplatten von der Platte aus gemessen mindestens das 0,9 fache der Diagonale, über der Mitte der Platte noch

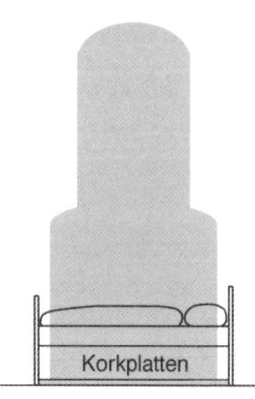

Korkplatten

Unsichtbare Struktur durch waagerecht verlegte Korkplatten bei kompletter Unterlegung des Bettes (Seitenansicht)

etwas mehr, nach unten reicht sie bis zum Erdboden. Die Mindestfläche für den vollständigen Aufbau der Struktur nach oben und
unten beträgt 0,25 qm.

Häufig werden Korkplatten unter das **Bett** (auf den Fußboden)
gelegt. Da die Standardgröße 60 x 90 cm ist, sind zumindest 3 Platten erforderlich, um einen großen Teil der Schlaffläche zu schützen. Es ist unbedingt darauf zu achten, daß die einzelnen Korkplatten bündig aneinanderliegen. Zur Fixierung kann ein stabiles
Klebeband benutzt werden. Sollten nur drei Platten ausgelegt
werden, sollten insbesondere der Kopf und die belasteten Körper-
partien ausreichend geschützt sein.

Anwendung von geeignetem Korkparkett: Bei großflächigen
Verlegungen empfiehlt es sich, Korkparkett zu verwenden, da dieses trittfest ist. Dabei ist darauf zu achten, daß das Korkparkett eine
Mindestdicke von 8 mm hat. Das Korkparkett, das üblicherweise
in Baumärkten angeboten wird, ist in der Regel zu dünn (0,48 mm
oder 0,64 mm) und auch von der Qualität zur Schlafplatzsanierung
ungeeignet (wegen Bezugsadressen s. Anhang auf S. 234 „Rat und
Hilfe durch die Autoren"). Das Verlegen von Korkparkett erfordert
technisches Geschick und sollte im Zweifelsfall besser dem Fachmann überlassen werden. Es wird auf glattem Untergrund verklebt
und anschließend versiegelt bzw. mit Wachs behandelt.

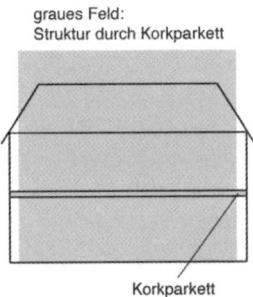

graues Feld:
Struktur durch Korkparkett

Korkparkett

Korkparkett als Schutz für
das ganze Haus

Dauer der Wirkung von Korkplatten geeigneter **Qualität**
Korkplatten haben eine lange Haltbarkeit in bezug auf Geo-Sha
und Trans-Sha. Die Länge der Haltbarkeit läßt sich durch geeignete Pflege erhöhen. Hierzu gehören das zwei- bis dreimalige
Lüften der Korkplatten im Jahr an trockenen sonnigen Tagen. Die
Platten sollten vor Feuchtigkeit geschützt werden. Es ist darauf zu
achten, daß Korkplatten, wenn möglich, nicht direkt unter die
Matratze gelegt werden. Wenn diese Punkte beachtet werden,
beträgt die Haltbarkeit 40 Jahre und darüber.

Abschirmmaßnahmen im Vergleich

Sie haben jetzt verschiedene Feng-Shui-Maßnahmen zur Abschir-
mung kennengelernt. Die Feng-Shui-Maßnahmen lassen sich im
Prinzip wie folgt einteilen:
1) Eine Feng-Shui-Maßnahme, die im Haus und auf dem Grundstück die störenden geomagnetischen Strukturen ersetzt, Sha
   reduziert und Qi vermehrt.

2) Feng-Shui-Maßnahmen, die nur lokal begrenzt Sha reduzieren, ohne Qi wesentlich zu vermehren und die relevanten geomagnetischen Strukturen aufzulösen.

Zwei Arten von Abschirmmaßnahmen

Die Feng-Shui-Maßnahme zu Punkt 1 besteht in der Plazierung einer Feng Shui Power Disc 99 im Haus.

Die Feng-Shui-Maßnahme zu Punkt 2 besteht in der Abdeckung des Bettes, eines Teils des Hauses oder der gesamten Grundfläche mit XPS-Platten, Zellglasplatten geeigneter Qualität oder Korkplatten bzw. Korkparkett geeigneter Qualität. Diese Maßnahmen sind in der Regel technisch aufwendiger und unterm Strich auch kostenintensiver als die Maßnahmen der ersten Gruppe. Insbesondere wenn nur das Bett abgedeckt wird, besteht häufig weiterhin eine Belastung des Schafplatzes durch Trans-Sha durch Metalle.

Die folgende Tabelle gibt Ihnen einen vergleichenden Überblick über die bislang beschriebenen Abschirmmaßnahmen:

Übersicht: Abschirmmaßnahmen im Vergleich			
	Feng Shui Power-Disc 99	XPS-Platten	Zellglas (Foamglas F)	Kork geeigneter Qualität
Abschirm-wirkung nach oben	auch für große Häuser ausreichend	4 fache Diagonale	3,3 fache Diagonale	mindestens 0,9 fache, über der Mitte der Platte noch etwas höher
Mindest-fläche für eine aus-reichende Wirkung	1 Feng Shui Power Disc 99	1 qm	0,25 qm	0,25 qm
Reduktion von Geo-Sha und Trans-Sha	100% (über Wasser-führungen 99%)	98 %	96 %	95 %
Haltbarkeit für Feng-Shui-Zwecke	ohne Alters-begrenzung	mindestens 8 Jahre	60 Jahre	40 Jahre
Besonder-heiten	• gute Wirkung auch auf eine große Zahl anderer Feng-Shui-Probleme im Haus	• strikte horizontale Verlegung erforderlich • die Struktur reicht geringfügig zur Seite über den Rand der Platte hinaus • die Struktur durch XPS-Platten wird durch andere Baumateria-lien in der Regel wenig gestört	• die Struktur reicht geringfügig zur Seite über den Rand der Platte hinaus • Zellglas verträgt sich nicht gut mit anderen Abschirm-materialien • nur ausgewählte Qualitäten sind ausreichend wirksam	• die Struktur reicht nur knapp an den Rand der Korkplatte (bei aneinander-liegenden Platten knapp an den Rand der Gesamt-fläche) • nur ausgewählte Qualitäten sind ausreichend wirksam

Die verschiedenen Abschirmmaterialien im Vergleich

Verwerfungszonen

In der Erdkruste befinden sich vielfach Verwerfungen oder Faltungen. Durch Unterbrechung der regelmäßigen Schichtung entstehen Klüfte und Spalten, über denen sich eine unsichtbare Struktur bildet. In dieser Struktur werden ähnlich wie in einer geomagnetischen Kubenwand über Schnittstellen ungünstige Energien aus der 5. Dimension in die 3. Dimension beschleunigt. Diese ungünstigen Energien bezeichnen wir als *Per-Sha*. Die Wirkung auf den Menschen ist ähnlich wie bei unterirdischen Wasserführungen.

Abschirmung bei Verwerfungszonen

Liegt am Schlafplatz eine Belastung durch eine Verwerfungszone vor, so sind die Feng Shui Power Disc 99 und Korkplatten geeigneter Qualität (oder geeignetes Korkparkett) die Abschirmmaßnahme der Wahl. XPS-Platten und Zellglas zeigen keine ausreichende Wirkung.

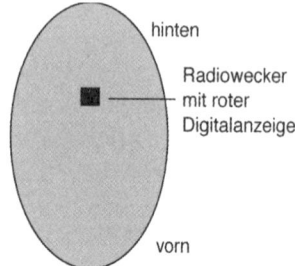

Wirkungsbereich des Per-Sha, das durch einen Radiowecker mit roter Digitalanzeige aktiviert werden kann (Aufsicht)

Wirkungsbereich des Per-Sha, das durch einen Radiowecker mit roter Digitalanzeige aktiviert werden kann (Querschnitt)

Wirkung von Radioweckern mit roter Digitalanzeige

Nicht nur Verwerfungszonen können für den Menschen ungünstige Energien (Per-Sha) in unsere Dimension beschleunigen. Auch Radiowecker mit roter Digitalanzeige sind hierzu in der Lage. Es handelt sich dabei in erster Linie um Billigprodukte aus Fernost. Radiowecker mit grüner, bläulicher oder schwarzer Anzeige (in grauem Feld) geben nicht die oben beschriebene Strahlung ab.

Per-Sha durch Radiowecker mit roter Digitalanzeige kann in der Wirkung ähnlich stark sein wie die Wirkung von Geo-Sha in der Seitenwand des 10-m-Systems. Die Feng Shui Power Disc 99 schützt vor Per-Sha durch Radiowecker mit roter Digitalanzeige. Der Radiowecker sollte jedoch trotzdem entfernt werden, da er neben den Problemen mit Per-Sha auch eine Belastung durch Elektrosmog verursacht.

Auch Satellitenschüsseln können Per-Sha aktivieren

Neben Problemen mit unerwünschten Geistern (s. S. 131), aktivieren Satellitenschüsseln zwei Arten von Per-Sha. Die eine Art des Per-Sha bewegt sich in dem Winkel, in dem die Satellitenschüssel aufgestellt ist, schräg nach unten und hinten weg. Die Wirkung ist ähnlich wie bei Radioweckern mit roter Digitalanzeige. Eine zweite Art von Per-Sha bewegt sich waagerecht nach hinten weg und beeinträchtigt die Funktion unserer Geistanteile.

Feng-Shui-Maßnahme
Wenn Sie die Satellitenschüssel nicht entfernen wollen oder können, ist es am einfachsten, eine Feng Shi Power Disc 99 zum Abschirmen zu verwenden.

Die Feng Shui Power Disc 99 schützt gegen die schlechten Einflüsse der Satellitenschüssel

Belastungen durch Elektrosmog und Chemie

Feng Shui und Elektrosmog

Technische Einrichtungen der Stromversorger wie Überlandleitungen und Trafostationen, Oberleitungen der Bahn sowie Funk- und Radarstationen als auch die Elektroinstallation im Haus nehmen sowohl direkten Einfluß auf unseren Körper als auch auf feinstoffliche Energien, die wir im Feng Shui betrachten. Baubiologen und biologische Elektrotechniker versuchen anhand von physikalischen Meßdaten Grenzwerte zu erarbeiten, die eine Verträglichkeit für den Menschen gewährleisten sollen. Es liegen bislang noch keine verläßlichen Daten über Grenzwerte vor, die Unbedenklichkeit garantieren, da es schwierig ist, gerade auch bei komplexen Einflüssen, die Wirkung auf den Menschen zu erfassen. Bei einer Belastung durch Elektrosmog können abhängig von der Konstitution des einzelnen verschiedene Beschwerden auftreten.

Es liegen bislang noch keine verläßlichen Daten über Grenzwerte vor, die Unbedenklichkeit garantieren

Vieles fällt sofort ins Auge
Bei der Feng-Shui-Untersuchung fallen viele der oben genannten elektrotechnischen Einrichtungen wie Hochspannungsleitungen, Trafostationen, Oberleitungen der Bahn sofort ins Auge. Aber auch in der Wohnung sind Stromzähler und Sicherungskästen, insbesondere neben dem Schlafzimmer, die Elektroverkabelung, insbesondere am Kopfende des Bettes, Elektrogeräte wie Fernseher u. a. im Schlafzimmer leicht auszumachen. Wir wollen die-

**Auch beim Elekrosmog
ist die Belastung
während des Schlafs
am problematischsten**

se Belastungen im folgenden unter dem Begriff **Elektrosmog**
zusammenfassen. Wie bereits bei Geo-Sha und Trans-Sha beschrieben, ist auch beim Elektrosmog die Belastung während des
Schlafs am problematischsten.

*Orientierende Messung der Belastung durch Elektro-
installation*
Bei der Untersuchung des Schlafplatzes hat es sich bewährt, zumindest orientierend die Belastung durch die Elektroinstallation
im Haushalt abzuschätzen. Die Netzspannung zu Hause liegt bei
ca. 230 Volt Wechselspannung. Es ist möglich, orientierend zu
messen, wieviel Wechselspannung am Körper auf dem Schlafplatz
liegt. Dieses Verfahren wird auch **kapazitive Ankopplung** genannt.
Günstig sind Werte unter 100 mV Wechselspannung.

Der Netzfreischalter

Bei hohen Werten (z. B. einigen Tausend Millivolt) kann der Ein-
bau eines Netzfreischalters in einen oder mehrere Stromkreise am
Sicherungskasten Besserung bringen. Ein Netzfreischalter läßt nur
3 bis 4 Volt Spannung auf die Leitungen des jeweiligen Stromkrei-
ses, solange kein Stromverbraucher angeschaltet ist. Wird ein
Stromverbraucher angeschaltet (z. B. die Deckenbeleuchtung, die
Nachttischlampe o.a.), gibt der Netzfreischalter wieder die ge-
wohnte Spannung von ca. 230 Volt ins Netz. Der Netzfreischalter
schaltet die Netzspannung jedoch nur dann auf 3 bis 4 Volt, wenn
auch kein „heimlicher Stromverbraucher" eingeschaltet ist. Heim-
liche Stromverbraucher sind z. B. Kassettenrecorder, Radios u. a.
Geräte, die einen Trafo im Inneren des Gerätes oder schon am
Anfang des Kabels (zu erkennen am würfelförmigen Stecker, von
dem oft nur ein dünnes Kabel zum Gerät führt) haben. Der Trafo
verbraucht geringe Mengen Strom, auch wenn das zugehörige
Gerät nicht läuft.

**Der Netzfreischalter
schaltet die Netz-
spannung jedoch nur
dann auf 3 bis 4 Volt,
wenn auch kein
„heimlicher Strom-
verbraucher"
eingeschaltet ist**

Die Messung der kapazitiven Ankopplung ist nur geeignet zur
Abschätzung der Belastung durch die Elektroinstallation im Haushalt. Für die Abschätzung der Belastung durch z. B. Richtfunkan-
tennen, Hochspannungsleitungen, Trafostationen oder Oberleitungen der Bahn in Nähe des Hauses ist diese Methode ungeeignet.
Wenn der begründete Verdacht besteht, daß diese Einrichtungen
zu einer Belastung führen, ist der Fachmann (z. B. biologischer
Elektrotechniker) hinzuzuziehen, der versuchen wird, mit seinen
Meßmethoden die Belastung abzuschätzen. Sie werden möglicherweise nicht umhin können, mittels Biotensor *zusätzlich* den

Einfluß auf feinstoffliche Energien zu ermitteln, insbesondere auf das Vital-Qi (s. S. 110).

Fernseher und Computer besser nicht ins Schlafzimmer
Fernseher und Computer sollten besser nicht im Schlafzimmer stehen. Auch hier gibt es Effekte, die sich nicht mit der Messung der kapazitiven Ankopplung abschätzen lassen. Ein Problem sind in diesem Zusammenhang Schlafzimmer, in denen eine Ecke als privates Büro mit Computer eingerichtet ist. Ist ein solcher Computer zudem noch an das Internet angeschlossen, kann es zusätzliche Probleme im fein- und nicht-stofflichen Bereich geben.

Auch bei Fernsehern und Computern gibt es Effekte, die sich nicht mit der Messung der kapazitiven Abkopplung abschätzen lassen

Vorsicht bei technischen Abschirmmaßnahmen mit Metall
Bei technischen Abschirmmaßnahmen mit Metall ist Vorsicht geboten, da es zu Problemen mit Trans-Sha kommen kann (s. S. 155).

Einige Einzelheiten zur Bestimmung der kapazitiven Ankopplung mit dem Multimeter haben wir im „Großen Feng-Shui Gesundheitsbuch" im Kapitel „Belastungen durch Elektrosmog und Chemie" angegeben.

Chemische Belastungen

Im „Großen Feng-Shui Gesundheitsbuch" haben wir einige Anmerkungen zu Problemen mit chemischen Belastungen im Haus gemacht. Wenn Sie den Verdacht haben, daß eine chemische Belastung in Ihrem Haus vorliegt, ist es in der Regel sinnvoll, den Fachmann zu Rate zu ziehen. Häufig können die örtlichen Gesundheitsämter weiterhelfen. In einigen Bundesländern der Bundesrepublik Deutschland unterhalten die kassenärztlichen Vereinigungen sogenannte Umweltambulanzen, die vor Ort Proben entnehmen bzw. Messungen vornehmen können.

Wenn Sie den Verdacht haben, daß eine chemische Belastung in Ihrem Haus vorliegt, ist es in der Regel sinnvoll, den Fachmann zu Rate zu ziehen

Für langjährig belastete Personen sind Grenzwerte allein nicht aussagekräftig. Diese Personen sind häufig sensibilisiert, so daß, selbst wenn die Belastung im Haus unter die gängigen Grenzwerte gefallen ist, noch eine deutliche Reaktion der betroffenen Personen auf bestimmte chemische Belastungen erfolgen kann.

Zu den am häufigsten anzutreffenden Substanzen zählen u. a. die verschiedenen Lösungsmittel. Lösungsmittel sind beispielsweise in Spanplatten (und damit auch in Möbeln) in Form von Formaldehyd zu finden. Beim Verkleben von Teppichböden werden unterschiedliche Lösungsmittel benutzt.

Zu den am häufigsten anzutreffenden Substanzen zählen u. a. Lösungsmittel

Viele der früher verwendeten Holzschutzmittel wie Pentachlorphenol (PCP) sind in der Bundesrepublik Deutschland mittlerweile verboten. Weit verbreitet sind dagegen mittlerweile die sogenannten Pyrethroide, die sich in fast allen Wollteppichen und Wollteppichböden finden. Nicht nur, wenn man auf dem Fußboden spielende Kleinkinder hat, ist zu überlegen, ob man auf diese Produkte nicht lieber verzichtet. Kunststoffteppichböden können, was die Belastung durch chemische Substanzen angeht, unbedenklicher sein als Wollteppichböden mit hohem Pyrethroidgehalt.

Geister in geomagnetischen Strukturen

Geomagnetische Systeme sind nicht nur für unsere Gesundheit wichtig, sondern sind auch in Hinblick auf unerwünschte Geister und Geistanteile von Verstorbenen von Bedeutung.

Geistanteile Verstorbener im 10-m-System

Wenn ein Mensch stirbt, kann es vorkommen, daß einer oder auch zwei seiner Geistanteile sich weiterhin im Haus aufhalten

Wenn ein Mensch stirbt, kann es vorkommen, daß einer oder auch zwei seiner Geistanteile sich weiterhin im Haus aufhalten. Ein solcher Geistanteil kann zu seiner Fortbewegung die Seitenwände des 10-m-Systems benutzen. In der ost-westlich verlaufenden Seitenwand sind Geistanteile Verstorbener häufiger anzutreffen als in der nord-südlich verlaufenden. In den Seitenwänden bestimmter geomagnetischer Kubensysteme gibt es nämlich eine Energieform, die insbesondere vom 2. Geistanteil eines verstorbenen Menschen zeitweise benötigt wird, um „aufzutanken". Diese Energie wird **Geisterenergie** genannt, weil nicht nur Geistanteile Verstorbener, sondern auch Geister sie benötigen. Der 2. Geistanteil kann sich innerhalb des Hauses relativ frei bewegen, das Haus jedoch in der Regel nicht aus eigener Kraft verlassen.

Wenn eine lebende Person in der Seitenwand des 10-m-Systems schläft, so wird die dort vorhandene Geisterenergie in ihrer Aura gespeichert, ohne daß sie von ihr verwertet werden kann. Die Geisterenergie, die über Nacht in der Aura gespeichert wurde, reicht für den Geistanteil eines Verstorbenen jedoch aus, sich auch tagsüber an die Aura dieser Person zu heften. Er kann sich dann mit dieser Person auch außerhalb des Hauses fortbewegen.

Die oben beschriebenen Abschirmmaterialien, die vor Geo-Sha und Trans-Sha in der Seitenwand des 10-m-Systems schützen, schützen auch vor Geisterenergie.

Ein roter sechseckiger Stern

Wenn sich Geistanteile eines Verstorbenen noch nach dem Tode im Haus aufhalten, kann ein roter sechseckiger Stern dabei helfen, daß der oder die im Haus verbliebenen Geistanteile auf den richtigen Weg gebracht werden. Es kann sogar hilfreich sein, diesen roten Stern schon drei Tage nach dem Tode für ca. eine Woche aufzuhängen. Eine geeignete Plazierung ist das ehemalige Schlafzimmer des Verstorbenen. Wenn es möglich ist, dort eine Seitenwand des 10-m-Systems zu finden, kann der rote Stern direkt in die Seitenwand an der Zimmerwand aufgehängt werden. Der Durchmesser des roten Stern sollte 6 bis 8 cm betragen, es ist praktisch, ihn aus roter Pappe auszuschneiden. Es besteht jedoch auch die Möglichkeit, den roten Stern auf ein Blatt Papier in roter Farbe zu malen und das Papier aufzuhängen. Im Gegensatz zu den weiter oben beschriebenen roten Toren ist es nicht notwendig, den roten Stern direkt auf die Wand aufzumalen. Rote Tore helfen in diesem Zusammenhang nicht.

Ein roter sechseckiger Stern

Der Enkel eines Verstorbenen soll auf dem Bauernhof bleiben

Es sind zahlreiche Fälle sowohl aus dem alten China wie auch in neuester Zeit aus Mitteleuropa und anderen Teilen der Welt bekannt, daß Geistanteile Verstorbener versuchen, ihre Vorstellungen und unerfüllten Wünsche an ihre Nachkommen zu übermitteln bzw. über sie durchzusetzen.

Ein Feng-Shui-Berater wurde zu einem ehemaligen Bauernhof nahe der niederländischen Grenze gerufen. Sofort wurde er mit der Fragestellung konfrontiert: „Warum gibt unser Sohn soviel Geld aus?" Die Eltern erzählten, daß ihr achtzehnjähriger Sohn plötzlich ohne ersichtlichen Grund Geld ausgebe, obwohl er früher sehr sparsam gewesen sei. Der Vater schob sogleich die Frage nach: „Kann es sein, daß sein Großvater auf ihm sitzt?"

Der Feng-Shui-Berater nahm mit Hilfe des Biotensors Kontakt zu dem verbliebenen 2. Geistanteil des verstorbenen Großvaters auf und fragte ihn, ob er seinen Enkelsohn zu übermäßigen Geldausgaben verleitet habe. Der Geistanteil bestätigte dieses. Der Enkel beabsichtigte zu der Zeit, sich zusammen mit seiner Freundin eine Wohnung in einer Nachbarstadt zu nehmen. Der Feng-Shui-Berater ermöglichte die Kommunikation zwischen dem Enkel und seinen Eltern mit dem Geistanteil des verstorbenen Großvaters mit Hilfe des Biotensors. Es stellte sich recht bald heraus, daß dieser Geistanteil des Großvaters auf sich aufmerksam machen wollte, um zu verhindern, daß der Enkel den ehemaligen Bauernhof verläßt. Er konnte seinem Enkel das Versprechen abringen, weiterhin auf dem Hof zu wohnen. Bei der Untersuchung des Schlafplatzes stellte sich heraus, daß der Enkel nachts in der ost-

Der Feng-Shui-Berater ermöglichte die Kommunikation zwischen dem Enkel und seinen Eltern mit dem Geistanteil des verstorbenen Großvaters

westlich verlaufenden Seitenwand des 10-m-Systems schlief. Der Großvater war ca. fünf Jahre zuvor in dem gleichen Zimmer verstorben, das der Enkel jetzt bewohnte; das Bett hatte sogar an der gleichen Stelle gestanden.

Der Enkel hielt sein Versprechen, er baute den ehemaligen Schweinestall in ein schmuckes Häuschen um, in das er dann einzog. Interessanterweise beobachteten die Nachbarn zu der Zeit, als der Enkel seine übermäßigen Geldausgaben tätigte, daß in der Dämmerung oder bei Mondlicht eine zerlumpt aussehende Gestalt an einem Weidezaun in der Nähe des Hofes lehnte. Diese Gestalt sah aus wie der Großvater, als er in zerlumpter Kleidung aus der Kriegsgefangenschaft kam.

Auch Geistanteile Lebender können uns „besuchen"

Erwähnenswert ist in diesem Zusammenhang, daß die Geistanteile Lebender sich unabhängig vom 10-m-System bewegen können. Sie können dabei die eigene Aura sowie die Aura des Hauses verlassen und sich gedankenschnell an einen anderen Ort begeben. Menschen, die auf diese Weise „besucht" werden, bemerken dies möglicherweise mit dem Gefühl: „Es ist jemand da" oder konkreter z. B.: „Meine Schwester ist da". Diese Art von „Besuchen" kann positiv erlebt werden, kann jedoch auch zu Problemen führen. Häufig ist sich die Person, die mit einem oder mehreren ihrer Geistanteile „spazieren geht", dieser Tatsache nicht bewußt.

Häufig ist sich die Person, die mit einem oder mehreren ihrer Geistanteile „spazieren geht", dieser Tatsache nicht bewußt

Geister in geomagnetischen Strukturen

In geomagnetischen Strukturen bewegen sich die sogenannten **Strukturgeister**. Diese haben auf den Menschen eine eher negative Wirkung. Insbesondere in den Seitenwänden geomagnetischer Kubensysteme wie des 250-m-Systems und des 400-m-System-Komplexes bewegen sich für den Menschen unerwünschte Strukturgeister. Diese Strukturgeister können sich an die Aura-Struktur des Menschen heften, wenn er in den Seitenwänden dieser Strukturen schläft. Auch die Strukturgeister benötigen die weiter oben beschriebene Geisterenergie. Diese Geisterenergie, die über Nacht in der Aura gespeichert wurde, reicht auch für die unerwünschten Strukturgeister aus, sich tagsüber an die Aura des Betreffenden anzuheften. Die Abschirmmaßnahmen bei Problemen mit Geistern in geomagnetischen Kubensystemen sind im Prinzip die gleichen wie weiter oben für Geo-Sha und Trans-Sha beschrieben. Auch die Geisterenergie wird durch die unsichtbare Struktur der Abschirmmaterialien abgeschirmt. Auf Besonderheiten beim 400-m-System-Komplex werden wir später eingehen.

Diese Strukturgeister können sich an die Aura-Struktur des Menschen heften, wenn er in den Seitenwänden dieser Strukturen schläft

Auch Metalle aktivieren Geisterenergie

Metalle in den Seitenwänden von Kubensystemen, die Geisterenergie leiten, aktivieren zusätzlich Geisterenergie und bringen
diese, wie beim Trans-Sha beschrieben, in den Raum.

Strukturgeister im 250-m-System und 400-m-System-Komplex

In den Seitenwänden des 250-m-Systems und des weiter unten
beschriebenen 400-m-System-Komplexes bewegen sich Strukturgeister, die auch als „böse Geister" bezeichnet werden. Sie können
Angstzustände, Depressionen, schwere Alpträume, Wahnvorstel-
lungen bis hin zu Horrorszenarien, sowie diverse körperliche Sym-
ptome verursachen wie nächtliches Aufwachen mit Herzbeschwer-
den und Alpträume. **Poltergeister** bevorzugen die Seitenwand des
250-m-Systems.

Dielen knacken nicht mehr

*Anläßlich der Feng-Shui-Sanierung eines Hauses wurde in den
Verlauf einer ost-westlich verlaufenden Seitenwand des 250-m-
Systems auf den Fußboden Kork geeigneter Qualität gelegt. Am
Abend dieser Kork-Sanierung saßen die Eigentümer mit Freunden,
die sich regelmäßig dort trafen, bis nach Mitternacht in gemütlicher
Runde zusammen. Plötzlich bemerkte einer der Gäste, daß die Die-
len, deren Knacken schon immer zum Haus zu gehören schien,
nicht mehr knackten. Alle lauschten gespannt. Niemand konnte
mehr ein Knacken vernehmen. In Verlauf der nächsten Woche blieb
jeweils ein anderer die ganze Nacht auf, um zu hören, ob er sie sich
wirklich nicht getäuscht hätten. Es war aber kein Knacken zu
hören. Was allen noch auffiel: es roch ca. eine Woche lang wie in
einer Leichenhalle. Nun waren alle überzeugt: man hatte jahrelang
unerwünschten Besuch von Poltergeistern gehabt.*

**Man hatte jahrelang
unerwünschten Besuch
von Poltergeistern
gehabt**

Poltergeister

*Imke wurde nachts von unangenehmen Geräuschen belästigt.
Der herbeigerufene Feng-Shui-Berater stellte fest, daß sich unmittelbar vor dem Fenster des Kinderzimmers eine ost-westlich verlaufende Seitenwand des 250-m-Systems befand. Das Fenster dieses Zimmers hatte auf beiden Seite Fensterläden, deren schwere
Metallverankerungen derart in die Hausmauer eingelassen waren,
daß sie fast bis in das Kinderzimmer hineinragten. Die Metallverankerungen in der Seitenwand des 250-m-Systems aktivierten
zusätzlich Geisterenergie und brachten sie ins Zimmer. So konnten auch die Poltergeister, die sich in der Seitenwand des 250-m-
Systems befanden, in das Kinderzimmer gelangen und sich dort*

*Korkplatten geeigneter
Qualität haben auch eine
schützende Wirkung bei
senkrechter Anwendung. Die
Einzelheiten dazu haben wir
in Band 1 der Feng-Shui-
Reihe „Das große Feng-Shui
Gesundheitsbuch"
beschrieben.*

frei bewegen. Der Feng-Shui-Berater empfahl, die Zimmerwände hinter den Metallverankerungen mit Korkplatten geeigneter Qualität in ausreichender Größe zu bekleben. Nach dieser Sanierungsmaßnahme blieben fast schlagartig die unerwünschten Geräusche aus und kehrten auch nicht wieder.

Die gerade beschriebene 250-m-Seitenwand befand sich auch vor zwei Wohnzimmerfenstern und dem Fenster des Spielzimmers, die allerdings keine Fensterläden hatten. In dieser 250-m-Seitenwand befand sich allerdings eine Dachrinne aus Metall, die aufgrund ihrer Konstruktion Metalle im Inneren des Hauses derart aktivierte, daß sowohl Trans-Sha als auch Geister in Wohn- und Spielzimmer zu finden waren. Der Eigentümer ersetzte die Metalldachrinne durch eine Kunststoffdachrinne, so daß dieser Effekt nicht mehr eintreten konnte.

Poltergeister und zwei Geistanteile einer verstorbenen Frau in seltsamer Eintracht

Häufig sind bei Feng-Shui-Problemen eine Reihe von Einflüssen gemischt, so daß die realen Probleme erst einmal auf ihre Ursachen hin aufgeschlüsselt werden müssen.

In einer süddeutschen Kleinstadt war allgemein bekannt, daß eine Frau, die acht Jahre zuvor gestorben war, sowohl in ihrem früheren Haus als auch in der Umgebung des Hauses herumgeisterte. Als eines Nachts gegen 2 Uhr 30 im Wohnzimmer des Hauses ein lauter Knall zu hören war, fand die Tochter der Verstorbenen, die in dem Haus lebte, fünf Bücher, die in einem ca. 3 m entfernten Regal gestanden hatten, auf dem Boden liegen. Die Bücher hatten eng aneinander in diesem Regal gestanden und waren zudem von einer stabilen Leiste normalerweise am Herausfallen gehindert. Die Frau bemühte nun einen Feng-Shui-Berater. Diesem erzählte sie, daß sie die Gegenwart ihrer Mutter die ganzen acht Jahre gespürt habe, auch wenn sie sie nicht direkt gesehen hatte. Es sei ihr dies im Prinzip angenehm gewesen.

Der Feng-Shui-Berater stellte fest, daß durch das Buchregal an der Stelle, an der die Bücher gestanden hatten, eine Seitenwand des 250-m-Systems verlief. Es stellte sich heraus, daß sogenannte Poltergeister, die sich gern in der Seitenwand des 250-m-Systems aufhalten, die Bücher aus dem Regal herausgeschleudert hatten. Die Frau selbst schlief in der Seitenwand eines 10-m-Systems und hatte das Gefühl, von ihrer Mutter nachts besucht zu werden. Ihr wurde bei Ihrem Gespräch mit dem Feng-Shui-Berater schlagartig klar, daß es einen Zusammenhang zwischen Ihrer Mutter und den Poltergeistern gab. Wenn die 10-m- und 250-m-

Wenn die 10-m- und 250-m-Seitenwand eng beieinander liegen, kann ein Geistanteil eines Verstorbenen Kontakt mit den Poltergeistern aufnehmen, um auf sich aufmerksam zu machen

176

Seitenwand eng beieinander liegen, kann ein Geistanteil eines Verstorbenen Kontakt mit den Poltergeistern aufnehmen, um auf sich aufmerksam zu machen.

Außerdem berichtete sie dem Feng-Shui-Berater folgendes: der Freund ihrer Schwester, der während eines Besuches im Keller des Hauses schlief, wachte eines nachts gegen 2 Uhr auf, weil ihm jemand mit der Hand über das Gesicht strich. Er sah, als er hochschreckte, die verstorbene Mutter in voller Leibesfülle neben sich stehen. Er griff nach der weiter streichelnden Hand und drückte sie sehr fest. Durch den gellenden Schrei, den die Verstorbene daraufhin ausstieß, wurden die anderen Hausbewohner wach.

Der Feng-Shui-Berater nahm mit den beiden Geistanteilen der Verstorbenen, die sich noch im Haus befanden, mittels Biotensor Kontakt auf und vereinbarte eine Sitzung mit beiden Töchtern, einem Enkelsohn und dem Freund der Schwester. Während der Sitzung stellte sich heraus, daß die Verstorbene von ihrem Vater verflucht worden war, da sie eine unerlaubte sexuelle Beziehung hatte. Der Fluch hatte bewirkt, daß die Verstorbene an sich gegen ihren Willen zu Lebzeiten unwirsch und hartherzig gegenüber ihren Kindern war.

Durch die Bitte der Familienmitglieder wurde der Fluch aufgehoben. Die Verstorbene hatte auf sich aufmerksam machen wollen, um mitzuteilen, daß die Tochter, die Umzugspläne hatte, im Haus wohnen bleiben solle und weil sie wegen ihrer früheren Hartherzigkeit die Kinder um Verzeihung bitten wolle. Die Tochter versprach, im Haus wohnen bleiben zu wollen. Als die Kinder der Verstorbenen die frühere Hartherzigkeit verziehen, konnte diese sich aus dem Haus entfernen. In der Folgezeit wurde die Mutter nicht mehr gesehen. Es kam auch nicht wieder zu nächtlichen Erscheinungen im Haus.

Nach der Erlösung von ihrem Fluch wurde sie nicht mehr gesehen

Das 170-m-System

Trans-Sha finden wir nicht nur über verwirbelndem Wasser und in den Seitenwänden des Hartmann-Systems, sondern auch in den Seitenwänden eines weiteren geomagnetischen Kubensystems, des 170-m-Systems. Dieses System wurde zuerst von Wilhelm Gerstung beschrieben. Seine Seitenwände haben eine Dicke von 10–20 cm. Es leitet Trans-Sha in den Seitenwänden wie beim Hartmann-System senkrecht nach oben. Es ist wichtig zu wissen, daß im Gegensatz zum Hartmann-System das Vorhandensein von Trans-Sha im 170-m-System nicht an das Vorhandensein einer unterirdischen Wasserführung gebunden ist.

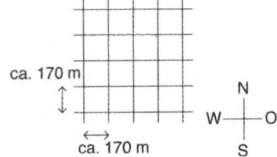

Das 170-m-System (Aufsicht)

Strukturgeister im 170-m-System

Arbeiten und Schlafen in der Seitenwand des 170-m-Systems kann zu Alpträumen und Unbehagen führen

Sie können bei Menschen, die in der Seitenwand des 170-m-Systems schlafen oder auch arbeiten, z. B. Alpträume, unerklärliche Schmerzzustände und allgemeines Unbehagen hervorrufen.

Die Abschirmmaßnahmen beim 170-m-System in bezug auf Trans-Sha und Geister sind im Prinzip die gleichen wie weiter oben für Geo-Sha und Trans-Sha beschrieben.

Geister im Curry-System

Das Curry-System ist ein geomagnetisches Kubensystem, dessen Seitenwände in etwa auf die Zwischenhimmelsrichtungen NO/SW und NW/SO ausgerichtet sind. An sich handelt es sich um zwei geomagnetische Systeme, die so ineinander verschachtelt sind, daß der Eindruck entsteht, es handele sich um ein einziges System. Das Curry-System ist nach Dr. med. M. Curry benannt, der sich auf Arbeiten Siegfried Wittmanns stützte.

Die mittlere Länge der Seitenwände beider Systeme in Mitteleuropa beträgt jeweils etwa 7,50 m, so daß sich wegen der Verschachtelung eine Seitenwand im Abstand von ca. 3,75 m finden läßt. In den Seitenwänden halten sich vagabundierende lineare Wegegeister auf. Diese vagabundierenden linearen Wegegeister können insbesondere während des Schlafs störend wirken, wenn der Betreffende direkt in der Seitenwand des Curry-Systems schläft. Etwa jede dritte Seitenwand des Curry-Systems ist nicht mit linearen Wegegeistern belastet.

Wenn größere Metallteile im Haus verstellt werden, kann es zu einer Verschiebung der Belastung in den Seitenwänden des Curry-Systems führen. Eine bislang unbelastete Seitenwand kann plötzlich belastet werden, eine belastete Seitenwand kann die Belastung verlieren. Außerdem kann durch Plazierung von Metallen in der Seitenwand des Hartmann-Systems eine weitere zusätzliche Belastung durch unerwünschte Geister hinzukommen.

Hartmann-System

Curry-Systeme (gestrichelt)

10-m-System

ca. 2,50 m

ca. 2 m

N

W ——+—— 0

S

Das Curry-System (Aufsicht). Die Kreuzungen des Curry-Systems, die in der Nähe der Kreuzung des 10-m-Systems liegen, fallen mit diesen (annähernd) zusammen

Mondstreifen

Mondstreifen sind Teil einer geomagnetischen Binnenstruktur. Mondstreifen können auf den Menschen neutral wirken, sie können einen ungünstigen Einfluß auf unsere Gesundheit durch Geo-Sha haben oder durch das Vorhandensein unerwünschter Geister ungünstig auf die Geistanteile des Menschen wirken. Wir finden jedoch an gleicher Stelle zu einem bestimmten Zeitpunkt nur eine dieser drei Möglichkeiten.

Mondstreifen können auf den Menschen neutral wirken ...

Geo-Sha in Mondstreifen

Der Träger für das Geo-Sha, das wir im Mondstreifen finden, verläuft schräg von Norden oben nach Süden unten (Nord-Süd-Streifen) sowie schräg von Osten oben nach Westen unten (Ost-West-Streifen). Die Mondstreifen erscheinen wie nord-südlich und ost-westlich verlaufende Wände. Der genaue Winkel, in dem das Geo-Sha nach unten läuft, ist abhängig von der Mondphase und bestimmt auch die Stärke des Geo-Sha. Bei Vollmond sind hier auch höhere Werte als bei Neumond zu finden. Die Wirkung des Geo-Sha in den Mondstreifen auf den Menschen ist in gesundheitlicher Hinsicht vergleichbar mit der Wirkung des Geo-Sha im 250-m-System.

Sie finden Mondstreifen meist gruppenweise, d. h. mehrfach nebeneinander verlaufend, wobei die Abstände zwischen den einzelnen Streifen ca. ein bis drei Meter betragen und bis zu sieben Streifen nebeneinander liegen können. In der Regel ist der Abstand der gruppenweise auftretenden Streifen zueinander in der einzelne Gruppe in etwa gleich groß.

Geister in Mondstreifen

Die Wirkung von Mondstreifen in bezug auf Geister ist stärker als im 170-m-System und schwächer als im 250-m-System. Die Geister in den Mondstreifen können durch Ablenkung unserer Geistanteile, bzw. direkte Einwirkung auf diese, Konzentrationsstörungen, Unlust und Mißmut auslösen.

Neutrale Mondstreifen

Neutrale Mondstreifen können über viele Jahre in ihrer Wirkung auf den Menschen neutral bleiben und dann plötzlich eine Wirkung durch Geo-Sha oder durch unerwünschte Geister haben. Die Wirkung durch Geo-Sha und die Wirkung durch unerwünschte Geister wechselt sich dann jedoch in der Regel in kürzeren Abständen ab.

Abschirmung von Mondstreifen

Mondstreifen lassen sich am besten mit der Feng Shui Power Disc 99 (s. S. 161 und S. 181) abschirmen.

Weitere störende Einflüsse durch geomagnetische Strukturen

Neben den bereits erwähnten geomagnetischen Strukturen, die durch Sha und durch Geister störend wirken, gibt es weitere geomagnetische Strukturen, die ähnlich wie die senkrechten Seiten-

... oder einen ungünstigen Einfluß auf unsere Gesundheit durch Geo-Sha haben

Ein Bett in der Seitenwand eines Mondstreifens, der in diesem Fall das Bett längs durchläuft. Die schädliche Energie läuft schräg von oben nach unten

Neutrale Mondstreifen können über viele Jahre in ihrer Wirkung auf den Menschen neutral bleiben ...

wände geomagnetischer Systeme störend wirken. Diese Wände können u. a. sowohl nord-südlich als auch nordost-südwestlich verlaufen. Nord-südlich verlaufende Wände finden wir zwischen zwei nord-südlich verlaufenden Hauptwänden des 400-m-System-Komplexes (s. u.). Die oben beschriebenen Abschirmmaßnahmen sind auch hier wirksam.

Weitere störende Einflüsse durch säulenförmige Unterstrukturen geomagnetischer Systeme

Neben den beschriebenen störenden Einflüssen durch Sha und durch Geister in geomagnetischen Kubensystemen kann es weitere Störzonen geben, die als Punkt oder kreisförmig wahrgenommen werden. Es handelt sich dabei um unterschiedliche Unterstrukturen sowohl der oben beschriebenen als auch weiterer geomagnetischer Kubensysteme, die jedoch in ihren Seitenwänden keinen wesentlichen störenden Einfluß auf uns ausüben. Im allgemeinen handelt es sich hierbei um säulenartige senkrechte Strukturen mit unterschiedlichem Durchmesser. Die oben beschriebenen Abschirmmaßnahmen sind auch hier wirksam.

Es gibt auch kegelförmige Strukturen, die sich über dem Erdboden befinden und am Boden somit oft als kreisförmige Fläche wahrgenommen werden. der Durchmesser am Boden beträgt ca. 10 bis 12 m, die Höhe beträgt ebenfalls 10 bis 12 m. Als Abschirmmaßnahme sind insbesondere eine ausreichende Zahl Silica-Discs zu empfehlen.

Der 400-m-System-Komplex

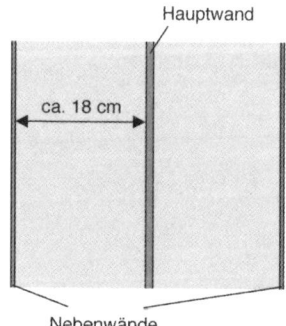

Hauptwand

ca. 18 cm

Nebenwände

Der 400-m-System-Komplex mit der Hauptwand und den beiden Nebenwänden

Eine Besonderheit stellt der Aufbau des 400-m-System-Komplexes dar. Der 400-m-System-Komplex wurde zuerst von Jens Mehlhase beschrieben. Wir finden hier, parallel zur Seitenwand (Hauptwand genannt) verlaufend, beiderseits in ca. 18 m Abstand verlaufende Nebenwände, die schmaler als die Hauptwand sind.

Wenn der 400-m-System-Komplex durch ein Wohnhaus verläuft, finden wir häufig Probleme mit unerwünschten Geistern. Bewohner von Privathäusern, die in der Seitenwand des 400-m-System-Komplexes stehen, fühlen sich häufig in ihrem Haus oder ihrer Wohnung nicht recht wohl. Sensitive Personen fühlen sich häufig direkt gestört, insbesondere nachts. Sie sehen nicht selten sogar Dämonen und Fratzen, die durch ihr Zimmer laufen. Auch tagsüber können diese unerwünschten Geister von Menschen, die in solchen Häusern wohnen, als störend wahrgenommen werden. Weniger sensitiv veranlagte Menschen fühlen sich oft emotional beeinträchtigt, sind leichter reizbar, neigen zu depressiven Stimmungen und sind weniger konzentriert. Arbeitsunlustprobleme werden verstärkt.

Die Phänomene können auch bereits dann auftreten, wenn die betroffene Person gar nicht in der Haupt- oder Nebenwand des 400-m-System-Komplexes schläft, sondern lediglich der 400-m-System-Komplex durch das Wohnhaus verläuft. Die Probleme können wesentlich verstärkt werden, wenn sich das Bett der betroffenen Person in der Neben- bzw. insbesondere in der Hauptwand des 400-m-System-Komplexes befindet. Frauen und Kinder sind häufiger betroffen als Männer, Frauen insbesondere auch dann in verstärktem Maße, wenn bei L-förmigen Häusern die Südwestecke ausgespart ist und z. B. als Terrasse genutzt wird.

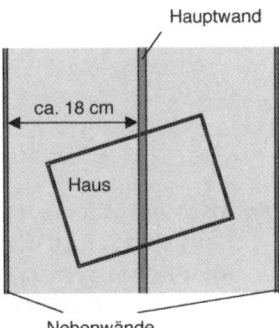

Ein Haus im 400-m-System-Komplex

Feng-Shui-Maßnahmen bei einem Haus im 400-m-System-Komplex

Bei einem Haus im 400-m-System-Komplex ist es am besten, eine Feng Shui Power Disc 99 (s. S. 161) zu verwenden. Die vielfältigen Probleme, die sich in einem Haus, das im 400-m-System-Komplex liegt, ergeben können, werden u. a. dadurch gelöst, daß im Haus der 400-m-System-Komplex aufgelöst wird sowie die Haus-Aura gestärkt wird.

Zusammenfassung der Wirkung der Feng Shui Power Disc 99 auf Haus und Grundstück

Die Wirkung der Feng Shui Power Disc 99 auf geomagnetische Strukturen und negative Energien haben wir bereits ab S. 161 beschreiben, die Wirkung auf positive Energien auf S. 111 erwähnt. Durch die Feng Shui Power Disc 99 lassen sich auch eine ganze Reihe von Formschulproblemen des Feng Shui deutlich verbessern.

Formschulprobleme und Mini-Kubensysteme
Lassen Sie uns kurz erläutern, wie Formschulprobleme im Haus eigentlich entstehen. Sicherlich sind Ihnen Ecken und Kanten zum Beispiel von Möbelstücken allein deshalb schon unangenehm, weil Sie unbewußt den Eindruck haben, sich daran verletzen zu

können. Neben diesem psychologischen Moment haben spitze Ecken und Kanten jedoch im feinstofflichen Bereich eine durchaus reale Wirkung zum Beispiel auf Ihre Aura, was zu einem unangenehmen Gefühl bis hin zu nicht erklärbaren Schmerzzuständen führen kann. Spitze Ecken und Kanten rufen eine feinstoffliche Struktur im Raum hervor, die an das 0,67-cm-System bzw. die 0,95-cm-Diagonalsysteme A und B gebunden sind. Ähnliches gilt auch für Deckenbalken, die auf eine Person zeigen. Wenn davon gesprochen wird, daß ein Deckenbalken, der ein Doppelbett längs in zwei Teile teilt, eine Trennungsproblematik verstärken kann, ist das auch dadurch zu erklären, daß der Deckenbalken sich als feinstoffliche Struktur wie eine unsichtbare Wand nach unten fortsetzt unter Zuhilfenahme der erwähnten Mini-Kubensysteme. Diese unsichtbare Wand wirkt in diesem Fall trennend auf die Geistanteile der dort schlafenden Menschen. Durch die Auflösung des 0,67-cm-Systems sowie der beiden 0,95-cm-Diagonalsysteme A und B (s. S. 159ff.) durch die Feng Shui Power Disc 99 lassen sich diese Probleme deutlich verbessern. Darüber hinaus wirkt die Feng Shui Power Disc 99 stärkend auf die Aura-Struktur des Hauses, was sich unter anderem günstig auf unerwünschte Einflüsse durch Geister auswirkt.

Formschulprobleme im Haus sind z. T. an die Mini-Kubensysteme gebunden

Wirkungen der Feng Shui Power Disc 99 im Haus

Lassen Sie uns nun eine kurze Übersicht über die weiteren Wirkungen der Feng Shui Power Disc 99 im Haus geben.

Abhilfe bei ungünstigen Feng-Shui-Situationen im Schlafzimmer:
• Eine Tür, die aufs Bett zeigt
• Ein Bett zwischen zwei Schlafzimmertüren
• Ecken und Kanten von Möbelstücken
• Deckenbalken über dem Bett (Längsbalken und Querbalken)
• Dreieckige Fenster

Die Wirkung der Feng Shui Power Disc 99 auf Schlafzimmer und Haus

Abhilfe bei weiteren ungünstigen Feng-Shui-Situationen im Haus:
• Lange Durchgänge im Haus
• L-förmige Zimmer
• Zimmerecken, die nicht rechtwinklig sind, sondern einen Winkel unter 90 Grad haben
• Versetzte Ebenen im Haus
• Zimmer mit unterschiedlichen Deckenhöhen
• Toiletten und Abflußrohre im Haus

- Schornstein und Kamin
- Klimaanlagen und Entlüftungsrohre
- Räume mit Deckenschrägen
- Satellitenschüsseln auf dem Dach und an der Hauswand
- Brunnen im Haus
- Geisterwege, die durch ein Haus führen

Abhilfe bei ungünstigen Feng-Shui-Situationen im Eingangsbereich des Hauses:
- Ein astloser Baumstamm oder Pfahl vor der Eingangstür
- Längs und quer verlaufende Balken hinter der Haustür
- Spiegel oder Wandecke direkt gegenüber der Haustür

Wirkungen der Feng Shui Power Disc 99 außerhalb des Hauses

Abhilfe bei ungünstigen Feng-Shui-Situationen außerhalb des Hauses:
- Gerade Wege, die auf das Haus zuführen
- Häuser an T-Kreuzungen
- Auf das Haus zufließende oder vom Haus wegfließende Gewässer
- Dachfirste von Nachbarhäusern, die auf den Eingang oder ein Fenster zeigen
- Windtunneleffekt (eine schmale Lücke zwischen zwei Häusern, die auf die Haustür zeigt)
- Geheime Pfeile (An Jian)
- Brunnen auf dem Grundstück
- Geisterwege, die über ein Grundstück führen

Die Wirkung der Feng Shui Power Disc 99 außerhalb des Hauses

Wirkungen der Feng Shui Power Disc 99 bei Haus und Grundstück

Die Feng-Shui-Power-Disc 99 bewirkt eine feinstoffliche Ergänzung von Haus und Grundstück zur Kreisform. Damit verbessert sie eine Reihe von ungünstigen Situationen bei Haus und Grundstück. Selbst quadratische oder rechteckige Grundstücke bzw. Grundrisse, die an sich schon günstig sind, werden noch verbessert. Die Haus- und Grundstücks-Aura wird gestärkt.

Abhilfe bei ungünstigen Feng-Shui-Situationen bei Haus und Grundstück:
- L-Förmige, U-förmige, dreieckige und andere ungünstige Grundstücks- und Grundrißformen
- Lage des Hauses schräg auf dem Grundstück

- Ungünstige Lage des Zugangs zum Grundstück, zum Beispiel bei L-förmigen Grundstücken
- Zu große oder zu nah am Haus gelegene Swimmingpools oder Teiche, Probleme durch leere Swimmingpools

Kapitel 13

Schutzgeister des Hauses und seiner Bewohner an Herd und Altar

Küche und Herd

Die richtige Plazierung von Küche und Herd im Haus ist wichtig, um uns des guten Einflusses für uns positiver Geister der 4. und 3. Dimension zu versichern. Diese sammeln sich in der Küche, speziell um den Herd, um das Haus zu schützen. Insbesondere die positiven Geister der 4. Dimension könnte man auch als positive Hausgeister oder als **Schutzgeister des Hauses** bezeichnen. Diese Geister sind insbesondere nachts zwischen 22 Uhr und 8 Uhr am Herd. Die positiven Geister der 3. Dimension, die sich um den Herd sammeln, schützen die Bewohner des Hauses, bzw. deren Geistanteile. Sie fördern auch die Kommunikation der Geistanteile der einzelnen Hausbewohner untereinander. Sie können auch **Schutzgeister der Hausbewohner** genannt werden. Für Harmonie und Wohlergehen im Haus ist es wichtig, der Gestaltung der Küche und der geeigneten Plazierung des Herdes die entsprechende Aufmerksamkeit zu widmen.

Eine Außentür zeigt auf den Herd (ungünstig)

Die Plazierung der Küche im Haus

Die Küche sollte nicht direkt neben dem Hauseingang liegen. Auf keinen Fall sollte die Außentür direkt auf den Herd zeigen. Ungünstig ist es, wenn Küche und WC-Raum direkt unter- oder übereinander oder Wand an Wand liegen.

Wenn möglich, sollte die Küche nicht neben dem Schlafzimmer liegen. Von einer Plazierung des Bettes in Nähe des Herdes wird abgeraten, da die Geistanteile des Menschen während des Schlafs durch die Aktivitäten der Geister in Herdnähe abgelenkt werden können.

Liegt die Küche neben dem Wohnzimmer, so ist dies eine günstige Lösung. Ferner sollte auch darauf geachtet werden, daß keine T-Kreuzung von außen auf die Küche zuführt.

Eine Toilette über dem Herd (ungünstig)

Ein Herd hinter dem Bett
(nicht günstig)

Die Plazierung des Herdes in der Küche

Durch eine geeignete Plazierung des Herdes in der Küche, und in bezug zu den umgebenden Räumen, kann die Sammlung der Schutzgeister des Hauses und der Hausbewohner in der Küche und um den Herd gefördert sowie ihre Wirkung verstärkt werden. Physische Energie in Form der Hitze des Herdes wirkt anziehend sowohl auf die Schutzgeister des Hauses als auch die Schutzgeister ihrer Bewohner und erleichtert ihnen das Arbeiten. Hinter dem Küchenherd sollte eine feste Wand sein. Befindet sich der Herd freistehend in der Mitte der Küche, sollte um die Kochmulde herum ein ca. acht Zentimeter hoher Metall- oder Stein- bzw. Keramikrand gezogen werden. Ein solcher Rand fördert die notwendige Bündelung der Energie um die elektrischen Herdplatten bzw. die Gasflammen herum. Das gleiche gilt für einen Holz- oder Kohleherd. Es ist ungünstig, wenn der Küchenherd unter einem Balken steht. Die Arbeit der positiven Geister am Herd wird durch die feinstoffliche und nicht-stoffliche Struktur des Balkens über dem Herd gestört. Zusätzlich können durch einen solchen Balken unerwünschte Fluggeister angezogen werden.

Ein Balken über dem Herd
(ungünstig)

Ein Fenster hinter dem Herd ist ungünstig. Hinter dem Herd
sollte eine feste Wand sein

Spüle und Kühlschrank sollten nicht in der Nähe des Herdes stehen

Eine Spüle gegenüber dem
Herd (ungünstig)

Nässe und Kälte halten einige der erwünschten Geister davon ab, überhaupt in unsere Küche zu kommen und stehen außerdem ih-

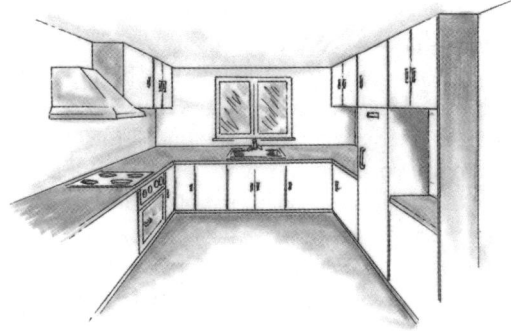

Ein Kühlschrank gegenüber dem Herd (ungünstig)

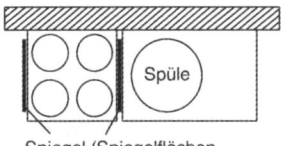

Spiegel (Spiegelflächen
zeigen zum Herd)

*Befindet sich eine Spüle
direkt neben dem Herd,
empfiehlt es sich, beiderseits
des Herdes Spiegel
anzubringen, wobei die
Spiegelfläche jeweils zum
Herd zeigen sollte. Im
Einzelfall kann es
ausreichend sein, lediglich
einen Spiegel zwischen Spüle
und Herd anzubringen*

rer reibungslosen Arbeit im Wege. Durch moderne Küchengeräte wie Spüle, Waschmaschine und Kühlschrank ist dies jedoch heute häufig der Fall, wenn sich die Geräte unmittelbar neben oder gegenüber dem Herd befinden. Besonders ungünstig ist eine Plazierung rechts neben dem Herd (von vorne betrachtet). Wenn sich eine solche ungünstige Situation jedoch nicht ändern läßt, sollte die feinstoffliche Energiebündelung am Herd zumindest durch eine geeignete Verspiegelung des Herdes verbessert werden.

Die Verwendung von Spiegeln am Herd

Man bringt in diesem Fall jeweils einen Spiegel zwischen dem Herd und dem „kalten" bzw. „nassen" Einrichtungsgegenstand an. Die Spiegelseite sollte dabei zum Herd zeigen, da damit die feinstofflichen Hitze am besten gehalten wird. Für diesen Zweck sind prinzipiell alle Spiegelmaße günstig, die Wirkung läßt sich durch Verwendung spezieller Spiegelmaße noch etwas steigern. Besonders geeignet sind Spiegel mit einer Breite von 47 cm bis 50 cm und mit einer Höhe von 82 cm bis 85 cm. Zusätzlich günstig ist es, einen zweiten Spiegel auf der anderen Seite des Herdes anzubringen. Auch dieser Spiegel sollte mit der Spiegelfläche zum Herd zeigen. Die seitlichen Spiegel sollten einen Abstand von ca. drei bis fünf Zentimeter zum Fußboden haben.

Gut ist es, zusätzlich über dem Herd einen Spiegel mit der Spiegelfläche nach unten ca. 50–150 cm über dem Herd anzubringen. Dieser könnte z. B. unter einem Hängeschrank angebracht werden. Ein solcher Spiegel sollte am besten quadratisch sein. Besonders günstig sind die Seitenlängen 37 cm oder 48 cm. Prinzipiell sind aber auch hier alle Maße sowie auch rechteckige Spiegel günstig. Bitte beachten Sie, daß der Spiegel über dem Herd

Spiegel (Spiegelfläche
zeigt zum Herd)

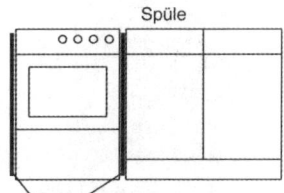

Spüle

Spiegel (Spiegelflächen
zeigen zum Herd)

*Günstig ist es, über dem
Herd, z. B. unterhalb eines
Hängeschrankes einen
weiteren Spiegel
anzubringen*

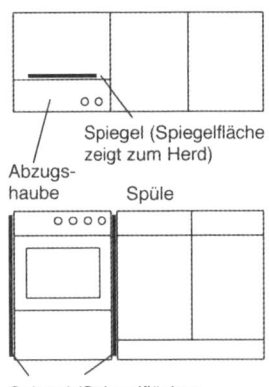

Spiegel (Spiegelfläche zeigt zum Herd)

Abzugs-
haube   Spüle

Spiegel (Spiegelflächen zeigen zum Herd)

Befindet sich über dem Herd eine Dunstabzugshaube, empfiehlt es sich, den Spiegel oberhalb der Dunstabzugshaube zu plazieren

Statue der hl. Walburga

nur dann sinnvoll ist, wenn Sie auch beiderseits des Herdes einen Spiegel anbringen.

Bei Herden sollte auf eine Dunstabzugshaube, die ins Freie führt, verzichtet werden. Gegen eine Dunstabzugshaube mit Umluftcharakter mit geringer Verwirbelung (Stufe 1) ist aus Feng-Shui-Sicht nichts einzuwenden. Wird eine solche Dunstabzugshaube verwendet, kann der Spiegel, falls möglich, über der Haube waagerecht angebracht werden. Beachten Sie auch hier, daß der Spiegel über dem Herd nur dann sinnvoll ist, wenn Sie beiderseits des Herdes auch jeweils einen Spiegel anbringen.

Eine Gabe für die Schutzgeister des Hauses und der Bewohner

Es ist ein chinesischer Brauch, für die Schutzgeister des Hauses und der Bewohner Essen als Gabe oder Opfer in die Küche zu stellen. Es gibt Chinesen, die sich sicher sind, daß sich bestimmte Dinge im Haus positiv verändert haben, seitdem sie ein solches Opfer bringen.

Es besteht die Möglichkeit eine ganze Mahlzeit oder einen Teil einer Mahlzeit, z. B. Früchte, symbolisch für die ganze Mahlzeit als Opfer darzubringen. In China hilft das Bild eines Küchengottes, den Sinn dieser Opfergabe zu verdeutlichen. Im christlichen Bereich können Heilige diese Funktion übernehmen, z. B. die heilige Walburga. Die heilige Walburga ist auch deshalb geeignet, da sie traditionell vor bösen Geistern schützt. Eines solches Opfer kann entweder regelmäßig (z. B. alle 14 Tage oder monatlich) oder zu besonderen Anlässen gebracht werden. Die Opfergabe bleibt über Nacht stehen und kann am nächsten Tag entweder selbst verzehrt, an Bedürftige verteilt oder kompostiert werden.

In der christlichen Welt besteht der Brauch, einen Platz am gedeckten Tisch frei zu lassen, um der Tischgemeinschaft Segen zu bringen. Sie können z. B. ein Gedeck mehr auflegen, als Personen am Tisch sitzen. Denken Sie dann beim Essen daran, daß der Platz für alle unsichtbaren Helfer im Haus gedacht ist.

Faustregeln: Wo Sie Ihren Herd nicht hinstellen sollten

Ungünstig ist es, wenn:
- der Küchenherd unter einem Balken steht
- auf den Küchenherd eine Außentür bzw. ein langer Durchgang zeigt
- sich hinter dem Küchenherd ein Fenster befindet
- sich über, unter oder hinter dem Küchenherd eine Toilette befindet

- sich über, unter oder hinter dem Küchenherd das Badezimmer befindet
- sich über, unter oder hinter dem Küchenherd ein Wassertank befindet
- sich hinter oder unter dem Küchenherd der Heizungsraum (der Zentralheizung) befindet
- sich gegenüber, neben, über, unter oder hinter dem Küchenherd die Waschmaschine befindet
- sich über, unter oder hinter dem Küchenherd ein Bett befindet
- sich über, unter oder hinter dem Küchenherd ein Altar befindet

Wenn Sie den Herd innerhalb der Küche verstellen wollen, empfiehlt es sich, die beste Plazierung mit Biotensor oder Pendel abzufragen. Fragen Sie die Möglichkeiten, die nach den bislang besprochenen Kriterien geeignet wären, einzeln ab: *„Ist hier die beste Plazierung für den Herd in dieser Küche?"* Wenn Sie die beste Plazierung gefunden haben, empfiehlt es sich, auch den Zeitpunkt für das Umstellen des Herdes mit Biotensor oder Pendel zu bestimmen. Es kann sein, daß ungünstige Wirkungen bis zu sechs Jahren anhalten, wenn Sie für das Umstellen einen ungeeigneten Zeitpunkt gewählt haben. Die Technik der Bestimmung des geeigneten Zeitpunktes ist analog zur Bestimmung des günstigen Zeitpunktes für die Räucherzeremonie (s. S. 194 „Bestimmen Sie einen geeigneten Zeitpunkt"). Eine geeignete Fragestellung wäre: *„Ist es am besten, den Herd am ... umzustellen?"* In der Regel wird es möglich sein, einen geeigneten Zeitpunkt innerhalb des nächsten halben Jahres zu finden. Wenn es mit der Umstellung dringlich ist, ist es möglich, innerhalb der nächsten drei Monate zumindest einen Zeitpunkt zu finden, der die zweitbeste Lösung ist, wenn Sie Glück haben, natürlich auch die beste Lösung. In ganz dringlichen Fällen kann die zumindest drittbeste Lösung innerhalb der nächsten drei Wochen gefunden werden, wenn Sie Glück haben, natürlich auch die beste Lösung.

Wenn Sie die beste Plazierung gefunden haben, empfiehlt es sich, auch den Zeitpunkt für das Umstellen des Herdes mit Biotensor oder Pendel zu bestimmen

Altar im Haus

Der Hausaltar ist Sammelpunkt für gute Geister der 4. Dimension im Haus. Gute Geister der 3. Dimension halten sich ebenfalls in der Nähe auf und haben eine Schutzfunktion vor störenden Einflüssen aus der 3. Dimension. In der christlichen Tradition stehen auf dem Hausaltar Ewiges Licht bzw. Kerze und Weihwasser. Ähnliche Traditionen gibt es in vielen großen Religionen.

Ein Balken über einem Altar ist ungünstig

Die Plazierung des Altars im Haus sollte so erfolgen, daß der Sammlungsprozeß und die Aktivitäten der Geister der 4. Dimension nicht gestört werden. Befindet sich der Altar direkt im Schlafbereich, kann dies unsere Geistanteile dazu verleiten, sich spiritueller zu fühlen, als dies angemessen wäre.

Das Aufstellen einer Heiligenfigur oder Aufhängen eines Heiligenbildes im Schlafzimmer dagegen kann günstig sein. In diesem Fall gilt die Heiligenfigur oder das Heiligenbild nicht als Altar, sondern dient dem Schutz des Schlafenden über Nacht. Die Funktion, die ein Altar für das gesamte Haus und seiner Bewohner hat, wird von einer solchen Heiligendarstellung nicht übernommen.

Ein Altar sollte nicht direkt unter einem Deckenbalken plaziert werden.

Positive Geister der 5. Dimension und Balken an Deckenschrägen

Balken an Deckenschrägen können sich dagegen günstig auswirken, da sie einladend auf für uns positive Geister der 5. Dimension sind. Trotzdem ist es nicht ratsam, direkt unter diesen Balken zu schlafen.

Balken an Deckenschrägen. Beachten Sie, daß von dreieckigen Fenstern erhebliche Probleme ausgehen können

Planung von Eingang, Bett, Herd, Altar und Toilette im Haus

Bei der Planung des Hauses ist es gut, Feng-Shui-Probleme, soweit möglich, von vornherein zu vermeiden. Nicht immer wird es möglich sein, eine optimale Lösung zu finden. Dann sollte unter den gegebenen Möglichkeiten zumindest die beste ausgesucht werden. Bei der Planung von Eingang, Bett, Herd, Altar und Toilette im Haus gibt es Kombinationen, die auf jeden Fall vermieden werden sollten.

Eingang und Toilette

In jedem Fall ist es zu vermeiden, über oder unter dem Eingang zum Haus eine Toilette zu plazieren. Eine Toilette neben dem Eingang ist nicht günstig, läßt sich aber durch geeignete Feng-Shui-Maßnahmen in der Wirkung zum Teil ausgleichen. Eine solche Kombination ist jedoch leider in vielen Häusern zu finden.

Bett und Toilette

Ähnlich problematisch, wie für den Eingang beschrieben, ist die Plazierung einer Toilette direkt über oder unter dem Bett. Glücklicherweise ist die Plazierung des Bettes im Zimmer und in der Wohnung weitaus flexibler als die Plazierung des Eingangs. Es ist zumindest erforderlich, das Bett zu verschieben, ggf. auch, das Schlafzimmer zu wechseln. Liegt eine Toilette neben dem Schlafzimmer, ist dies nicht günstig, es lassen sich jedoch geeignete Feng-Shui-Maßnahmen treffen. Häufig ist es auch möglich, das Bett von der gemeinsamen Wand mit der Toilette abzurücken und an eine andere Wand zu stellen.

Glücklicherweise ist die Plazierung des Bettes im Zimmer und in der Wohnung weitaus flexibler als die Plazierung des Eingangs

Bett und Herd

Weder für den Schlafenden noch für die Schutzgeister am Herd ist es günstig, wenn Bett und Herd zu nahe beieinander liegen. Dabei sollten Bett und Herd weder direkt übereinander noch nebeneinander liegen, da sich über Nacht die Geistanteile des Schlafenden und die Schutzgeister des Hauses und der Bewohner in ihrer Arbeit gegenseitig behindern oder ablenken können.

Bett und Altar

Ähnliches wie für Bett und Herd gilt auch für Bett und Altar. Eine zu große Nähe (insbesondere auch beim Altar im Schlafzimmer) kann die Arbeit der Geistanteile des Schlafenden und der positiven Geister am Altar über Nacht behindern.

Herd und Toilette

Vermeiden Sie auf jeden Fall, eine Toilette über oder unter einem Herd zu plazieren

Vermeiden Sie auf jeden Fall, eine Toilette über oder unter einem Herd zu plazieren. Die Plazierung über dem Herd ist dabei noch deutlich problematischer als darunter. Liegen Herd und Toilette nebeneinander, ist dies nicht günstig, es läßt sich jedoch häufig eine geeignete Feng-Shui-Maßnahme treffen (s. S. 123ff.) bzw. der Herd in der Küche zusätzlich an einen anderen Platz stellen.

Herd und Altar

Auch Herd und Altar sollten nicht direkt übereinander und möglichst auch nicht direkt nebeneinander stehen. Die Geister an Herd und Altar haben ihre eigenen Aufgaben und sollen sich dabei nicht stören.

Altar und Toilette

Vermeiden Sie auf jeden Fall auch die Plazierung eines Altars unter oder über einer Toilette. Auch die Plazierung neben einer Toilette ist in der Regel zu meiden, da Feng-Shui-Maßnahmen oft nicht ausreichend wirksam sind.

Kapitel 14

Zeremonien und besondere Schutzmaßnahmen

Räucherzeremonie

Das Räuchern ist eine traditionelle Methode, um einen Raum mit Hilfe von Rauch zu reinigen. In vielen Kulturen wird hierfür insbesondere Salbei verwendet. Salbeirauch wirkt auf Energiestrukturen von Gedanken, Gefühlen und Erinnerungen, die sich an Gegenstände und die Bausubstanz und deren feinstoffliche und nicht-stoffliche Struktur angeheftet haben. Es kann sich dabei sowohl um Energiestrukturen von früheren Bewohnern als auch um eigene Energiestrukturen handeln. Der Raum wird auch von unerwünschten Geistern befreit, die sich an diese Energiestrukturen angeheftet haben.

Einzugszeremonie für ein bereits vorher bewohntes Haus

Wenn ein Haus bereits vorher bewohnt war, empfiehlt es sich, eine Räucherzeremonie mit Salbei durchzuführen. Vor Beginn der Räucherzeremonie wird ein **Engels- oder Heiligenbild** (z. B. Sankt Florian) oder eine andere Darstellung, entsprechend dem jeweiligen Kulturkreis des Anwenders, in der Küche aufgestellt. Ist die Küche noch leer, benutzt man dafür den Fußboden; sind bereits Küchenmöbel vorhanden, wird das Bild auf Anrichte oder Tisch gestellt. Vor das Bild werden **acht Blumen** gelegt. Geeignet sind z. B. Tulpen, Rosen oder Lilien. Als Mindestgröße für die Blumen können normal große Tulpen gelten. Sollten die Blumen kleiner sein (z. B. kleine Rosen), wird die doppelte Anzahl (16) benötigt. Andere Blumen können auf ihre eventuelle Eignung hin mit Biotensor oder Pendel abgefragt werden.

Unmittelbar nach Beendigung der Räucherzeremonie werden die Blumen in das nächstgelegene fließende Gewässer geworfen. Es ist empfehlenswert, sich während der gesamten Zeremonie gedanklich auf den Reinigungsprozeß einzustellen, da dies unterstützend wirkt.

Sie benötigen für diese Zeremonie außerdem **Salbei**, ein **Räuchergefäß**, **imprägnierte Holzkohle**, eine **Metallzange oder** eine

Reinigen des Hauses mit Salbeirauch

Grillzange aus Holz, ein **Feuerzeug** oder **lange Streichhölzer** und **Lederhandschuhe**.

Sie können für die Zeremonie sowohl frischen Salbei (z. B. aus Ihrem Garten) als auch getrocknete Salbeiblätter verwenden. Getrocknete Salbeiblätter erhalten Sie als Salbeitee in Apotheken, Drogerien, Lebensmittel- oder Teeläden. Salbeitee sollte für Räucherzeremonien möglichst frisch sein. Bereits nach einem Jahr verliert er für Räucherzwecke an Wirksamkeit. Erfahrungsgemäß erhalten Sie die frischesten Qualitäten in einer gut frequentierten Apotheke. Fragen Sie im Zweifelsfall nach dem Haltbarkeitsdatum. Am besten ist es, wenn der Salbeitee laut Haltbarkeitskennzeichnung noch ca. zwei Jahre haltbar ist.

Geeignete Räuchergefäße

Als Räuchergefäß geeignet sind die in der Kirche benutzten Weihrauchgefäße (auch Rauchfaß genannt). Diese haben Kugelform mit abnehmbarem Oberteil. Im Innern befindet sich ein schüsselförmiger Einsatz, so daß das Gefäß nach unten nicht so heiß wird, wenn es steht. Im abnehmbaren Oberteil des Gefäßes befinden sich Öffnungen, damit der Rauch gut entweichen kann. Seitlich befinden sich am unteren Teil in der Regel drei Halterungen für Ketten, so daß das Gefäß gut geschwenkt werden kann. Das abnehmbare Oberteil ist an einer vierten Kette befestigt, so daß es sich auch beim erwärmten Gefäß gut abnehmen läßt.

Ungeeignete Räuchergefäße

Ungeeignet dagegen sind Duftkugeln aus Metall, die in Möbelhäusern und Geschenkartikelläden erhältlich sind. Diese Duftkugeln sind aufklappbar mit Scharnier, so daß das Gefäß bei Räucherungen aufklappen kann und sich der glühende Inhalt auf den Fußboden entleeren kann.

Wenn Sie kein geeignetes Rauchfaß haben, können Sie auch eine Bratpfanne oder einen Kochtopf mit Stielgriff nehmen. Achten Sie jedoch darauf, daß Bratpfanne oder Kochtopf während der Räucherzeremonie heiß werden und nur auf geeignetem Untergrund abgesetzt werden sollten. Außerdem kann es evtl. zu Funkenflug kommen.

Bestimmen Sie einen geeigneten Zeitpunkt

Es empfiehlt sich, einen geeigneten Termin für die Räucherzeremonie festzulegen

Es empfiehlt sich, einen geeigneten Termin für die Räucherzeremonie festzulegen. Datum und Uhrzeit können Sie beispielsweise mit Hilfe des Biotensors oder Pendels bestimmen. Zur Bestimmung des Datums nehmen Sie sich einen Kalender. Sie legen zunächst fest, in welchem Monat bzw. in welcher Woche die Zeremonie stattfinden soll. Fragen Sie beispielsweise: *„Ist es am besten, die Zeremonie im Januar durchzuführen?"* Beginnen Sie mit dem Monat, in dem Sie sich gerade befinden. Fragen Sie die Monate einzeln ab, bis Sie ein JA erhalten.

Wenn Sie den richtigen Monat ermittelt haben, fragen Sie erst nach der Woche und dann nach dem Datum. Wenn Sie ermittelt haben, daß es am besten ist, die Zeremonie in der ersten Januarwoche durchzuführen, fragen Sie beispielsweise: *„Ist es am besten, die Zeremonie am 1. Januar durchzuführen?"*, usw. Es empfiehlt sich, während dieses Vorgangs auch wirklich in den Kalender hineinzuschauen.

Wenn Sie das geeignete Datum ermittelt haben, bestimmen sie die Uhrzeit. In der Regel ist es günstig, bei Privathäusern oder Wohnungen die Zeremonie zwischen 23.00 Uhr und 1.00 Uhr Ortszeit durchzuführen. Wenn abzusehen ist, daß die Zeremonie länger als eine Stunde dauern wird, sollten sie gegen 23.00 Uhr Ortszeit beginnen, wird die Zeremonie wahrscheinlich kürzer, fangen Sie um 0.00 Uhr Ortszeit an. Sie sollten diese Räucherzeremonie 24 bis 48 Stunden vorher „anmelden", d. h. Sie sollten sich diesen Termin aufschreiben oder zumindest laut aussprechen und die Hausgeister, St. Florian oder andere helfende Kräfte um Unterstützung bitten. Das ist auch deshalb wichtig, damit die guten Geister des Hauses sich durch die Räucherzeremonie nicht irrtümlich aufgefordert fühlen, das Haus zu verlassen.

Für Geschäftshäuser oder Geschäftsräume ist es in der Regel günstig, die Zeremonie zwischen 9.00 Uhr und 11.00 Uhr Ortszeit durchzuführen. Wenn abzusehen ist, daß die Zeremonie länger als eine Stunde dauern wird, sollten sie gegen 9.00 Uhr Ortszeit beginnen, wird die Zeremonie wahrscheinlich kürzer, fangen Sie um 10.00 Uhr Ortszeit an. Vergessen Sie nicht, die Räucherzeremonie 24 bis 48 Stunden vorher „anzumelden" (s. vorheriger Absatz).

Beachten Sie, daß Ihre Uhr während der Sommerzeit eine Stunde vorgeht. D. h., wenn Ihre Uhr 9. 00 Uhr zeigt, ist es erst 8.00 Uhr mitteleuropäischer Zeit (MEZ). Zusätzlich kommt es zu einer Verschiebung zwischen MEZ und Ortszeit, nach der Sie die Zeremonie durchführen. In Deutschland geht Ihre Uhr gegenüber der Ortszeit etwas vor. D. h., wenn Sie z. B. in Kassel wohnen und Ihre Uhr 9.00 Uhr anzeigt, ist es erst 8.38 Uhr Ortszeit. Den Zeitunterschied zwischen Ortszeit und MEZ können Sie der Tabelle im Anhang „Zeitunterschied zwischen Ortszeit und MEZ" (s. S. 233) entnehmen. Wenn Ihr Wohnort nicht aufgeführt ist, schauen bei der Stadt nach, die möglichst direkt nördlich oder südlich Ihres Wohnortes liegt.

Wenn Sie das geeignete Datum ermittelt haben, bestimmen sie die Uhrzeit für die Zeremonie ...

Legen Sie fest, in welcher Reihenfolge Sie die einzelnen Räume räuchern

... dann legen Sie die beste Reihen-folge fest, in der Sie Ihre Räume räuchern können

Wenn Sie einen geeigneten Zeitpunkt gefunden haben, legen Sie die beste Reihenfolge fest, in der Sie Ihre Räume räuchern können. Bewährt hat sich prinzipiell folgende Reihenfolge: Küche, WC, Bad, Flure und Treppenhaus (Ihrer Wohnung), übrige Räume in Ihrer Wohnung. Bei Unklarheiten kann die genaue Reihenfolge mit Biotensor oder Pendel festgelegt werden.

Wenn Sie eine Wohnung haben, die sich über mehrere Etagen erstreckt, gehen Sie etagenweise vor. Beginnen Sie auf der Etage, auf der sich die Küche befindet. Wenn Sie diese Etage in der oben angegebenen Reihenfolge (Küche, WC etc.) geräuchert haben, räuchern Sie die nächste Etage analog (ggf. Kochecke oder Teeküche, WC, übrige Räume). Wenn Sie mit Ihrer Wohnung fertig sind, können Sie Flur und Treppenhaus des Hauses, Keller und Dachboden räuchern.

Wenn Sie in einem Mehrfamilienhaus das ganze Haus räuchern, räuchern Sie erst die einzelnen Wohnungen, dann den gemeinschaftlichen Hausflur und das Treppenhaus beginnend am Hauseingang, dann Keller und Dachboden. In diesem Fall ist es am besten, in jeder Wohnung in der Küche ein Engel- oder Heiligenbild aufzustellen und Blumen davorzulegen. Ist es nicht möglich oder erwünscht, das ganze Haus zu räuchern, räuchern Sie nach Ihrer Wohnung erst Ihre Kellerräume, dann den Dachboden, dann das gemeinschaftlich genutzte Treppenhaus.

Die Räucherzeremonie beginnt in der Küche

Räuchern des Herdes

Die Schutzgeister des Hauses haben sich in der Küche gesammelt, damit sie die Räucherzeremonie unterstützen können. Sie beginnen mit dem Herd. Schwenken Sie zunächst die Räucherkugel über den ausgeschalteten Herdplatten (beim Elektroherd) oder den nicht entzündeten Gasflammen (Gasherd) hin und her. Sie können das Räuchergefäß als Pendel benutzen und fragen: *„Ist der Räuchervorgang hier abgeschlossen?"* Wenn Sie ein JA erhalten, fahren Sie mit der Räucherzeremonie wie beschrieben fort. Erhalten Sie ein NEIN, setzen Sie den Räuchervorgang an dieser Stelle solange fort, bis Sie schließlich ein JA erhalten. Wird die Räucherzeremonie von mehreren Personen durchgeführt, ist es praktisch, wenn eine Person das Räuchergefäß schwenkt und eine zweite Person mit Biotensor oder Pendel den Räuchervorgang kontrolliert.

Achten Sie beim Räuchern auch auf sämtliche Hohlräume bei Herd, Schränken und allen sonstigen Einrichtungsgegenständen.

196

Beim Herd heißt dies, daß Sie zunächst den Backofen öffnen und räuchern. Räuchern Sie auch hier so lange, bis Sie mit Hilfe der obigen Fragestellung festgestellt haben, daß der Räuchervorgang im Backofen tatsächlich abgeschlossen ist. Befindet sich z. B. eine Schublade im Herd oder ein zugänglicher Hohlraum unter dem Herd, verfahren Sie ebenso. Anschließend räuchern Sie den Herd von vorn.

Es gilt das Prinzip, daß von oben nach unten und von innen nach außen geräuchert wird. Räuchern Sie zunächst, falls nötig unter Zuhilfenahme einer sicheren Trittleiter, zwischen Küchendecke und Schränken. Sie sollten beim Räuchern in der Küche zunächst die oberen Schranktüren öffnen und fachweise räuchern, wobei Sie die Innenseiten der Türen nicht vergessen dürfen. Insbesondere Kunststoffoberflächen bedürfen häufig eines relativ langen Räuchervorgangs. Fragen Sie deshalb hier besonders sorgfältig nach dem Ende des jeweiligen Räuchervorgangs. Öffnen Sie auch sämtliche Schubladen, und räuchern Sie Schublade für Schublade durch. Fragen Sie mit Biotensor oder Pendel ab, ob Sie Kochtöpfe, Schüsseln und sonstige Gefäße einer Extraräucherung unterziehen müssen. Wenn Sie ein JA bekommen, führen sie diese Räucherung äußerst sorgfältig durch.

> **Es gilt das Prinzip, daß von oben nach unten und von innen nach außen geräuchert wird**

Räuchern Sie dann den Kühlschrank innen und außen, und lassen Sie beim Räuchern die Speisen im Kühlschrank. Als nächstes räuchern Sie die Spülmaschine innen und außen. Dann räuchern Sie gründlich das Spülbecken, dabei insbesondere auch sehr gründlich den Abfluß. Vergessen Sie nicht den Raum unterhalb des Spülbeckens. Sollte eine Waschmaschine in der Küche stehen, räuchern Sie auch diese. Auch andere Elektrogeräte wie Toaster, Eierkocher, elektrischer Wasserkocher sind zu räuchern.

> **Räuchern des Kühlschranks**

Tische und Stühle werden von oben und von unten geräuchert. Vergessen Sie nicht den Mülleimer und die Heizung. Wenn Sie eine Eckbank in der Küche stehen haben, denken Sie auch an die Fächer unter den Sitzflächen. Bevor Sie den Raum verlassen, gehen Sie noch einmal alle Wände ab. Gehen Sie dann, das Räuchergefäß schwenkend, durch die ganze Küche. Wenn Sie den Raum verlassen, räuchern Sie die Küchentür von innen und dann von außen.

Räuchern in WC und Bad

Wenn Sie WC und Bad in getrennten Räumen haben, beginnen Sie mit dem WC. Öffnen Sie den WC-Deckel und räuchern Sie das Becken und den Abfluß gründlich. Vergessen Sie auch hier nicht zu fragen, ob der Räuchervorgang schon abgeschlossen ist. Häufig ist es erforderlich, nach dem Räuchern des WC-Beckens die Spülung ein- oder mehrmals zu betätigen. Fragen Sie dies ggf. mit Biotensor oder Pendel ab. Räuchern sie dann die anderen Einrichtungsgegenstände wie Waschbecken, ggf. Badewanne und Dusche (einschließlich der Duschwände, insbesondere, wenn diese aus Kunststoff sind bzw. den Duschvorhang), Waschmaschine und Wäschetrockner sowie Schränke, Oberflächen und Wände. Räuchern Sie Schränke innen und außen, wie für die Küche beschrieben. Gehen Sie noch einmal, das Räuchergefäß schwenkend, durch den ganzen Raum, und räuchern Sie beim Verlassen des Raumes die Tür von innen und außen. Räuchern Sie in dieser Weise sämtliche Toiletten und Badezimmer.

Flure, Treppen und Eingänge im Einfamilienhaus

Gehen Sie durch alle Flure und Treppenhäuser, die zu Ihrer Wohnung gehören

Gehen Sie, das Räuchergefäß schwenkend, durch alle Flure und Treppenhäuser, die zu Ihrer Wohnung gehören, und räuchern Sie dabei auch alle Wände und Einrichtungsgegenstände ab. Vergessen Sie im Treppenhaus nicht den oder die Briefkästen. Auch einen Briefkasten vor der Haustür sollten Sie räuchern, sofern er sich innerhalb der ersten Aura-Hülle befindet.

Zimmer

Räuchern der Wohn- und Schlafräume

Beim Räuchern der Zimmer beginnen Sie mit dem Wohnzimmer, dann gehen Sie die Zimmer einfach der Reihe nach durch. Beim Räuchern in den Zimmern bedürfen insbesondere Einrichtungsgegenstände aus Leder oder Fell sowie „Erbstücke" besonderer Aufmerksamkeit. Vor allem wenn die Erbstücke Personen gehört haben, die als hartherzig oder eher unangenehm galten, können diese Qualität auch viele Jahre nach dem Tod der betreffenden Person in den Raum bringen. Über diese Gegenstände, aber auch Bilder oder Fotos, können Verstorbene, aber auch noch lebende Personen, direkt Einfluß nehmen. Im ungünstigsten Fall kann das Vital-Qi im Haus fast gänzlich verschwinden. Achten Sie deshalb auch auf die Wirkung von Geschenken. Insbesondere Computer, aber auch Papierkörbe, z. B. im Arbeitszimmer, sollten gut ausgeräuchert werden.

Keller und Dachboden

Keller und Dachboden können Sie von unten nach oben räuchern oder die beste Reihenfolge mit Biotensor oder Pendel bestimmen. Im Keller sollten auch die Stellen, wo das Wasser in das Haus ein- und austritt, gut geräuchert werden.

Besonderheiten bei Mehrfamilienhäusern

Bevor Sie in den Keller und auf den Dachboden gehen, räuchern Sie die gemeinschaftlich genutzten Flure und Treppenhäuser. Vergessen Sie auch hier die Briefkästen nicht.

Garagen und Schuppen

Es ist sinnvoll, Außenanlagen wie Garagen und Schuppen dann zu räuchern, wenn sie sich innerhalb der äußeren Aura-Hülle des Hauses befinden. Befinden sie sich außerhalb, wird der Effekt der Räucherung, insbesondere auch auf Kellergeister, nicht lange anhalten.

Ein Auegeist im Keller

Bei der Räucherzeremonie zeigen sich häufig arealgebundene Naturgeister, die sich noch auf dem Grundstück befinden.

Im Keller einer ehemaligen Sparkassenfiliale meldete sich anläßlich einer Räucherzeremonie bei dem dort jetzt praktizierenden Heilpraktiker ein arealgebundener Auegeist. Dieser befand sich bereits seit der Errichtung des Sparkassengebäudes vor 40 bis 50 Jahren in den Räumen. Der Heilpraktiker, der normalerweise in dieser Hinsicht nicht hellsichtig ist, konnte den Auegeist als ca. ein Meter hohe männliche Gestalt mit relativ langem weißen Bart wahrnehmen. Dieser machte einen grantigen Eindruck. Er war erbost, daß die Sparkassenfiliale seinerzeit ohne sein Einverständnis auf „seinem" Areal gebaut worden war. In den 40 bis 50 Jahren, in denen das Gebäude dort steht, war es anscheinend nicht zu einer Kommunikation zwischen dem arealgebundenen Auegeist und den Sparkassen-Angestellten gekommen.

Anläßlich der Zeremonie hatte er die Möglichkeit, sich zu zeigen bzw. sich bemerkbar zu machen. Es gelang mit Hilfe des Biotensors, die Kommunikation aufzunehmen. Er teilte mit, daß er 450 Jahre alt sei und die längste Zeit seines Lebens auf dem Grundstück gelebt habe. Schon der Bau der umliegenden Häuser habe ihn gestört, aber die Errichtung der Sparkassenfiliale habe ihn wirklich erzürnt.

Am Abend des gleichen Tages wurde er vom Heilpraktiker und seiner Frau zu einer nahegelegenen Auelandschaft gebracht. Nach einigen Tagen zeigte sich der Auegeist erneut im Keller des Gebäudes. Das Problem bestand darin, daß er zwar prinzipiell bereit gewesen war, in seinem hohen Alter nochmal umzuziehen, jedoch nicht gefragt worden war, ob er gerade an diesen neuen Ort umziehen wollte. Außerdem war es versäumt worden, die die dort ansässigen Auegeister um Zustimmung zu bitten. Zunächst wur-

Umsiedlung des Auegeistes, ohne ihn und andere Auegeister um Einverständnis zu bitten

de mittels Biotensor die Zustimmung der Auegeister der nahegelegenen Auelandschaft eingeholt. daraufhin stimmte, wenn auch äußerst ungern, auch unser „Kellergeist" dem Umzug zu. Nach diesem zweiten, besser vorbereiteten Umzug wurde der Auegeist in den Kellerräumen nicht mehr gesehen.

Räucherzeremonie für bereits bezogene Räumlichkeiten

Salbeiräucherung bei längerem Bewohnen eines Hauses

Wenn man schon lange im selben Haus oder in derselben Wohnung wohnt, kann es ebenfalls sinnvoll sein, eine Räucherzeremonie mit Salbei durchzuführen. Fragen Sie mit Biotensor oder Pendel ab, ob eine Räucherzeremonie mit Salbei sinnvoll und notwendig ist. Wenn Sie ein JA bekommen, verfahren Sie wie oben beschrieben.

Wiederholung der Räucherzeremonie

Es empfiehlt sich, bereits nach ca. einem halben Jahr (nach 180 Tagen) mit Biotensor oder Pendel abzufragen, ob Sie die Räucherzeremonie mit Salbei wiederholen sollten. Wenn Sie ein JA bekommen, wiederholen Sie die Zeremonie nach 182 oder 183 Tagen. Fragen Sie den günstigsten Tag mit Biotensor oder Pendel ab. In der Regel werden Sie die Zeremonie zur gleichen Tageszeit durchführen wie beim ersten Mal. Fragen Sie auch hier die beste Uhrzeit nochmals ab. Wenn Sie ein NEIN bekommen, fragen Sie, ob eine Citruszeremonie durchgeführt werden sollte.

Citruszeremonie

Ähnlich wie Salbeirauch wirkt auch Wasser, in dem Schalen geeigneter Citrusfrüchte gelegen haben. Es zerstreut Energiestrukturen von Gedanken, Gefühlen und Erinnerungen, die sich an Gegenstände und die Bausubstanz und deren feinstoffliche und nicht-stoffliche Struktur angeheftet haben und nicht mehr gewollt oder benötigt werden. Im Gegensatz zu einer Salbeiräucherung wirkt das Versprühen oder Versprenkeln von Citruswasser nur auf Energiestrukturen, die nicht älter als ein Jahr sind. Der Raum wird auch von unerwünschten Geistern befreit, die sich innerhalb dieses Zeitraums an die Energiestrukuren angeheftet haben. Es ist oft ausreichend, am Jahrestag der Räucherzeremonie mit Salbei deren Wirkung mit einer **Citruszeremonie** aufzufrischen.

Hierfür benötigt man acht Citrusfrüchte. Geeignet sind Apfelsinen, Zitronen, Pampelmusen, Mandarinen, Clementinen, Limonen, Limetten u.a., es sollte jedoch für diese Zeremonie nur eine Sorte verwendet werden. Die Citrusfrüchte werden geschält, die

Schalen werden in eine Schale gelegt, die mit genügend Wasser für die Zeremonie gefüllt ist. Die Schalen bleiben eine Stunde im Wasser. Es ist praktisch, das Wasser dann in eine Sprühflasche mit feinen Düsen zu füllen. Die geschälten Citrusfrüchte werden in die Küche auf einen sauberen Teller gelegt, sie bilden eine Fruchtgabe. Mit dem Wasser werden insbesondere die Ecken und die Mitte der einzelnen Räume in der bereits weiter oben beschriebenen Reihenfolge besprenkelt. Die Dauer des Besprenkelns kann wiederum während der Zeremonie in den jeweiligen Räumen mit Biotensor oder Pendel abgefragt werden. Wird keine Sprühflasche benutzt, kann das Wasser auch mit der Hand versprenkelt werden. Die Früchte werden nach der Zeremonie entweder an Bedürftige verschenkt oder kompostiert. Die Früchte sollten nicht von den Bewohnern verzehrt werden.

Salzzeremonie

Seit Jahrtausenden wird Salz in vielen Kulturen für Reinigungsrituale benutzt. Salz kann unerwünschte vagabundierende Geister und Geistanteile lebender Personen daran hindern, in ein Haus einzudringen. Salz kann die Geister und Geistanteile lebender Personen darüber hinaus dazu bewegen, das Haus zu verlassen, da diesen die feinstoffliche und nicht-stoffliche Struktur durch das Salz unangenehm ist. Diese Struktur wird von hellsichtigen Personen als helle Mauer wahrgenommen, die bei Salinensalz (normales, nicht jodiertes Haushaltssalz) ca. 1,20 m bis 2 m hoch ist, abhängig von der betrachteten Ebene. Die Struktur kann bis zu einem halben Jahr bestehen bleiben, selbst wenn das Salz entfernt wird. Bei Meersalz oder jodiertem Salz ist die Höhe der Struktur etwas geringer und liegt zwischen 1 m und 1,70 m, abhängig von der betrachteten Ebene. Auch die Wirkung der Struktur ist in der Regel etwas geringer als bei Verwendung von Salinensalz.

Die Wirkung des Salzes wird verstärkt, wenn die Schutzgeister des Hauses 24 bis 48 Stunden vor dem Ausbringen des Salzes um Unterstützung gebeten werden.

Salz erzeugt eine feinstoffliche Struktur

Salzzeremonie bei Neubezug

Bei Einzug in ein neu gebautes Haus empfiehlt es sich, vor dem Einzug eine Salzzeremonie durchzuführen. Dies kann sowohl von einem Feng-Shui-Berater als auch vom künftigen Bewohner selbst durchgeführt werden.

Die Terminbestimmung erfolgt ähnlich wie bei der Räucherzeremonie. Es wird jedoch in der Regel sowohl bei Privathäusern bzw. -wohnungen als auch bei Geschäftsräumen der günstigste Termin in den Vormittagsstunden zwischen 9 und 11 Uhr Ortszeit liegen.

Vor Beginn des Salzstreuens wird ein **Engel- oder Heiligenbild** (z. B. Sankt Florian) oder eine andere Darstellung, entsprechend dem jeweiligen Kulturkreis des Anwenders, in der Küche aufgestellt, wie bei der Räucherzeremonie beschrieben. Ist die Küche noch leer, benutzt man dafür den Fußboden; sind bereits Küchenmöbel vorhanden, wird das Bild auf Anrichte oder Tisch gestellt. Vor das Bild werden **acht Blumen** gelegt. Geeignet sind auch hier normal große Tulpen, Rosen und Lilien bzw. andere Blumen entsprechender Größe. Sollten die Blumen wesentlich kleiner sein (z. B. kleine Rosen), benötigen Sie die doppelte Anzahl (16). Andere Blumen können auf ihre Eignung mit Biotensor oder Pendel abgefragt werden.

Entfernen des Salzes

Danach streut man das Salz im Haus an den Außenwänden entlang. Nach 12 Stunden kann das Salz bereits wieder entfernt werden, spätestens jedoch vor dem Einzug. Das Salz kann sowohl aufgefegt als auch mit dem Staubsauger aufgesaugt werden. Nach der Entfernung des Salzes werden die Blumen in das nächstgelegene fließende Gewässer geworfen. Es ist empfehlenswert, sich während der gesamten Zeremonie gedanklich auf den Reinigungsprozeß einzustellen, da dies unterstützend wirkt.

Die Salzzeremonie kann auch für eine einzelne Wohnung durchgeführt werden. Wenn mehrere Wohnungen in einem neu gebauten Haus bezogen werden, wird die Salzzeremonie sowohl für das Haus als auch für die einzelnen Wohnungen durchgeführt.

Jährlich sollte mit dem Biotensor oder Pendel abgefragt werden, ob die Salzzeremonie wiederholt werden soll. Häufig hält die Wirkung der Salzzeremonie drei Jahre an. Die Salzzeremonie wird dann in der beschriebenen Form wiederholt.

Salzzeremonie bei störenden Einflüssen aus einer Nachbarwohnung

Gern wird die Salzzeremonie auch bei störenden Einflüssen aus einer Nachbarwohnung angewandt. Die Wirkung wird verstärkt, wenn die Geistanteile der störenden Nachbarn 24 bis 48 Stunden vor dem Ausbringen des Salzes gebeten werden, die feinstoffliche und nicht-stoffliche Mauer zwischen den Wohnungen nicht zu überschreiten. Für diese Zeremonie ist es nicht erforderlich, ein Engel- oder Heiligenbild aufzustellen, auch Blumen werden nicht benötigt.

Es empfiehlt sich jedoch, diese Zeremonie halbjährlich zu wiederholen. Es ist deshalb auch hier günstig, sich den Termin für die Durchführung zu notieren.

Salzzeremonie bei störenden Einflüssen innerhalb der eigenen Wohnung

Bei störenden Einflüssen innerhalb der eigenen Wohnung kann die Salzzeremonie auch für ein einzelnes Zimmer durchgeführt werden. Ein Engel- oder Heiligenbild sowie Blumen werden auch in diesem Fall nicht benötigt. Die Wirkung der Salzzeremonie wird verstärkt, wenn die Geistanteile der störenden Mitbewohner 24 bis 48 Stunden vor dem Ausbringen des Salzes gebeten werden, die feinstoffliche und nicht-stoffliche Mauer zwischen den Zimmern nachts nicht zu überschreiten. Es ist insbesondere sinnvoll, eine solche Zeremonie für das Schlafzimmer durchzuführen, um nachts ausreichend Ruhe zu bekommen.

Salzzeremonie für einzelne Räume

In der Regel ist es ausreichend, diese Zeremonie jährlich zu wiederholen. Vergessen Sie nicht, sich den Termin gut zu notieren.

Leise Musik hält Geister fern

Wenn ein Haus, eine Wohnung oder auch Geschäftsräume nachts nicht bewohnt werden, lockt dies vagabundierende Geister und Kellergeister an, da diese bemerken, daß die menschlichen Geistanteile nicht anwesend sind. Wenn leise, angenehme Musik spielt, wirken die Räume bewohnt. Die unerwünschten vagabundierenden Geister und Kellergeister hält dies davon ab, in die Räume einzudringen. Gut geeignet, auch über längere Zeiträume (sogar mehrere Tage und Wochen) Musik abzuspielen, sind CD-Player. Mit Hilfe der Repeat-Taste werden die ausgewählte CD oder Teile davon ständig wiederholt.

Musik läßt das Haus bewohnt erscheinen

Stellen Sie die Musik so ein, daß sie gerade noch vernehmbar ist, wenn Sie sich in der Wohnung bzw. den Räumen aufhalten. Bei Einfamilienhäusern reicht es in der Regel aus, einen CD-Player im Erdgeschoß laufen zu lassen. Auch wenn die Musik im Obergeschoß nicht in allen Räumen hörbar ist, ist die Wirkung in der Regel für alle Räume ausreichend. Stellen Sie die Musik nicht zu laut ein. Dies zieht eher die Aufmerksamkeit von Nachbarn an.

Als Musik geeignet sind Musik von Mozart, Barockmusik, Meditationsmusik, klassische chinesische Musik, teilweise auch klassische indische Musik, polynesische und melanesische Musik. Die Musik sollte melodisch und nicht zu anregend sein. Instrumentalmusik ist in der Regel günstiger als Vokalmusik. Ungeeignet sind Jazz, Rockmusik, teils auch Popmusik. Es ist deshalb in der Regel nicht ausreichend, das Radio über Nacht laufen zu lassen. Dies kann ggf. auch einen eher ungünstigen Effekt haben.

Morgens fit im Büro

Fit im Büro durch nächtliche Musik

Eine 36jährige Versicherungskauffrau benötigte morgens immer eine halbe Stunde, um in ihrem Büro in Gang zu kommen. Beim Betreten des Büros wurde sie schon etwas müde und mußte sich erstmal einen Kaffee kochen. Ein befreundeter Feng-Shui-Berater riet ihr, über Nacht geeignete Musik über CD-Player laufen zu lassen. Sie ließ daraufhin noch in derselben Nacht ihren CD-Player mit Klaviersonaten von Mozart laufen und war erstaunt, daß sie am nächsten Morgen nicht das bekannte Müdigkeitsgefühl überkam, als sie ihr Büro betrat.

Ratschen und buddhistische Gebetsmühlen

Die in Deutschland gebräuchlichen Ratschen sowie buddhistische Gebetsmühlen haben eine gute reinigende Wirkung

Eine Ratsche besteht aus Holz und kann durch eine schwingende Drehbewegung einen langanhaltenden knatternden Ton erzeugen. Die in Deutschland gebräuchlichen Ratschen sowie buddhistische Gebetsmühlen haben eine gute reinigende Wirkung u. a. auf vagabundierende Geister, Kellergeister und Poltergeister, aber auch auf Geistanteile lebender Menschen, die ungebeten zu Besuch kommen. Es empfiehlt sich, eine „Lärmzeremonie" halbjährlich zu wiederholen. Gehen Sie mit der Ratsche durch alle Räume, und stellen Sie sich dabei gedanklich auf den reinigenden Effekt ein. Sie benötigen für diese Reinigung keine Blumen wie beispielsweise für die Räucherzeremonie empfohlen. Es ist jedoch wichtig, die Reinigungszeremonie mit der Ratsche 24 bis 48 Stunden vorher anzukündigen, damit die guten Geister des Hauses wegen des Lärms nicht für längere Zeit das Haus verlassen.

Kapitel 15

Feng-Shui-Hilfsmittel

Am besten ist es, ein Haus von Anfang an so zu planen und zu bauen, daß ungünstige Feng-Shui-Situationen soweit wie möglich vermieden werden. Bei bestehenden Häusern und Wohnungen besteht die Möglichkeit, ungünstige Situationen nachträglich noch durch bauliche Maßnahmen auszugleichen. Wenn dies nicht möglich ist, können Feng-Shui-Hilfsmittel eingesetzt werden, die auf Energien und feinstoffliche sowie nicht-stoffliche Strukturen im Raum wirken.

Mentale Feng-Shui-Maßnahmen

Nicht immer ist es möglich, für jede Situation ein geeignetes Feng-Shui-Hilfsmittel zu finden. Es besteht dann die Möglichkeit, die Feng-Shui-Lösung mental zu projizieren oder darum zu bitten, daß unsichtbare Helfer Ihrem Wunsch entsprechen. Ein geeigneter Mittler, der eine solche Bitte unterstützen kann, ist z. B. der schon weiter oben erwähnte St. Florian. Sollten Sie einem nicht-christlichen oder nicht-westlichen Kulturkreis angehören und nicht St. Florian als Mittler ansprechen wollen, achten Sie darauf, daß Sie sich an den richtigen Ansprechpartner Ihres Kulturkreises wenden.

Feng-Shui-Hilfsmittel

Feng-Shui-Hilfsmittel sind Gegenstände, Pflanzen, Symbole oder Farben, die sowohl vorbeugend zur Vermeidung als auch nachträglich zur Verbesserung ungünstiger Feng-Shui-Situationen eingesetzt werden können. Außerdem kann man durch Feng-Shui-Hilfsmittel bestimmte Tätigkeiten fördern. Neben spezifischen Wirkungen haben Feng-Shui-Hilfsmittel Einfluß über das Material, die Form und die Farbe (Wu Xing). Neben der spezifischen Wirkung wird der Wu-Xing-Einfluß jedoch nicht bei jedem Feng-Shui-Hilfsmittel gesondert erwähnt.

Die im folgenden zu den einzelnen Feng-Shui-Hilfsmitteln gegebenen Hinweise können nur einen Anhalt für deren Einsatz geben. Im konkreten Fall sollte mittels Biotensor überprüft werden, ob der Einsatz des betreffenden Feng-Shui-Hilfsmittels – gerade auch in Kombination mit anderen – nützlich und sinnvoll ist.

Statue von St. Florian

Feng Shui und Emotional Clearing

Psychische und emotionale Probleme können durch die beschriebenen ungünstigen Feng-Shui-Situationen verstärkt werden. Es ist jedoch weder möglich noch sinnvoll, Probleme, die durch emotionale Traumata und Fehlentwicklungen entstanden sind, allein durch die hier beschriebenen Feng-Shui-Hilfsmittel zu „behandeln". Wir sollten unterscheiden zwischen Problemen, die im Menschen innerlich emotional angesiedelt sind und solchen, die durch die beschriebenen Feng-Shui-Situationen in erster Linie äußerlich auf ihn einwirken. In manchen Fällen ist es ratsam, die hier beschriebenen Feng-Shui-Maßnahmen mit einer Klärung der emotionalen Defizite zu kombinieren. Wir haben persönlich gute Erfahrungen mit dem **Emotional Clearing** gemacht, das von Joerg Dao entwickelt wurde.

Blockierung durch belastende Eindrücke ...

Vergangene Eindrücke wie Ängste, Schocks, Trauer und Enttäuschung haben tiefgreifende Einflüsse auf unsere Gesundheit, unser Wohlbefinden und unser Selbstwertgefühl. Schon als Kinder wurden wir daran gehindert, unsere Emotionen frei und natürlich auszudrücken. Die Eindrücke aus unangenehmen Situationen sind in uns blockiert. Teilweise tragen wir diese Belastungen jahrzehntelang mit uns herum. Wenn diese belastenden Eindrücke nicht gelöst werden, kann es zu gesundheitlichen und psychischen Störungen kommen.

... und Befreiung davon

In einer Sitzung des Emotional Clearing wird die Aufmerksamkeit des/der Patienten/in auf einfache und gezielte Weise zu dem vergangenen Eindruck geführt, der für unsere gegenwärtigen Ängste, Schmerzen, Depressionen und Beschwerden verantwortlich ist. Die Situation, die diesen Eindruck hervorgerufen hat, wird durchgearbeitet. Dabei kommt auch die Emotion, die seinerzeit entstanden war, an den Tag. Diese Emotion war oft über lange Jahre unterschwellig vorhanden. Wir haben uns bislang unbewußt so verhalten, als seien wir noch in dieser unangenehmen Situation. Wenn wir für uns die auslösende Situation aus der Vergangenheit klären und wir von dem emotionalen Ein-Druck befreit werden, klärt sich unser gegenwärtiges Problem. Dabei ist keinerlei Erklärung oder Beeinflussung von außen notwendig. Weitere Informationen zu Emotional Clearing erhalten Sie unter der im Anhang unter „Rat und Hilfe durch die Autoren" angegebenen Adresse (s. S. 234).

Spiegel

Im Alltag werden Spiegel zu vielen praktischen Zwecken verwendet. Sie wirken dekorativ und sind ein wirksames Feng-Shui-Hilfsmittel. Es gibt kaum ein Feng-Shui-Hilfsmittel, bei dem Formen und Maße eine so große Rolle spielen wie bei Spiegeln. Da Spiegel so wirkungsvoll sind, ist vom unbedachten Gebrauch für Alltagszwecke ohne Berücksichtigung geeigneter Formen, Maße und geeigneter Plazierung abzuraten.

Spiegel in diesem Sinne bestehen aus metallbeschichtetem Glas. Die im folgenden beschriebenen Wirkungen sind unabhängig vom Alter des Glases und des Metalls. Der Spiegel sollte jedoch in gutem Zustand sein, d. h. er sollte keine „blinden" Flecke und keinen Sprung haben. Metallfolien, z. B. sogenannte Spiegelfolien sind keine Spiegel in diesem Sinne, weil der Glasanteil fehlt.

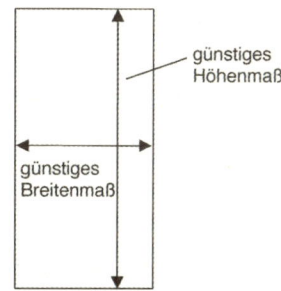

Rechteckiger Spiegel

Günstige und ungünstige Spiegelmaße

Geeignete Spiegelmaße sind wichtig für Energien und feinstoffliche Strukturen im Raum. Für runde Spiegel sind alle Maße günstig. Dies gilt ebenfalls für ovale Spiegel, solange das Höhenmaß das Breitenmaß nicht mehr als 3 zu 1 übersteigt, bzw. das Breitenmaß das Höhenmaß nicht mehr als 5 zu 1 übersteigt.

Wichtig sind jedoch die Maße für **senkrecht hängende oder stehende rechteckige Spiegel**. Für diese rechteckigen Spiegel gilt das Achtermaß (s. S. 230). Das Achtermaß haben wir schon als günstiges Maß für Haustüren beschrieben. Für Spiegel gibt es keine Mindesthöhen oder Breiten wie bei den Haustüren. Bei Spiegeln mit Rahmen zählt der sichtbare Anteil, der nicht vom Rahmen verdeckt ist. Bei rechteckigen Spiegeln mit halbkreisförmigem Oberteil sollte die gesamte Höhe ein eindeutiges günstiges Höhenmaß, die Breite ein günstiges Breitenmaß haben.

Bei Achteckspiegeln mit gleichlangen Seiten sollten die Seiten ein günstiges Höhenmaß, der Querdurchmesser von Seite zu Seite ein günstiges Breitenmaß haben. Bei Achteckspiegeln mit unterschiedlich langen Seiten sind die Verhältnisse anders (s. Zeichnung auf der nächsten Seite).

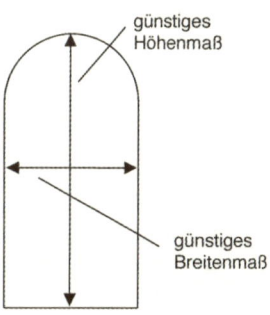

Rechteckiger Spiegel mit halbkreisförmigem Oberteil

Spiegel erhöhen zusammen mit Licht Perm-Qi

Spiegel reflektieren das Licht im Raum und machen den Raum heller. Dies kann aus praktischen Erwägungen günstig sein, z. B. für Verkaufsräume. Durch die größere Helligkeit im Raum bildet sich vermehrt Luft-Perm-Qi.

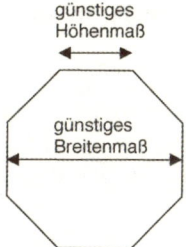

Achteckspiegel mit gleichlangen Seiten

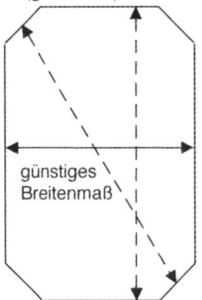

günstiges Höhenmaß ist in der Höhe **und** diagonal erforderlich (gestrichelt)

günstiges Breitenmaß

Achteckspiegel mit unterschiedlich langen Seiten

Spiegel wehren Geister ab

Spiegel können in unterschiedlicher Weise zur Verringerung der Probleme mit unerwünschten Geistern beitragen. Hierfür ist eine differenzierte Anwendung unterschiedlicher Spiegeltypen (Plan-, Konkav- und Konvexspiegel) erforderlich.

Spiegel machen Räume heller

Größere Helligkeit im Raum kann bereits eine gute Hilfe gegen bestimmte unerwünschte Geister sein. Hierzu gehören die nicht-linearen Fluggeister. Zusätzlich haben wir einen günstigen Effekt dadurch, daß sich lineare Fluggeister nicht gern im feinstofflichen und nicht-stofflichen Bereich von Spiegeln aufhalten.

Runde Konkavspiegel schützen den Hauseingang

Runde Konkavspiegel stabilisieren die weiter oben beschriebenen feinstoffliche und nicht-stoffliche rote kugelige Struktur, die sich vor der Eingangstür befindet (s. S. 96), und hindern unerwünschte Geister daran, ins Haus zu kommen.

Der runde Konkavspiegel wird von außen oberhalb der Haustür befestigt. Der Spiegel sollte mit der konkaven Spiegelfläche ebenfalls nach außen zeigen und ca. 15 Grad nach vorn gekippt sein. Dies hilft auch, wenn sich ein Pfahl oder astloser Baumstamm vor dem Eingang befindet und die rote kugelige Struktur vor dem Eingang in ihrer Funktion beeinträchtigt.

Achten Sie darauf, daß Spiegel zu Dekorationszwecken nicht direkt gegenüber oder rechts neben der Haustür (von außen betrachtet) angebracht werden sollten (s. S. 114).

Runde Konkavspiegel schützen das Fenster

Konkavspiegel von innen vor das Fenster hängen

Auch beim Fenster schützen runde Konkavspiegel vor unerwünschten Geistern. Es gibt zwei Möglichkeiten, Konkavspiegel innen vor das Fenster zu hängen.

a) Sie können einen Spiegel am Übergang vom oberen zum mittleren Drittel des Fensters so in die Mitte des Fensters hängen, daß die Spiegelfläche nach außen zeigt. Hängen Sie hierbei den Spiegel so ins Fenster, daß er in etwa nach innen mit der Zimmerwand abschließt

b) Sie können einen Konkavspiegel von innen so an der Mitte des Fenstersturzes anbringen, daß die Spiegelfläche ebenfalls nach außen zeigt

Fragen Sie mit Biotensor oder Pendel ab, welche der beiden Möglichkeiten im konkreten Fall die bessere ist.

Runde Konkavspiegel schützen auch an Zimmerwänden

Wenn runde Konkavspiegel von innen mit der Spiegelfläche nach außen an Zimmerwände gehängt werden, schützt auch dies vor unerwünschten Geistern. Es gibt zwei Möglichkeiten, Konkavspiegel an der Zimmerwand zu plazieren

a) Sie können den Konkavspiegel am Übergang vom oberen zum mittleren Drittel der Zimmerwand plazieren.

b) Sie plazieren den Konkavspiegel etwas oberhalb der Höhe, in der sich die oberen Türrahmen der jeweiligen Etage befinden

Fragen Sie mit Biotensor oder Pendel ab, welche der beiden Möglichkeiten im konkreten Fall die bessere ist. Achten Sie darauf, daß die konkave Spiegelfläche nach außen (zur Zimmerwand) zeigt. Eine runde Planspiegelfläche, wie man sie häufig auf der Rückseite von Rasier- oder Kosmetikspiegeln findet, stört diese Anwendung nicht.

Konvexspiegel und Spiegelkugeln wirken bei Dreiecksfenstern

Dreieckige Fenster wirken anziehend auf unerwünschte Geister der 4. Dimension. Seit einigen Jahren werden insbesondere in Dachgeschossen immer häufiger Fenster mit Dreieckform eingebaut. Dabei kann die Spitze des Dreiecks nach oben (1) oder nach unten (2) zeigen, mit jeweils einer waagerechten Dreiecksseite. Häufig findet man auch dreieckige Fenster, mit einem rechten Winkel und einer senkrechten Dreiecksseite über einer waagerechten (3). Die ungünstigste Form ist die Fensterform 2. Die Fensterformen 1 und 3 sind etwa gleich ungünstig. die verschiedenen Fensterformen erfordern unterschiedliche Plazierungen von einem oder zwei runden Konvexspiegeln bzw. Spiegelkugeln. Am günstigsten ist es, wenn sich bei einem dreieckigen Fenster die Spitze gegenüber einer senkrechten Seite befindet (4).

    Fensterform 1: Die geeignete Feng-Shui-Maßnahme besteht in der Plazierung eines runden Konvexspiegels von innen etwa in der Mitte des dreieckigen Fensters. Alternativ besteht die Möglichkeit, eine Spiegelkugel ab 7 cm Durchmesser etwa in der Mitte von innen vor das Fenster zu hängen.

    Fensterform 2: Bei dieser Fensterform ist es erforderlich, zwei runde Konvexspiegel von innen beidseits der nach unten zeigenden Spitze des dreieckigen Fensters zu plazieren. Alternativ können zwei Spiegelkugeln ab 7 cm Durchmesser an der beschriebenen Stelle aufgehängt werden.

Konkavspiegel an Zimmerwänden

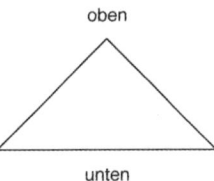

Fensterform 1: Die Spitze des Dreiecks zeigt nach oben

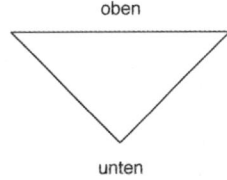

Fensterform 2: Die Spitze des Dreiecks zeigt nach unten

209

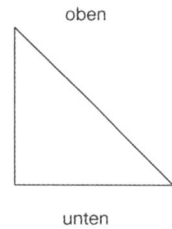

Fensterform 3: Das Dreieck hat einen rechten Winkel mit einem waagerechten und einem senkrechten Schenkel

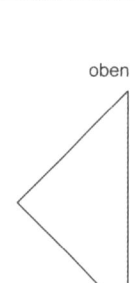

Fensterform 4: Die Spitze des Dreiecks zeigt zur Seite

Rechteckiger Spiegel neben der Toilettentür

Fensterform 3: Bei dieser Fensterform plazieren Sie einen runden Konvexspiegel von innen in der Mitte des zum gedachten Rechteck ergänzten Fensters. Wenn der Platz, z. B. unter einer Deckenschräge, nicht ausreicht, plazieren Sie den Konvexspiegel etwas tiefer und etwas weiter seitlich. Sie können auch eine Spiegelkugel ab 7 cm Durchmesser verwenden. Diese hängen Sie am besten von innen in die Mitte des dreieckigen Fensters.

Fensterform 4: Diese Fensterform ist weniger problematisch als die drei oben beschriebenen. Hängen Sie eine Spiegelkugel ab 7 cm Durchmesser von innen in die Mitte des dreieckigen Fensters und eine zweite Spiegelkugel unterhalb der unteren schrägen Dreiecksseite.

Konvexspiegel wirken gegen „Geheime Pfeile"

Gegen Geheime Pfeile, die beispielsweise von Gebäudeecken und Dachfirsten ausgehen, sind Konvexspiegel sehr wirksam. Sie lösen die Wirkung des Geheimen Pfeils sozusagen auf (s. S. 93).

Konvexspiegel schützen das Dach vor Dachgeistern

Am Schornstein können ein oder mehrere Konvexspiegel, die etwa die Größe eines Rasierspiegels haben sollten, angebracht werden. Die Konvexspiegel sollten direkt über dem jeweiligen Dachfirst am Schornstein angebracht werden, sie sollten dabei jeweils in Richtung Dachgiebel schauen (s. S. 129).

Spiegel links neben der Toilettentür

Wenn man einen rechteckigen Spiegel in geeigneter Weise im Toilettenraum am besten links neben der Toilettentür aufhängt, hat der Träger des zusätzlichen Perm-Qi nicht mehr die Tendenz, in der Toilette zu verschwinden (s. S. 109). Da der Träger des zusätzlichen Perm-Qi nicht mehr in der Toilette verschwindet, reduziert sich damit auch die anziehende Wirkung auf die Tunnelgeister, die aus der Toilette kommen.

Ergänzung eines L-förmigen Zimmers zum Quader durch Spiegel

Durch eine bauliche Maßnahme ist es in der Regel nicht möglich, ein L-förmiges Zimmer zur Quaderform zu ergänzen. Es ist jedoch möglich, das Zimmer durch geeignete Spiegelplazierung zu einer quaderförmigen feinstofflichen und nicht-stofflichen Struktur zu ergänzen. Hierfür sind sowohl **rechteckige Spiegel** ausreichender Größe, die an der Wand der Aussparung angebracht werden, geeignet, als auch **zwei Spiegelkugeln**, die übereinander aufgehängt werden. Weitere Einzelheiten entnehmen Sie bitte den Ausführungen ab S. 118 und ab S. 121).

Teilung eines L-förmigen Zimmers durch Spiegel

Es ist auch möglich, mit Hilfe von Spiegeln ein L-förmiges Zimmer in zwei Quader (Rechtecke) aufzuteilen. Geeignet hierfür sind **zwei Achteckspiegel (plan)**, die gegenüber der ins Zimmer zeigenden Ecke des L-förmigen Zimmers übereinander aufgehängt werden (s. S. 119). Geeignet ist auch ein **quadratischer Spiegel an der Decke** des abzutrennenden Flügels in ausreichender Größe (s. S. 120).

Beachten Sie bitte: **runde Planspiegel, runde Konkavspiegel, runde Konvexspiegel** sollten nicht zur Raumaufteilung verwendet werden.

Vorsicht vor rechteckigen Spiegeln gegenüber der ins Zimmer zeigenden Ecke eines L-förmigen Zimmers: Wird ein rechteckiger Spiegel gegenüber der ins Zimmer zeigenden Ecke eines L-förmigen Zimmers aufgehängt, kann es sein, daß das Zimmer in Teile mit ungünstigen dreieckigen Grundrissen geteilt wird. In der Mitte befindet sich ein Viereck. Rechteckige Spiegel sollten mindestens 50 cm von dem Teil der Wand entfernt sein, der der Ecke direkt gegenüberliegt.

Zur Teilung geeignete Spiegel

Spiegel und Herd

Spiegel können die Arbeit bzw. die Sammlung der Schutzgeister des Hauses und der Bewohner verbessern (s. S. 187).

Deckenspiegel

Quadratische Deckenspiegel können sowohl zur Abtrennung eines Flügels eines L-förmigen Zimmers verwendet werden (s. S. 120) als auch bei Problemen in Zimmern mit unterschiedlichen Deckenhöhen (s. S. 123). Ein Deckenspiegel sollte aus verschiedenen Gründen nicht direkt über dem Arbeitsplatz oder dem Bett angebracht werden.

Plazierung des Deckenspiegels

Probleme mit Spiegeln

Vorsicht bei geteilten Spiegeln

Geteilte Spiegel, wie z. B. Spiegelfliesen, wirken sich ungünstig auf die feinstoffliche und nicht-stoffliche Struktur im Raum aus. Der Mindestabstand, den zwei rechteckige Spiegel voneinander haben sollte, beträgt 2,5 cm. Die Spiegel zählen dann nicht als ein

Probleme durch geteilte Spiegel

geteilter Spiegel, sondern als zwei einzelne Spiegel. Für die beiden einzelnen Spiegel sollten geeignete Maße gewählt werden.

Vorsicht vor unregelmäßigen Spiegeln (z. B. Dreieckspiegel)

Dreieckspiegel ziehen unerwünschte Geister der 4. Dimension an und wirken zusätzlich ungünstig auf die feinstoffliche und nichtstoffliche Struktur im Raum. Rechteckige Spiegel, die „schief" aufgehängt sind (ab 5 Grad Abweichung), wirken sich ebenfalls ungünstig auf die Struktur im Raum aus.

Vorsicht vor Trans-Sha durch Spiegel

Spiegel, die in der Seitenwand des 10-m- und des 250-m-Systems stehen, bringen Trans-Sha in den Raum. Dies ist insbesondere in Schlafzimmern ein häufig anzutreffendes Problem.

Vorsicht vor Spiegeln direkt gegenüber oder links neben (von innen gesehen) der Haustür

Diese Spiegel lassen kein zusätzliche Perm-Qi durch die Haustür.

Spiegelfassaden schaden Nachbarhäusern

Vorsicht vor Spiegelfassaden

Spiegelfassaden schicken Geheime Pfeile zum Nachbarhaus und können gute Geister in eine andere Dimension befördern. Sie sind insbesondere für benachbarte Häuser ein Problem und sollten aus ethischen Gründen vermieden werden.

Ungünstige Spiegelmaße

Rechteckige Spiegel, die senkrecht hängen, sollten in der Regel ein günstiges Höhenmaß und ein günstiges Breitenmaß haben. Spiegel mit ungünstigen Maßen können mit Folie beklebt werden, so daß die verbleibende Fläche günstige Höhen- und Breitenmaße hat.

Quadratische Spiegel

Quadratische Spiegel sollten im Raum normalerweise nicht senkrecht angebracht werden (Ausnahme: spezielle Anwendung beim L-Haus (s. S. 51) und waagerecht an der Decke beim L-förmigen Zimmer). Sie haben entweder lediglich ein günstiges Höhenmaß oder ein günstiges Breitenmaß. Eine Kombination von beiden ist beim quadratischen Spiegel unmöglich.

Spiegel im Schlafzimmer

Spiegel sollten im allgemeinen nicht im Schlafzimmer plaziert werden. Falls doch, sollte der Schläfer nicht in der feinstofflichen Struktur des Spiegels liegen.

Spiegel aus anderen Materialien
Als Spiegel im Sinne des Feng Shui zählt metallbeschichtetes Glas. Poliertes Metall allein oder metallbeschichteter Kunststoff bilden eine andere Struktur und sind für die beschriebenen Zwecke als Feng-Shui-Hilfsmittel nicht geeignet. Sie können aber trotzdem Probleme mit Trans-Sha durch den Metallanteil machen.

Klangspiele

Klangspiele für Feng-Shui-Zwecke bestehen aus Metall- oder Glasröhren unterschiedlicher Länge. Damit ein Klangspiel im Sinne von Feng Shui wirken kann, sollte es mindestens vier Röhren mit zwei oder mehr unterschiedlichen Röhrenlängen haben. Die Längendifferenz muß dabei mindestens 15 Prozent betragen, wobei die Klangröhren nach unten hin unterschiedlich lang sein sollten. Die Klangröhren sind in der Regel so an Fäden aufgehängt, daß die Röhren nach oben in gleicher Höhe abschließen. Der Wirkungsbereich von Klangspielen mit massiven Röhren ist doppelt so groß wie bei Hohlröhren gleicher Länge. Allerdings sollten Sie Klangspiele mit kurzen Röhren nicht näher als 2,50 m hinter der Eingangstür plazieren.

Klangspiele können für vielfältige Zwecke eingesetzt werden. Sie haben für unterschiedliche Zwecke unterschiedliche Wirkungsbereiche. Klangspiele müssen, egal, für welchen Zweck man sie einsetzt, klingen können, anderenfalls haben sie keinen ausreichenden Wirkungsbereich.

Klangspiele vor dem Fenster wirken auch gegen unerwünschte Geister

Klangspiele werden nicht nur vor das Fenster gehängt, damit kein zusätzliches Perm-Qi durch das Fenster verschwindet, sondern auch zum Schutz vor unerwünschten Geistern, die von draußen durch das Fenster kommen könnten. Der Wirkungsbereich des Klangspiels für diesen Zweck ist genauso groß wie der Bereich, der vor Verlust des zusätzlichen Perm-Qi schützt. Unerwünschte Geister benutzen gern Fenster zum Betreten des Hauses und erkennen die Struktur des Fensters in der Wand an Hand der Funktion der Schnittstellen im Fenster. Diese Schnittstellen werden wie oben beschrieben in dem entsprechenden Wirkungsbereich des Klangspiels verändert. Auf diese Weise wird das Fenster sozusagen für unerwünschte Geister unsichtbar.

**Die Länge der Röhren
ist entscheidend**

Für die Schutzwirkung gegen unerwünschte Geister spielt die Röhrenlänge bei Klangröhren aus Metall eine Rolle. Die Klangröhren sollten nach Möglichkeit alle (oder zumindest die längeren der Metallklangröhren) ein günstiges Geistermaß haben. Klangröhren aus Glas sind in ihrer Wirkung gegen unerwünschte Geister nicht an das Geistermaß gebunden.

Schlechter Schlaf durch einen Dachgiebel, der auf das Schlafzimmerfenster zeigt

In einer Kleinstadt nahe des Rheins wohnte eine Heilpraktikerin direkt gegenüber einem Bauernhof. Anläßlich einer Feng-Shui-Beratung berichtete sie, daß sie seit dem Einzug in das Haus vor drei Jahren schlecht schlafe und nachts häufig aufwache. Bei der Untersuchung des Schlafzimmers fiel auf, daß der Giebel des gegenüberliegenden Bauernhauses nicht nur in Richtung auf das Schlafzimmerfenster zeigte, sondern im weiteren Verlauf auch direkt auf ihr Bett. Daraufhin wurde das Bett an die gegenüberliegende Schlafzimmerwand gestellt. Zusätzlich wurde von innen vor das Schlafzimmerfenster ein Klangspiel gehängt. Die Heilpraktikerin berichtete später, daß nach ca. drei Wochen der Nachtschlaf wesentlich besser geworden sei.

Ein Dachgiebel zeigt auf ein Fenster

Bei Klangspielen kommt es auch auf die Farbe an

Die Wirkung der Klangspiele gegen unerwünschte Geister kann verstärkt werden, indem für die jeweilige Plazierung der geeignete Farbton der Klangröhren ausgewählt wird.

Die richtige Farbe verbessert die Wirkung

Klangspiele vor dem Fenster und an Zimmerwänden

Die günstigste Farbe für Klangspiele vor Fenstern und an Zimmerwänden ist Violett – glänzend (Mischung aus Vehrkehrspurpur, RAL 4006 glänzend, und Signalviolett, RAL 4008 glänzend, im Verhältnis 5 : 3.)

Klangspiele unter dem Dach

Die beste Farbe für Klangspiele unter dem Dach ist Orange – glänzend. (Dahliengelb, RAL 1033 glänzend.)

Klangspiele im Keller

Die günstigste Farbe für Klangspiele im Keller ist Braun – glänzend. (Nußbraun, RAL 8011 glänzend.)

Klangspiele in der Mitte des Hauses

Die beste Farbe für Klangspiele in der Mitte des Hauses ist glänzendes Gelb. (Schwefelgelb, RAL 1016 glänzend.)

Die Wirkung der farbigen Klangspiele auf Geister kann verstärkt werden, wenn die Länge der farbigen Metallklangröhren ein günstiges Geistermaß hat (s. S. 231). Wenn Sie bereits ein Klangspiel ausreichender Größe im Haus haben, können Sie die Metallklangröhren in der richtigen Farbe lackieren oder lackieren lassen. Es besteht auch die Möglichkeit, Klangröhren mit neutralem Geistermaß zu kürzen, damit sie ein günstiges Geistermaß bekommen.

Vorsicht vor schwarzen Klangspielen

Klangspiele sollten niemals schwarze Klangröhren haben. Auch gelbe Klangspiele sind zumindest vor dem Fenster zu meiden. (Goldene oder messingfarbene Klangspiele dagegen zählen nicht als gelb und sind günstig.)

Schwarze Klangspiele wirken negativ

Klangspiele mit schwarzen Klangröhren haben die Wirkung, daß negative Wünsche leichter auf Personen wirken können, wenn diese sich in dem betreffenden Wirkungsbereich eines angeschlagenen schwarzen Klangspiels aufhalten. Der Wirkungsbereich in dieser Hinsicht hat etwa den vierfachen Radius gegenüber dem Wirkungsbereich auf die Schnittstellen im Fenster.

Schwarze Klangspiele in einem Musikgeschäft

In einem Musikgeschäft einer norddeutschen Großstadt hingen etliche schwarze Klangspiele zum Verkauf. Diese Klangspiele wurden regelmäßig dadurch angeschlagen, daß Kunden sich an den Klangspielen vorbei in den hinteren Teil des Geschäftsraumes drängten. Ein Kursteilnehmer eines Feng-Shui-Seminars kaufte in diesem Geschäft Bambusflöten, die er für Feng-Shui-Zwecke einsetzen wollte. Als er zu Hause war, wunderte er sich, daß sich die Bambusflöten so „komisch" anfaßten. Wenn er die Flöten in die Hand nahm, erzeugte es einfach ein unangenehmes Gefühl, das mit der Oberflächenbeschaffenheit nicht zu erklären war. Da er im Feng-Shui-Seminar gerade etwas über Verwünschungen gehört hatte, kam ihm die Idee, daß dieses Gefühl etwas mit einer Verwünschung zu tun haben könnte. Er nahm seinen Biotensor und stellte konkret die Frage: „Liegt auf diesen Flöten eine Verwünschung?" Er bekam auch bei wiederholtem Fragen eindeutig eine JA-Reaktion.

Ein Fluch ist ein formelhafter Wunsch, der anderen oder sich selbst Unheil bringen soll. Über entsprechende Instanzen wird dieser Fluch zur Ausführung an „Böse Geister" weitergegeben. Eine Verwünschung ist eine abgeschwächte Form des Fluches

Der Seminarleiter gab ihm den Hinweis, mit dem Biotensor nach dem Grund der Verwünschung zu forschen. Durch weiteres Fragen gelang es ihm tatsächlich herauszufinden, daß der Hersteller der Flöten in Indien sich beim Verkauf der Flöten finanziell übervorteilt gefühlt hatte. Interessanterweise war eine Verwünschung von seiner Seite erst in dem Moment auf die Flöten gekommen, als die Flöten dem Einfluß angeschlagener schwarzer Klangröhren ausgesetzt waren. Der Hersteller wurde mental gebeten, die Verwünschung zurückzunehmen. Dies war dadurch vereinfacht, daß der Seminarteilnehmer mit dem seinerzeitigen Geschäftsvorgang nichts zu tun hatte. Er teilte dem Hersteller jedoch mit, daß ihm die Übervorteilung leid täte. Nach ungefähr 40 Minuten fühlten sich die Flöten wieder besser an. Auf die Nachfrage mit dem Biotensor ergab sich, daß die Verwünschung zurückgenommen worden war.

Klangspiele und Perm-Qi

Angeschlagene Klangspiele können für viele Stunden das aufnehmbare Perm-Qi im Raum erhöhen (s. S. 110). Vor das Fenster gehängt können Klangspiele wie ein energetischer Vorhang dafür sorgen, daß zusätzliches Perm-Qi am Fenster in eine höhere Dimension verschwindet (s. S. 108). Damit zusätzliches Perm-Qi ungehindert ins Haus eintreten kann, sollten Sie Klangspiele nicht vor die Tür hängen (s. S. 107).

Feng-Shui-Hilfsmittel von A bis Z

Aquarien

Aquarien haben in Europa in der Regel eine Quaderform, was im Prinzip günstig ist. Aquarien sind gute Raumteiler, da ihre feinstoffliche und nicht-stoffliche Struktur bis zur Decke reicht. Damit lassen sich auch unterschiedliche Funktionsbereiche gut abtrennen. In chinesischen Restaurants werden Aquarien z. B. häufig verwendet, um den Gastraum gegenüber der Küche abzuschließen. In China werden Aquarien auch deshalb gern aufgestellt, weil Fische als Sym bol für Glück und Reichtum gelten. Die Chinesen bevorzugen dabei rote Fische (z. B. Goldfische), die speziell für Reichtum stehen. Noch begehrter sind die Arrowanas, tropische Fische aus südostasiatischen Dschungelgebieten. Sie werden allein, zu dritt oder zu fünft gehalten. Auch der japanische Koikarpfen gilt als besonders glückbringend, wird aber eher in einem Teich außerhalb des Hauses gehalten. Schwarze Fische dagegen werden von den Chinesen in der Regel nicht als glückbringend angesehen. Daß Aquarien ausreichende, fachkundige Pflege benötigen, versteht sich von selbst.

Bilder

Bilder wirken über das dargestellte Motiv, aber auch über die Farbe. Photos haben in der Regel in bezug auf den dargestellten Inhalt eine größere Wirkung als Drucke von gemalten oder gezeichneten Bildern. Bilder, die vom Künstler selbst gemalt oder gezeichnet sind (Originale), haben eine größere Wirkung als die Drucke, da der Künstler auch seine persönliche Schwingung mit eingebracht hat.

Achten Sie darauf, welche Bilder oder Photos Sie sich in Ihre Wohnung oder Ihr Büro hängen. Bilder oder Photos von lebenden oder bereits verstorbenen Personen schaffen eine Verbindung zu den Geistanteilen dieser Person, wenn das Bild oder Photo angeschaut wird.

Bücher

Bücher wirken über die Qualität ihres Inhalts. Achten Sie deshalb darauf, welche Bücher Sie in Ihrem Schlaf- und Arbeitszimmer im Regal stehen haben.

Bücher bringen schlechten Schlaf

Ein 30jähriger Naturwissenschaftler hatte zwei Schlafplätze in seiner Wohnung. Auf dem einen Schlafplatz konnte er in der Regel gut einschlafen und schlief dann auch bis zum nächsten Morgen gut durch. Auf dem anderen Schlafplatz fühlte er sich bereits beim Einschlafen gestört, schlief dann unruhig mit unangenehmen Träumen. Als er eines Abends nicht einschlafen konnte, besah er sich die Buchtitel eines Bücherregals, das unmittelbar neben dem Bett stand. In erster Linie fand er Titel, die von Krieg, Zerstörung und Katastrophen handelten. In dieser Nacht entfernte er systematisch alle Titel dieser Art und lagerte sie in ein Nebenzimmer um. Anschließend schlief er gut ein und schlief auch später an diesem Schlafplatz recht gut.

Fächer

Häufig werden Fächer als Feng-Shui-Hilfsmittel zur Lenkung von Qi und anderen Energien im Raum empfohlen. Fächer mit fächerförmigen Verstrebungen aus Holz lassen günstige Energien (Perm-Qi und Vital-Qi) in eine höhere Dimension verschwinden. Sie sind also für Schlafzimmer als Feng-Shui-Hilfsmittel ungeeignet.

Fächer mit fächerförmigen Verstrebungen aus Holz haben auf unerwünschte Geister eine abwehrende Wirkung und werden deshalb gelegentlich in Treppenhäuser gehängt. Fächer, die lediglich aus Pappe oder Papier bestehen, haben insgesamt eine recht geringe Wirkung auf den Raum.

Farben
Farben wirken sehr vielschichtig. Den Einfluß über die Fünf Wandlungsgesetze Wu Xing (s. S. 76) haben wir beschrieben. Darüber hinaus haben Farben u. a. auch eine starke psychologische Wirkung. Wenn Sie beispielsweise eine Wandfarbe für ein Zimmer suchen, können Sie sich an Hand einer Farbtabelle mit Hilfe von Biotensor oder Pendel Ihre Farbauswahl erleichtern.

Feng Shui Power Disc 99
Die Feng Shui Power Disc 99 ist ein Feng-Shui-Hilfsmittel, das für vielfältige Zwecke eingesetzt werden kann (S. s. 160 und S. 183). Sie gibt ausreichend Schutz vor Geo-Sha, Trans-Sha, Trans-Sha durch Metalle und den verschiedenen Arten von Per-Sha. Wir finden diese Wirkung nicht nur in dem Zimmer, in dem die Feng Shui Power Disc hängt, sondern im ganzen Haus und auf dem Grundstück. Grundlage für diese Wirkung ist die Auflösung bzw. der Ersatz des 0,67-cm-Systems durch ein Leitsystem der 4. Dimension in Kombination mit einem Leitsystem der 5. Dimension (s. S. 159f.). Die größeren Kubensysteme (z. B. 10-m-, 250-m-, 170-m-, Hartmann-, Curry-System und 400-m-System-Komplex) werden dabei ebenfalls aufgelöst bzw. ersetzt.

Die Feng Shui Power Disc 99 aktiviert auch Schnittstellen (s. S. 21) für positive Energien, unter anderem für Vital-Qi und Perm-Qi. Dabei sind diese Energien zusätzlich in ausreichendem Maße in ihren Yin- und Yang-Qualitäten sowie den verschiedenen Wu Xing-Qualitäten (s. Kapitel 4 S. 57f.) vorhanden. Dies hat sowohl Bedeutung für unsere Gesundheit als auch für das Wohlbefinden im Haus und die Effektivität bei der Arbeit. Vorzeitige Ermüdungserscheinungen, die beispielsweise durch den Mangel an Vital-Qi und anderen positiven Energien ausgelöst werden können, werden so vermieden.

Darüber hinaus können Sie mit der Feng Shui Power Disc 99 eine Vielzahl von Formschulproblemen des Feng Shui deutlich verbessern. Dies ist dadurch zu erklären, daß viele Formschulprobleme des Feng Shui durch feinstoffliche Strukturen im Raum wirksam werden, die an das 0,67-cm-System bzw. die 0,95-cm-Diagonalsysteme A und B gebunden sind. Durch die Auflösung dieser Mini-Kubensysteme lassen sich die Probleme deutlich verbessern. Darüber hinaus wirkt die Feng Shui Power Disc 99 stärkend auf die Aura-Struktur des Hauses, was sich unter anderem günstig auf unerwünschte Einflüsse durch Geister auswirkt. Zu den Feng-Shui-Situationen, die verbessert werden, zählen unter anderem: gerade Durchgänge im Haus, L-förmige Zimmer, spitze Ecken und Kanten, Dreiecksfenster, Probleme mit der Toilettenplatzierung, versetzte Ebenen im Haus, Dachschrägen und Deckenbalken. Die Feng Shui Power Disc 99 bewirkt eine feinstoffliche Ergänzung von Haus und Grundstück zur Kreisform. Dies bezieht sich auf die unterschiedlichen Haus- und Grundstücksformen wie Rechteck, L-Form, Dreieck und andere. Auch wenn das Haus schräg auf dem Grundstück steht, wird die Situation wesentlich verbessert.

Mit der Feng-Shui-Power-Disc 99 verbessern Sie die Funktion der Grundstücks- und Hausaura. Damit lassen sich vielfältige Feng-Shui-Probleme auf dem Grundstück und aus der Umgebung des Grundstücks reduzieren wie beispielsweise: gerade Wege, die auf das Haus zuführen, Dachfirste von Nachbarhäusern, die auf das Haus zeigen, Windtunneleffekt, Geheime Pfeile, die von benachbarten

Häusern ausgehen, astlose Bäume oder Pfähle vor dem Hauseingang, Brunnen auf dem Grundstück.

Flöten

Flöten werden in Ostasien häufig als Feng-Shui-Hilfsmittel eingesetzt. Sie müssen für Feng-Shui-Zwecke nicht als Musikinstrument spielbar sein. Es reicht im allgemeinen aus, wenn sie von der Form her als Flöten zu erkennen sind.

Flöten wirken abwehrend auf Geister und lassen sich zu diesem Zweck insbesondere gut unter Dachschrägen anwenden. Flöten können z. B. erfolgreich bei Problemen mit linearen Fluggeistern eingesetzt werden. Ein günstiges Geistermaß verstärkt die Wirkung (s. S. 231). Auch rot gestrichene Flöten (Verkehrsrot, RAL 3020 glänzend) wirken in der Regel stärker gegen unerwünschte Geister als naturbelassene Flöten. Wenn Flöten unter Dachschrägen angebracht werden sollen, kann alternativ geprüft werden, ob orangefarbene Klangspiele mit günstigem Geistermaß besser geeignet sind.

In Zimmern werden Flöten meist paarweise symmetrisch aufgehängt. Sie können beiderseits neben oder über Türen und Fenstern oder an der Wand angebracht werden. Sie sollten dann ca. im 45-Grad-Winkel schräg nach unten zeigen, das Mundstück sollte dabei oben sein. Auch bei einer solchen Plazierung ist es günstig, wenn die Flöten rot sind, sie können jedoch auch naturfarben verwendet werden. Flöten sollten insbesondere in Fensternähe oder an Außenwänden nicht schwarz sein.

Kristalle

Kristalle, Halbedelsteine und Edelsteine sind geeignet, die Energie im Raum zu verbessern. Kristalle im Sinne von Bergkristallen sind dabei zu unterscheiden von Glas- oder Bleiglas-kristallen. Erstere gehören dem Wandlungsmaterial Erde an, letztere dem Wandlungsmaterial Wasser.

Lampen/Licht

Es ist gut, Räume genügend auszuleuchten. Von Halogenlampen ist, wenn sie, wie im allgemeinen üblich, mit Wechselstrom betrieben werden, abzuraten. Sie erzeugen wie die Leuchtstoffröhren ein für das Auge unsichtbares, uns aber dennoch stark irritierendes Flimmern, da sie 50mal in der Sekunde (in den USA 60mal) an- und ausgehen. Die üblichen trafobetriebenen Halogenlampen erzeugen darüber hinaus ein starkes elektromagnetisches Feld. Herkömmliche Glühfadenlampen flimmern auch bei Wechselstrombetrieb nicht, da der Glühfaden zu träge ist.

Lange Flure können, insbesondere durch Beleuchtung auf der rechten Seite (in Richtung des Flusses des zusätzlichen Perm-Qi), in ihrer ungünstigen Wirkung in bezug auf Geister abgeschwächt werden. Durch gute Ausleuchtung (auch künstliche) kann das aufnehmbare Perm-Qi im Raum erhöht werden.

Masken

Traditionelle Masken aus Sri Lanka und Bali wirken bei gezieltem Einsatz, teils in Kombination mit Konkavspiegeln, sehr gut auf Einflüsse durch unerwünschte Geister unterschiedlicher Art. Damit sie ihre Wirkung entfalten können, sollten sie an einer festen Wand hängen. Alternativ kann auch die feinstoffliche Wand eines Kubensystems ausreichend sein. Dies ist dann aber im Einzelfall mit dem Biotensor oder Pendel zu prüfen. Auch Möbelstücke wie die Seitenwände von Schränken können als Wand für eine Maske dienen.

Die günstige Wirkung von Masken ist im wesentlichen an die Lebensdauer des Wandlungsmaterials Holz gebunden (ca. 40 Jahre). Eine potentiell ungünstige Wirkung von Masken ist jedoch unabhängig von der Lebensdauer des Wandlungsmaterials Holz. Masken, die älter als etwa 40 Jahre sind, sind für Feng-Shui-Zwecke nicht zu gebrauchen und haben allenfalls einen neutralen bis ungünstigen Effekt. Für Feng-Shui-Zwecke günstig sind eher diejenigen Masken, die mit kräftigen Farben bemalt sind. Masken, deren Farben verblaßt sind bzw. die künstlich mit einem alten Aussehen hergestellt wurden, sind eher schwächer in ihrem positiven Effekt. Ein potentiell ungünstiger Effekt dagegen ist nicht an eine kräftige Farbgebung gebunden.

Masken aus anderen Ländern haben teilweise auch eine gute Wirkung, es sollte jedoch im Einzelfall geprüft werden, ob ggf. auch unerwünschte Wirkungen auftreten. Speziell Masken aus Schwarzafrika und Süd- oder Mittelamerika können zu Problemen im Haus führen und sollten nur dann verwendet werden, wenn ihre Wirkung z. B. mit dem Biotensor oder Pendel überprüft wurde. Viele europäische Masken dagegen sind unproblematisch, da sie weitgehend wirkungslos sind. Bei Verwendung von Masken im Schlafzimmer ist besondere Vorsicht geboten. Auch Masken mit ausschließlich guter Wirkung sollten ausreichenden Abstand zum Kopfende des Bettes haben, z. B. zwei Meter, je nach Größe der Maske ggfs. auch mehr. Im Einzelfall kann die Plazierung mit dem Biotensor oder Pendel bestimmt werden.

Masken aus aller Welt

Eine Feng-Shui-Beraterin von der deutschen Nordseeküste wußte folgendes zu berichten:

Eines Tages bat mich eine Dame aus unserem Nachbardorf telefonisch um Hilfe. Ihr Mann fühlte sich krank, abgeschlagen und stets müde, er hatte am ganzen Körper Schmerzen. Alle Nachforschungen seitens der Schulmedizin, bis hin zur Computertomographie, waren negativ verlaufen. Nun stand der Verdacht des Simulierens unausgesprochen im Raum. Und

das sei für ihn, einen erfolgreichen Geschäftsmann mittleren Alters, besonders schlimm. Ich versprach zu kommen. Ich hatte den Verdacht, der Schlafplatz des Mannes könne auf einem Störfeld liegen.

Als ich das wunderschöne alte Friesenhaus betrat, verspürte ich sogleich ein tiefes Unbehagen. Überall hingen Masken aus fernen Ländern, die von verschiedenen Familienmitgliedern von Seereisen mitgebracht worden waren. Das ganze Treppenhaus wurde „bewacht" von Masken verschiedener Kulturkreise, besonders viele aus dem afrikanischen Raum. Im Elternschlafzimmer konnte ich tatsächlich Störfelder nachweisen und mit Hilfe von Korkplatten geeigneter Qualität und einigen Umstellungen, z. B. Weghängen des Spiegels, entstören.

Der Mann hatte in seiner Not allerdings schon fast jeden Raum des Hauses (erfolglos) zum Schlafen ausprobiert. Zur Zeit versuchte er es im Spielzimmer der Kinder. Als ich das Zimmer betrat, um sein Bett zu überprüfen, erschrak ich zutiefst. Dem Bett direkt gegenüber hing eine sehr beeindruckende schwarze Maske mit riesigen, weit aufgerissenen Augen und breitem Mund. Sie starrte unentwegt auf uns herab. Die Überprüfung mit der Einhandrute (Biotensor) ergab, daß der Raum an sich sehr gut als Schlafzimmer geeignet war, doch der Zauber der Maske alles mit seinem Bann belegte.

Selbst nachdem alle Räume vom Keller bis zum Boden mit Salbei ausgeräuchert waren, konnte ich noch immer deutlich die Macht der Masken spüren. Mein Rat lautete also, man möge sich von den Masken trennen (sie am besten verbrennen und so ihren Zauber löschen), auch wenn sie aus uraltem Familienbesitz stammten. Der Rat wurde befolgt und die unerklärlichen Beschwerden verschwanden.

Masken aus Bali

Die Barong-Masken aus Bali gibt es in verschiedenen Farb- und Formgebungen. Für die unterschiedlichen Wirkungen ist jedoch hauptsächlich die Farbgebung entscheidend. deshalb haben wir die Barong-Masken auch nach der Farbgebung kategorisiert. Im Prinzip gibt es die einzelnen Farbgebungen in allen möglichen Formausführungen. Die beiden hier abgebildeten Barong-Masken sind deshalb nur eine kleine Auswahl der umfangreichen Formen-Palette.

Die **rote Barong-Maske** aus Bali: sie hilft gut bei verschiedenen Feng-Shui-Problemen. Bei Unruhe im Haus infolge unerwünschter Geister wird die rote Barong-Maske gern benutzt.

Rote Barong-Maske aus Bali

Die **schwarze Barong-Maske** aus Bali: diese hatten wir im Zusammenhang mit Problemen durch Tunnelgeister erwähnt. Sie kann auch gut bei Feng-Shui-Problemen im Haus mit anderen Geistern eingesetzt werden, wenn diese beispielsweise über Computeranimationen mit negativem Inhalt ins Haus kommen. Sie wird dann über oder in der Nähe des Computers aufgehängt.

Die **weiße Barong-Maske** aus Bali: sie wirkt anziehend auf positive Geister, die uns wiederum vor negativen Einflüssen schützen können.

Weiße Barong-Maske aus Bali

Masken aus Sri Lanka

Masken aus Sri Lanka sind aus einem speziellen weichen Holz („Kaduru") geschnitzt. Sie kommen traditionell aus dem Süden der Insel, hauptsächlich aus der Gegend um Ambalangoda und Galle. Die Schnitzkunst wird in Familienbetrieben gepflegt und meist seit Generationen ausgeübt.

Die Feuermaske aus Sri Lanka („Gini Wesmuna") wirkt gut bei Unruhe im Raum, speziell infolge des Einflusses unerwünschter Geister. Feuermasken werden gern gegenüber dem Hauseingang aufgehängt. Sie werden u. a. auch gern neben Telefone gehängt, weil sie eine gute Wirkung gegen unerwünschte oder unangenehme Anrufe haben.

Feuermaske aus Sri Lanka

Die Schlangenmaske aus Sri Lanka („Ratnakura Wesmuna"): sie hat eine gute Wirkung gegen unerwünschte Geister und wirkt gut bei Einflüssen aus Nachbarhäusern bzw. -wohnungen.

Schlangenmaske aus Sri Lanka

Die Pfauenmaske aus Sri Lanka („Mayura Wesmuna"): sie zieht gute Geister an und wirkt sich günstig auf Gesundheit und Wohlbefinden im Haus aus, speziell auch auf die psychische Befindlichkeit.

Pfauenmaske aus Sri Lanka

Musik
Geeignete Musik wirkt sich günstig auf die Harmonie im Raum aus. Musik, über Nacht gespielt (z. B. über CD-Player), ist geeignet, unerwünschte Geister davon abzuhalten, in Räume einzudringen, die über Nacht nicht bewohnt sind. (s. S. 203)

Paravents
Paravents sind gut geeignete Raumteiler und lassen sich zur Energielenkung im Raum verwenden. Sie können auch über geeignete Farbgebung vielfältig eingesetzt werden.

Pflanzen
Pflanzen wirken als Wandlungsmaterial Holz, Grünpflanzen zusätzlich als Wandlungsfarbe Holz. Pflanzen werden auch gern in ungünstige Ecken und vor Steckdosen gestellt. Pflanzen können das aufnehmbare Perm-Qi im Raum erhöhen und sind gute Raumteiler. Pflanzen können, wie weiter oben beschrieben, L-förmige Häuser zum Rechteck ergänzen. Auf die spezielle Wirkung von Pflanzen außerhalb des Hauses und im Haus gehen wir im „Großen Feng-Shui Gartenbuch" ein.

Pyramiden
Entgegen teilweise verbreiteten eher enthusiastischen Berichten sollte der Einsatz von Pyramiden sowohl im Innen- wie auch im Außenbereich sorgfältig abgewogen werden. Zu unterscheiden ist die Wirkung der Pyramide auf den Raum innerhalb der Pyramide und die Wirkung auf den Raum bzw. das Zimmer, in dem die Pyramide steht. Pyramidenformen mit quadratischer Grundfläche sind Pyramidenformen mit dreieckiger Grundfläche (Tetraeder) vorzuziehen. Diese können bei ungünstigem Winkel der Seitenflächen und entsprechender ungünstiger Ausrichtung unerwünschte Geister anziehen.

Rote Kränze an der Tür
Rote Kränze mit einem Durchmesser von ca. 50 cm, an Türen, aber auch an Wände gehängt, haben eine gute Wirkung zur Geisterabwehr (s. S. 91, S. 100 und S. 141).

Geister kehren wieder um
Eine Zahnarzthelferin fühlte sich in ihrem Reihen-Endhaus nicht wohl. Neben anderen Problemen sah sie regelmäßig, wenn sie in der Küche stand, Gestalten auf ihr Haus zukommen und durch die geschlossene Haustür nach innen gehen. Die meisten dieser Gestalten verließen das Haus wieder durch die Te-

rassentür. Einige blieben jedoch und störten nachts den Schlaf. Neben anderen Feng-Shui-Maßnahmen wurde an die Haustür von außen ein roter Kranz gehängt. Die Zahnarzthelferin beobachtete daraufhin, daß die oben erwähnten Gestalten ca. zweieinhalb Meter vor der Haustür abdrehten und umkehrten. Der Schlaf der Zahnarzthelferin im Haus besserte sich nach ca. zweieinhalb Wochen.

Salzkristallampen

Salzkristallampen werden heute häufig zur Verbesserung der Energien im Raum eingesetzt. Zu unterschieden sind orangefarbene bis rötliche und weiße Salzkristallampen. Hinsichtlich der Farbgebung sollten im Regelfall die rötlichen Farbtöne bevorzugt werden, es sei denn, mit dem Biotensor oder Pendel wird der weiße Farbton als geeigneter befunden. Die Lampen unterscheiden sich auch in der Form der Salzkristalle. Es gibt eher rundliche bzw. im oberen Teil kugelige Formen, die eher einen Yin-Einfluß geben, und eher längliche, etwas spitze Formen, die einen Yang-Einfluß geben. Wegen der Wirkung auf das Yin/Yang-Gleichgewicht im Raum kann es Vorteile haben, zwei Salzkristallampen mit unterschiedlicher Formgebung bzgl. Yin und Yang gleichzeitig zu verwenden.

Salzkristallampen werden häufig mit einer 25 oder 40 Watt Glühbirne von innen beleuchtet. Man findet auch Salzkristallampen, in denen innen ein Teelicht steht. Wenn die Salzkristallampe mit einem Teelicht beleuchtet wird, ist darauf zu achten, daß das Teelicht nicht zu sehr flackert, da sonst unerwünschte Geister angezogen werden können. Es ist darauf zu achten, daß Salzkristallampen nicht in die Seitenwand des 10-m- bzw. 250-m-Systems gestellt werden sollten, wenn sie eingeschaltet sind, bzw. das Teelicht brennt, da sie dann günstige Energien im Raum in eine höhere Dimension verschwinden lassen können. Dieser Effekt ist auch nicht dadurch aufzuhe-

ben, daß man eine der beschriebenen Abschirmmaßnahmen ergreift, wenn sie eingeschaltet ist. Ist die Salzkristallampe nicht eingeschaltet, bzw. brennt das Teelicht nicht, stört sie in der Seitenwand des 10-m- bzw. 250-m-Systems nicht.

Springbrunnen

Springbrunnen wirken positiv auf die feinstofflichen und nicht-stofflichen Energien im Raum. Sie erhöhen die Luftfeuchtigkeit im Raum, was u. a. für Büroräume mit geringer Luftfeuchtigkeit angenehm ist. In Räumen mit Springbrunnen finden wir in der Regel auch eine erhöhte Konzentration negativer Luftionen als günstigen Effekt. In chinesischen Häusern werden Springbrunnen auch deshalb gern aufgestellt, weil die Chinesen fließendes Wasser mit Geldfluß, Reichtum und Wohlstand verbinden.

Die Plazierung des Springbrunnens sollte ggf. mit Biotensor oder Pendel überprüft werden, da ein Springbrunnen das Wandlungsmaterial Wasser in den Raum bringt, was im Einzelfall zu einem Problem führen kann. Fragen Sie beispielsweise: *„Ist dieser Platz zum Aufstellen des Springbrunnens geeignet?“*, wobei Sie schon an einen bestimmten Springbrunnentyp denken. Es gibt Springbrunnen mit Fontäne und andere Typen mit einem in der Mitte durchbohrtem Stein, in dem das Wasser per Pumpe hochgedrückt wird und an den Seitenwänden des Steines herunterrieselt. Beim letzteren Typ sind die Springbrunnen effektiver, die eine rauhe Steinoberfläche haben, weil das Wasser dann besser verwirbeln kann. Sehr häufig finden sich Lavasteine in solchen Springbrunnen.

Achten Sie darauf, daß über einem Springbrunnen kein Bett stehen sollte, da dies durch das verwirbelnde Wasser den gleichen ungünstigen Effekt hat wie eine unterirdische Wasserführung.

Statuen

Statuen werden sowohl in Innenräumen als auch im Außenbereich als Feng-Shui-Hilfsmittel eingesetzt. In der Regel stellen sie eine menschliche oder tierische Gestalt dar, können jedoch auch eher abstrakt sein. Außen können sie beispielsweise als Feng-Shui-Hilfsmittel dazu verwendet werden, ein L-förmiges Haus zum Rechteck zu ergänzen. Die Statue sollte in diesem Fall nach innen schauen, wenn es sich um eine menschliche oder tierische Gestalt handelt. Statuen finden sich auch häufig in Gärten. In Innenräumen wirken sie u. a. über das Wandlungsmaterial auf die Energien im Raum. Wichtig ist der Symbolgehalt der Statue.

Symbole

Symbole werden zu vielfältigen Zwecken als Feng-Shui-Hilfsmittel eingesetzt. Sie können sowohl bildlich als auch plastisch dargestellt werden. Wichtig ist es, zwischen natürlichen und menschlichen Symbolen zu unterscheiden. Natürliche Symbole sind Symbole, die sich aus der Natur ableiten, wie Tiersymbole (Löwe, Bär, Kranich u. a.) und Pflanzensymbole. Ein natürliches Symbol kann zum menschlichen Symbol werden, wenn die ursprüngliche Bedeutung verloren gegangen ist. So hat beispielsweise ein Tiersymbol in verschiedenen Kulturkreisen eine unterschiedliche Bedeutung bekommen, so daß die ursprüngliche Bedeutung nur noch schwer nachvollzogen kann. Die Bedeutung menschlicher Symbole ist von Person zu Person, von Land zu Land und abhängig von der Zeit verschieden. Dabei spielt insbesondere auch die Anwendung der Symbole für bestimmte Zwecke eine Rolle. Wird ein Symbol für persönliche Zwecke mißbraucht, so kann aus einem ursprünglich positiven menschlichen Symbol ein Symbol mit negativer oder zerstörerischer Wirkung werden.

Tiersymbole (Auswahl)

Bär: Der Bär ist ein Symbol für Kraft und Stärke, er schützt vor Raub. In Europa ist er ein beliebtes Wappentier.

Ente: Die Ente steht für Glück, speziell Eheglück (insbesondere das Entenpaar).

Fisch: Der Fisch ist Symbol für Reichtum, besonders der Goldfisch. Ein Fischpaar bedeutet Harmonie.

Gans: Die Gans ist ein Symbol für Geselligkeit und gutes Zusammenleben in der Familie. Bei den Römern war die Gans ein Symbol für Wachsamkeit.

Löwe: Der Löwe steht für Tapferkeit. In Europa ist er ein Schutzsymbol. Deshalb findet man ihn häufig als Wächter vor den Toren bzw. auch als Wappentier.

Pferd: Das Pferd steht für Beweglichkeit und Geschwindigkeit. Auch das Pferd ist in Europa ein beliebtes Wappentier.

Schildkröte: Die Schildkröte ist in China ein Symbol für langes Leben.

Tore, auf die Wand gemalt

Direkt auf die Wand gemalte rote Tore haben eine gute Wirkung gegen unerwünschte Geister. Rote Tore werden beim T-Kreuzungsphänomen, beim Geheimen Pfeil, bei der Geistertür B, bei Problemen mit Dachgeistern, bei der Überlappung von äußeren Aurastrukturen zweier Häuser u.a. eingesetzt.

Direkt auf die Wand gemalte schwarze Tore werden bei Problemen mit Tunnelgeistern durch Toiletten angewandt (s. S. 126).

Blaue Tore werden bei Problemen mit Geisterwegen, die durch das Haus führen, auf die Wand gemalt (s. S. 95).

Anhang

Glossar

Abschirmmaterialien Zum Abschirmen gut geeignet ist die Feng Shui Power Disc 99. Weitere Abschirmmaterialien können zumindest vor Sha und Geistern in den Seitenwänden von geomagnetischen Kubensystemen schützen: XPS-Platten, Kork geeigneter Qualität, und Zellglasplatten geeigneter Qualität (s. jeweils unter diesen Begriffen).

Analytische Schule In der Analytischen Schule des Feng Shui werden Einflüsse, die an einem bestimmten Ort zu einer bestimmten Zeit auf den Menschen wirken, direkt wahrgenommen. Die Analytische Schule benutzt zur Bestimmung dieser Einflüsse Biotensor oder Pendel.

Arealgebundene Naturgeister bilden eine Sonderform der Naturgeister. Im Gegensatz zu anderen Naturgeistern können sie ein Stück Land, das vom Menschen als Grundstück definiert wurde, nicht mehr ohne fremde Hilfe verlassen.

Aura Als Aura bezeichnen wir den feinstofflichen und nicht-stofflichen Körper des Menschen, die fein- und nicht-stoffliche Struktur des Hauses und des Grundstücks.

Aura-Struktur des Hauses Die äußere Aura-Struktur des Hauses unterteilt sich in zwei Hüllen (erste und zweite Aura-Hülle) und die dazwischen liegende Innere Geister-Aura. Bei Gebäuden mit Tetra-, Penta- oder Hexa-Form bildet sich zusätzlich eine dritte Aura-Hülle sowie eine Äußere Geister-Aura zwischen zweiter und dritter Aura-Hülle.

Beschleunigung Damit eine feinstoffliche oder nicht-stoffliche Energie oder Struktur von einer höheren Dimension in eine niedrigere wechseln kann, muß sie beschleunigt werden.

Biotensor ist die moderne Form der Wünschelrute. Er wird in einer Hand gehalten, deshalb oft auch als Einhandrute bezeichnet. Mit dem Biotensor können Sie Art und Stärke von Energien bestimmen und Strukturen suchen. „Biotensor" ist ein eingetragener Markenname. Andere Einhandruten sind für die hier beschriebenen Zwecke prinzipiell genauso geeignet.

Blaues Tor Direkt auf die Wand gemalte blaue Tore haben eine gute Wirkung bei Geisterwegen, die durch das Haus führen.

Chemische Belastungen Insbesondere über Lösungsmittel, Holzschutzmittel und Schwermetalle kann es im Hause zu gesundheitlichen Belastungen der Bewohner kommen.

Deckenbalken wirken anziehend auf lineare Fluggeister. Damit ein Balken auf diese Geister anziehend wirkt, muß die Mindeststärke eines Balkens in der Höhe ca. 10 cm und die Mindestbreite ca. 3 cm betragen.

Dimension Im System des Feng Shui gibt es 7 Dimensionen. Wir leben in der 3. Dimension.

Ebene Die unsichtbare Welt des Feng Shui hat 32 Ebenen. Davon bezeichnen wir 10 Ebenen als feinstofflich und 22 als nicht-stofflich. Mit Ebenen ist nicht die Ebene im Raum gemeint, sondern verschiedene Grade der Feinstofflichkeit.

Elektrosmog Elektromagnetische Einflüsse unterschiedlicher Art fassen wir unter dem Begriff Elektrosmog zusammen.

Feng-Shui-Hilfsmittel sind Gegenstände, Pflanzen, Symbole oder Farben, die sowohl vorbeugend zur Vermeidung als auch nachträglich zur Verbesserung ungünstiger Feng-Shui-Situationen eingesetzt werden können. Außerdem kann man durch Feng-Shui-Hilfsmittel bestimmte Tätigkeiten fördern.

Feng Shui Power Disc 99 schützt im Haus und auf dem Grundstück vor schädlichen Energien (Geo-Sha, Trans-Sha und Per-Sha), vermehrt günstige Energien (Vital-Qi, Perm-Qi) und hat gleichzeitig eine gute Wirkung auf eine große Zahl anderer Feng-Shui-Probleme im Haus.

Flöten sind nicht nur in Ostasien ein beliebtes Feng-Shui-Hilfsmittel und wirken abwehrend auf Geister.

Formschule In den bergigen Regionen Südchinas entwickelte sich die sogenannte Formschule des Feng Shui. Über die Beobachtung der Landschafts- und Flußformen kam man zu einer differenzierten Bewertung der einzelnen Formen hinsichtlich ihrer positiven und negativen Wirkung auf den Menschen.

Geheime Pfeile – An Jian Die Chinesen nennen Einflüsse, die von Gebäudeecken, Dachfirsten oder anderen spitzen Gebäudeteilen mit gerader Wirkrichtung auf ein anderes Gebäude ausgehen, Geheime Pfeile, auf chinesisch An Jian.

Geistanteile des Menschen Wenn wir im Westen vom menschlichen Geist sprechen, meinen wir im Feng Shui seine neun Geistanteile in dieser Dimension. Die neun Geistanteile des Menschen arbeiten im Normalfall so zusammen, daß nach außen der Eindruck entsteht, als wäre es nur einer.

Geister sind unsichtbare Wesenheiten, die uns überall umgeben. Es gibt persönliche Schutzengel und Schutzgeister. Darüber hinaus gibt es auch Schutzgeister des Hauses und des Grundstücks. Naturgeister und Elementale sind uns in der Regel wohlgesonnen oder verhalten sich neutral. Arealgebundene Naturgeister können beim oder nach dem Bau eines Hauses Probleme machen. Strukturgeister, die sich entlang sichtbarer oder unsichtbarer Strukturen bewegen, lassen sich in mehrere Gruppen einteilen. Eine ganze Reihe von ihnen haben einen ungünstigen Einfluß auf den Menschen. Zu ihnen gehören u. a. Geister in geomagnetischen Strukturen, sowie Geister, die sich entlang sichtbarer Strukturen bewegen, wie gerade Wegen, Abflußrohren, Brunnen, Schornsteinen, Klimaanlagen und anderen. Wir unterscheiden diese Geister u. a. nach den Feng-Shui-Situationen, in denen sie bevorzugt auftreten: Lineare Wegegeister, Lineare Fluggeister, Dachgeister, Brunnengeister, Tunnelgeister, Kellergeister, Parterre-Geister u. a.

Geister-Aura Die Innere Geister-Aura befindet sich zwischen erster und zweiter Aura-Hülle des Hauses. Sie schützt das Haus vor unerwünschten Geistern.

Geistertüren Neben den normalen Türen zum Haus gibt es zusätzlich sogenannte Geistertüren. Diese Geistertüren sind verschiedene feinstoffliche und nicht-stoffliche Zugänge in der Haus-Aura und in der Hauswand, die erwünschte und unerwünschte Geister zusätzlich zur Eingangstür benutzen, um ins Haus zu kommen und es wieder zu verlassen.

Geomagnetisches oder richtungsabhängiges Kubensystem ist eine feine würfelförmige Struktur auf der Erde. Die Seitenwände bestimmter Kubensysteme (10-m-, 250-m-, Hartmann- und 170-m-System) sollten insbesondere während des Schlafes gemieden werden, da sie ungünstige Energien leiten. In den Seitenwänden bestimmter geomagnetischer Kubensysteme (250-m-, 400-m-, Curry- und 170-m-System) finden wir unerwünschte Geister, die insbesondere am Schlafplatz, aber auch am Arbeitsplatz störend auf uns wirken.

Geo-Sha ist eine für den Menschen schädliche Energie, die in den Seitenwänden bestimmter geomagnetischer Kubensysteme zu finden ist. Geo-Sha bewegt sich von oben nach unten. Die schädliche Wirkung auf den Menschen ist während des Schlafs am stärksten.

Hexa-Form, eine Gebäudeform, die von der 6. Dimension als günstig erkannt wird. In der Regel ist eine Hexa-Form mit einer anderen Gebäudeform kombiniert. Meist handelt es sich um eine Kombination einer Hexa-Form mit einer Penta-, Tetra- oder einer geeignet strukturierten Quaderform. Das Besondere dieser Kombinationen besteht darin, daß zumindest ein größerer Teil des Gebäudes entweder nicht mit dem Erdboden verbunden ist oder aber sich ein „Loch" in dem betreffenden Gebäude befindet.

Klangspiele für Feng-Shui-Zwecke bestehen aus Metall- oder Glasröhren unterschiedlicher Länge. Damit ein Klangspiel im Sinne des Feng Shui wirken kann, sollte es mindestens vier Röhren mit zwei oder mehr unterschiedlichen Röhrenlängen haben. Klangspiele müssen, egal für welchen Zweck man sie einsetzt, klingen können. Klangspiele stärken die Geister-Aura, wirken als energetischer Vorhang gegen Verlust von zusätzlichem Perm-Qi und können, wenn sie angeschlagen werden, für viele Stunden das Perm-Qi im Raum erhöhen.

Kompaßschule In den Ebenen Nordchinas wurde ein umfangreiches System zur Bewertung eines Ortes auf Grund der Einflüsse der Himmelsrichtungen sowie zeitlicher Faktoren entwickelt. Die Bewertung der Energien erfolgte mit Hilfe des Kompasses (Luopan).

Kork geeigneter Qualität Korkplatten und Korkparkett können insbesondere zur Schlafplatzsanierung als „Abschirmmaterial" gegen schädliche Energien eingesetzt werden. Wichtig ist zu beachten, daß die handelsüblichen Qualitäten im allgemeinen nicht den gewünschten Effekt bringen.

Lange Durchgänge im Haus sind ungünstig. Sie können sowohl zu Problemen mit linearen Wege- und Fluggeistern als auch zu einer Minderung des Qi führen.

Lebensdauer von Abschirmmaterialien Die Wirkungsdauer von Abschirmmaterialien ist unterschiedlich lang. Sie beträgt bei Zellglasplatten geeigneter Qualität 60 Jahre, bei Kork geeigneter Qualität 40 Jahre, bei XPS-Platten 8 bis 9 Jahre, die Lebensdauer der Feng Shui Power Disc 99 ist zeitlich nicht begrenzt.

Lebensdauer von Wandlungsmaterialien Die Lebensdauer eines Materials als sogenanntes Wandlungsmaterial ist begrenzt. Das heißt, das diese Materialien nach einem bestimmten Zeitraum nicht mehr in der Lage sind, die Wandlungsgesetze zu aktivieren. Auch die Lebensdauer von Wandlungsformen und Wandlungsfarben ist abhängig von der Lebensdauer des Wandlungsmaterials des betreffenden Gegenstandes.

L-Formen L-förmige Hausgrundrisse und L-förmige Zimmergrundrisse sind ungünstig.

Li Die Chinesen bezeichnen Strukturen aller Art als Li.

L-Rute Die L-förmige Rute findet insbesondere Verwendung, um feinstoffliche Strukturen aufzuspüren. Im allgemeinen arbeitet man gleichzeitig mit zwei L-Ruten. Der kurze Arm der L-Rute wird mit der Hand umfaßt, so daß der lange Arm oberhalb der Hand in etwa waagerecht nach vorne zeigt. Bei der Reaktion JA drehen sich die langen Arme zueinander. Bei der Reaktion NEIN drehen sich die langen Arme nach außen.

Masken werden traditionell weltweit u.a. zur Geisterabwehr eingesetzt. Traditionelle Masken aus Sri Lanka und Bali lassen sich sehr gut einsetzen, um die Einflüsse durch unerwünschte Geister unterschiedlicher Art zu reduzieren. Speziell bei Masken aus Schwarzafrika und Süd- oder Mittelamerika sollte dagegen mit dem Biotensor oder Pendel überprüft wurden, ob auch unerwünschte Wirkungen im Haus auftreten. Bei Verwendung von Masken im Schlafzimmer ist besondere Vorsicht geboten.

Metalle Wenn Metalle in den Seitenwänden geomagnetischer Kubensysteme oder über Wasserführungen plaziert sind, aktivieren sie Trans-Sha und führen zum Verlust von Vital-Qi im Raum.

Ming Tang heißt übersetzt „helle Halle". Der Ming Tang ist eine feinstoffliche und nicht-stoffliche Struktur, die im engen Zusammenhang mit der Haus- und Grundstücksaura steht. Der Ming Tang bestimmt die Ausrichtung des Grundstücks, weil er immer auf der Vorderseite des Grundstücks liegt. Er ist wichtig für die optimale Plazierung des Hauseingangs und bestimmt auch die Lage der Geistertüren.

Parterre-Geister bilden eine eigenständige Gruppe von Geistern, die sich sowohl in Bodennähe im Erdgeschoß unterkellerter Wohnungen und Häuser bzw. an der Kellerdecke der Keller selbst aufhält.

Pendel Mit dem Pendel können Sie Art und Stärke von Energien bestimmen und Strukturen suchen. Das Pendel ermöglicht Ihnen, Antworten auf Fragen verschiedener Art in Form von JA und NEIN zu bekommen.

Penta-Form ist eine geometrische Grundrißform, die aus der 5. Dimension als günstig erkannt wird. Penta-Formen bilden eine dritte Aura-Hülle und eine zusätzliche äußere Geister-Aura zwischen dritter und zweiter Aura-Hülle. Penta-Formen sind in der 3. Dimension zum Teil auch als Tierformen (von oben gesehen) zu erkennen.

Perm-Qi ist eine für den Menschen positive Energie. Es ist eine Art des Qi.

Per-Sha Damit bezeichnen wir ungünstige Energien, die in der 5. Dimension eine Fließrichtung schräg von oben haben. Diese Energien finden wir z. B. über Verwerfungszonen und bei Radioweckern mit roter Digitalanzeige.

Qi (gesprochen tschi) Die Chinesen fassen für den Menschen positive Energien häufig unter dem Begriff Qi zusammen. Da die verschiedenen positiven Energien ein unterschiedliches Verhalten haben, haben wir in diesem Buch die Begriffe Perm-Qi und Vital-Qi benutzt. Die Japaner benutzen für den Begriff Qi das gleiche Schriftzeichen wie die Chinesen, sprechen es jedoch Ki aus (wie in Reiki).

Qualität von Zellglas und Kork Im Gegensatz zu XPS-Platten ist die handelsübliche Qualität von Zellglas- und Korkplatten sowie Korkparkett im allgemeinen nicht ausreichend für den Einsatz als „Abschirmmaterial" gegen schädliche Energien.

Radiowecker mit roter Digitalanzeige (vor allem Billigprodukte aus Fernost) aktivieren Per-Sha, wenn die roten Zahlen leuchten. Dieses hat eine ähnliche Wirkung wie Geo-Sha.

RAL-Farbe RAL-Farben sind genormte Farbtöne, die anhand einer vierstelligen Zahl eindeutig definiert sind. Die meisten RAL-Farben können heutzutage in größeren Fachgeschäften maschinell innerhalb weniger Minuten angemischt werden. Die meisten RAL-Farben sind in glänzend oder matt erhältlich.

Roter Kranz, z.B. auf der Haustür, hat eine gute Schutzwirkung gegen unerwünschte Geister.

Roter sechseckiger Stern Dieser kann dabei helfen, daß im Haus verbliebene Geistanteile Verstorbener auf den richtigen Weg gebracht werden.

Rotes Tor Direkt auf die Wand gemalte rote Tore haben eine gute Wirkung gegen unerwünschte Geister und werden für vielfältige Feng-Shui-Situationen eingesetzt.

Schnittstelle Der Wechsel von Energien und Strukturen zwischen den Dimensionen findet an sogenannten Schnittstellen statt. Diese unsichtbaren Schnittstellen haben die Form einer Linse oder Spirale. Sie liegen z. B. in den Seitenwänden geomagnetischer Kubensysteme.

Sha (gesprochen scha) Die Chinesen fassen für den Menschen negative Energien unter dem Oberbegriff Sha zusammen. In diesem Buch haben wir die einzelnen schädlichen Energien mit verschiedenen Namen bezeichnet (s. Geo-Sha, Trans-Sha und Per-Sha).

Spiegel finden wir im Haus sowohl als Feng-Shui-Hilfsmittel als auch in fast jedem Haus und jeder Wohnung aus dekorativen und praktischen Gründen. Achten Sie darauf, daß Spiegel im Schlafzimmer u. a. dadurch Probleme machen können, daß Trans-Sha durch Metalle entstehen kann (s. S. 155). Für rechteckige Spiegel empfiehlt es sich, das richtige Spiegelmaß (Achtermaß, s. S. 230) zu verwenden, was sich jedoch nicht auf die gerade erwähnten Probleme mit Trans-Sha durch Metalle auswirkt.

Stärke von Energien Mit Biotensor oder Pendel läßt sich nicht nur die Art, sondern auch die Stärke einer Energie bestimmen. Es gibt zwei Möglichkeiten, die Stärke einer Energie anzugeben:

a) Wir bestimmen die Stärke einer Energie auf einer Skala von 0 bis 100

b) Wir bestimmen, ob die Stärke der Energie über oder unter dem individuellen Grenzwert einer Person liegt

Struktur Die Chinesen bezeichnen Strukturen aller Art als Li. In diesem Buch haben wir insbesondere geomagnetische Kubensysteme, die Aura-Struktur des Hauses und Strukturen beschrieben, die von sogenannten Abschirmmaterialien gebildet werden.

Styropor ist kein Abschirmmaterial, kann jedoch im Einzelfall die Wirkung der oben beschriebenen Abschirmmaterialien beeinträchtigen oder in seltenen Fällen auch verstärken.

Tetra-Form ist eine geometrische Grundrißform, die aus der 4. Dimension als günstig erkannt wird. Tetra-Formen bilden eine dritte Aura-Hülle und eine zusätzliche äußere Geister-Aura zwischen dritter und zweiter Aura-Hülle.

Trans-Sha So bezeichnen wir eine Energie, die in der 5. Dimension eine horizontale Fließrichtung hat. Kommt diese Energie in unsere Dimension, so hat sie eine ungünstige Wirkung auf den Menschen. Wir finden Trans-Sha von unten kommend in den Seitenwänden bestimmter geomagnetischer Kubensysteme und über verwirbelndem Wasser. Trans-Sha, das durch ungünstig plazierte Metalle aktiviert wird, hat auch in unserer Dimension eher einen horizontalen Verlauf. Seine Schädlichkeit entspricht ungefähr dem Geo-Sha.

Verwerfungszone Verwerfungen oder Faltungen in der Erdkruste aktivieren zwei schädliche Arten von Per-Sha, das in diesem Fall jedoch leicht fächerförmig von unten nach oben aufsteigt. Die Energien haben eine Yang-Wirkung auf den Menschen.

Vital-Qi ist eine für den Menschen positive Energie. Es ist eine Art des Qi.

Wandlungsformen sind Formen in der Natur oder Formen von Gegenständen, die die fünf Wandlungsgesetze (Wu Xing) aktivieren.

Wandlungsfarben sind Farben in der Natur und von Gegenständen oder farbiges Licht, die die fünf Wandlungsgesetze (Wu Xing) aktivieren.

Wandlungsgegenstand ist ein Gegenstand, der über das Wandlungsmaterial, die Wandlungsform, die Wandlungsfarbe oder andere Wandlungsmomente (z. B. feinere Materialeigenschaften) ein Wandlungsgesetz aktiviert.

Wandlungsgesetz wird durch einen Wandlungsgegenstand aktiviert und wirkt auf alle fünf Energiequalitäten im Raum (Holz, Feuer, Erde, Metall und Wasser).

Wandlungsmaterialien sind Materialien, die die fünf Wandlungsgesetze (Wu Xing) aktivieren.

Wandlungsmoment Ein Wandlungsgegenstand hat verschiedene Wandlungsmomente, z. B. Wandlungsmaterial, Wandlungsform und Wandlungsfarbe.

Wandlungsprozeß wird durch einen Wandlungsgegenstand in Gang gesetzt und wirkt auf eine Energiequalität im Raum.

Wasserführung mit verwirbelndem Wasser aktiviert für den Menschen schädliches sogenanntes Trans-Sha, das von unten nach oben aufsteigt.

Wu Xing kann mit „Fünf Wandlungsgesetze" übersetzt werden. Gelegentlich findet man auch die Übersetzung „Fünf Elemente", obwohl diese Übersetzung an sich irreführend ist.

XPS-Platte Die extrudierte Polystyrolhartschaumplatte ist ein „Abschirmmaterial" für schädliche Energien am Schlaf- und Arbeitsplatz. Geeignete Handelsmarken sind Fina X, Styrodur, Roofmate und Jackodur.

Yin und Yang beschreiben zwei gegensätzliche Aspekte derselben Sache. So ist z. B. der Teil eines quaderförmigen Hauses, in dem sich der Eingang befindet, Yang, der andere Teil Yin.

Zellglasplatten geeigneter Qualität Foamglas F kann insbesondere beim Hausbau als „Abschirmmaterial" gegen schädliche Energien am Schlaf- und Arbeitsplatz eingesetzt werden. Wichtig ist zu beachten, daß andere handelsübliche Qualitäten oft nicht den gewünschten Effekt bringen.

Zeremonien dienen u. a. der Reinigung von Häusern und Räumen. In diesem Buch beschreiben wir u. a. die Räucherzeremonie mit Salbei, die Citruszeremonie und die Salzzeremonie.

Zweifarbige Tore Ein auf die Zimmerwand gemaltes zweifarbiges Tor kann eine gute Hilfe bei Problemen mit Tunnelgeistern aus einem benachbarten Toilettenraum sein.

Feng-Shui-Maße

Die Chinesen haben sich schon recht früh Gedanken gemacht, sowohl für die Hausgestaltung als auch für Gegenstände geeignete Maße zu finden.

Das Achtermaß

Das bekannteste Längenmaß ist das sogenannte „Achtermaß". Es ist besonders wichtig für die lichte Höhe und Breite von Haustüren sowie die Höhe und Breite von senkrecht hängenden rechteckigen Spiegeln. Wir haben Ihnen in der folgenden Tabelle zum einfachen Ablesen die günstigen Höhen- und Breitenmaße zusammengestellt. Für diejenigen jedoch, die wissen möchten, wie sich die Maßabschnitte in der Tabelle ergeben, möchten wir hier kurz eine Erläuterung geben:

Das Achtermaß hat eine Länge von **42,9 cm** und ist in 8 Abschnitte à 5,3625 cm aufgeteilt. Die 8 Abschnitte bilden 2 Gruppen. Die erste Gruppe beschreibt bevorzugt für uns günstige Höhenmaße, die zweite Gruppe für uns günstige Breitenmaße. Zu den **günstigen Höhenmaßen** gehören der 1. Abschnitt (0–5,4 cm), der 4. Abschnitt (16,1–21,4 cm), der 5. Abschnitt (21,4–26,8 cm) und der 8. Abschnitt (37,5–42,9 cm). Zu den **günstigen Breitenmaßen** gehören der 2. Abschnitt (5,4–10,7 cm), der 3. Abschnitt (10,7–16,1 cm), der 6. Abschnitt (26,8–32,2 cm) und der 7. Abschnitt (32,2–37,5 cm).

Bei Maßen, die länger sind als 42,9 cm, wird wie folgt verfahren: Von der zu betrachtenden Länge werden so oft 42,9 cm abgezogen, bis sich ein Rest ergibt, der kleiner als oder gleich 42,9 cm ist. Dieser Rest wird nun mit Hilfe der Abschnitte des Achtermaßes bewertet.

Beispiel: Ein **Spiegel** mit der Höhe 40 cm und der Breite 35 cm ist günstig, ein Spiegel mit der Höhe 35 cm und der Breite 40 cm ist dagegen ungünstig.

Günstige Höhenmaße:			Günstige Breitenmaße:		
0,0 cm	bis	5,4 cm	5,4 cm	bis	16,1 cm
16,1 cm	bis	26,8 cm	26,8 cm	bis	37,5 cm
37,5 cm	bis	48,3 cm	48,3 cm	bis	59,0 cm
59,0 cm	bis	69,7 cm	69,7 cm	bis	80,4 cm
80,4 cm	bis	91,2 cm	91,2 cm	bis	101,9 cm
101,9 cm	bis	112,6 cm	112,6 cm	bis	123,3 cm
123,3 cm	bis	134,1 cm	134,1 cm	bis	144,8 cm
144,8 cm	bis	155,5 cm	155,5 cm	bis	166,2 cm
166,2 cm	bis	177,0 cm	177,0 cm	bis	187,7 cm
187,7 cm	bis	198,4 cm	198,4 cm	bis	209,1 cm
209,1 cm	bis	219,9 cm	219,9 cm	bis	230,6 cm
230,6 cm	bis	241,3 cm	241,3 cm	bis	252,0 cm
252,0 cm	bis	262,8 cm	262,8 cm	bis	273,5 cm
273,5 cm	bis	284,2 cm	284,2 cm	bis	294,9 cm
294,9 cm	bis	305,7 cm	305,7 cm	bis	316,4 cm

Geistermaß

Das sogenannte Geistermaß ist insbesondere für die Feng-Shui-Hilfsmittel von Bedeutung, die zum Schutz vor unerwünschten Geistern eingesetzt werden. Die günstigen Abschnitte (auch als günstiges Geistermaß bezeichnet) verstärken die Wirkung des betreffenden Feng-Shui-Hilfsmittels und damit den Schutz vor unerwünschten Geistern. Die neutralen Abschnitte haben in diesem Sinne weder eine günstige noch eine ungünstige Wirkung. Das Geistermaß ist u. a. von Bedeutung für die Länge von Klangröhren aus Metall bei Klangspielen, Flöten und auch die Länge von Deckenbalken. Das Geistermaß läßt sich nicht auf alle Feng-Shui-Hilfsmittel anwenden, die dem Schutz vor unerwünschten Geistern dienen. So ist beispielsweise das Geistermaß für Masken unerheblich.

Wir haben Ihnen in der folgenden Tabelle zum einfachen Ablesen die günstigen und neutralen Abschnitte zusammengestellt.

Für diejenigen, die wissen möchten, wie sich die Maßabschnitte in der Tabelle ergeben, möchten wir wieder kurz eine Erläuterung geben: das Geistermaß ist ein eigenständiges Längenmaß, das sich aus dem Achtermaß ableiten läßt. Die Länge des Geistermaßes ist die Hälfte der Länge des Achtermaßes, also 21,45 cm. Es hat zwei gleich lange Abschnitte von je 10,725 cm. Der erste Abschnitt (0–10,725 cm) wird als **günstiges Geistermaß** bezeichnet, der zweite Abschnitt (10,725–21,45 cm) als **neutrales Geistermaß**. Bei Längen, die größer sind als 21,45 cm, wird – ähnlich wie beim Achtermaß beschrieben – so oft 21,45 cm abgezogen, bis sich ein Rest kleiner als oder gleich 21,45 cm ergibt. Der Rest wird dann als günstiges oder neutrales Geistermaß bewertet.

Günstige Abschnitte			Neutrale Abschnitte		
0,00 cm	bis	10,7 cm	10,7 cm	bis	21,4 cm
21,4 cm	bis	32,2 cm	32,2 cm	bis	42,9 cm
42,9 cm	bis	53,6 cm	53,6 cm	bis	64,3 cm
64,3 cm	bis	75,1 cm	75,1 cm	bis	85,8 cm
85,8 cm	bis	96,5 cm	96,5 cm	bis	107,2 cm
107,2 cm	bis	118,0 cm	118,0 cm	bis	128,7 cm
128,7 cm	bis	139,4 cm	139,4 cm	bis	150,1 cm
150,1 cm	bis	160,9 cm	160,9 cm	bis	171,6 cm
171,6 cm	bis	182,3 cm	182,3 cm	bis	193,0 cm
193,0 cm	bis	203,8 cm	203,8 cm	bis	214,5 cm
214,5 cm	bis	225,2 cm	225,2 cm	bis	235,9 cm
235,9 cm	bis	246,7 cm	246,7 cm	bis	257,4 cm
257,4 cm	bis	268,1 cm	268,1 cm	bis	278,8 cm
278,8 cm	bis	289,6 cm	289,6 cm	bis	300,3 cm
300,3 cm	bis	311,0 cm	311,0 cm	bis	321,7 cm
321,7 cm	bis	332,5 cm	332,5 cm	bis	343,2 cm
343,2 cm	bis	353,9 cm	353,9 cm	bis	364,6 cm
364,6 cm	bis	375,4 cm	375,4 cm	bis	386,1 cm
386,1 cm	bis	396,8 cm	396,8 cm	bis	407,5 cm
407,5 cm	bis	418,3 cm	418,3 cm	bis	429,0 cm

Das Zehnermaß

Das Zehnermaß ist von Bedeutung für den Abstand zwischen der glatten Oberfläche eines Möbelstücks und der Zimmerdecke. Ein ungünstiges Abstandsmaß kann eine anziehende Wirkung auf lineare Fluggeister haben. Geeignete Abstandsmaße (neutrale Abstandsmaße) können Sie der beigefügten Tabelle entnehmen.

Die Maßabschnitte in der Tabelle ergeben sich wie folgt:

Das Zehnermaß hat eine Länge von 38,8 cm mit 10 Abschnitten à 3,88 cm. **Neutrale Abstandsmaße** liegen im 2., 4., 5., 7., 9. und 10. Abschnitt. **Ungünstige Abstandsmaße** liegen im 1., 3., 6. und 8. Abschnitt. Bei Längen über 38,8 cm werden so oft 38,8 cm abgezogen, bis sich ein Rest kleiner als oder gleich 38,8 cm ergibt. Der Rest wird dann als neutrales oder ungünstiges Abstandsmaß bewertet.

Neutrale Abstandsmaße			*Ungünstige Abstandsmaße*		
			0,00 cm	bis	3,88 cm
3,88 cm	bis	7,76 cm	7,76 cm	bis	11,64 cm
11,64 cm	bis	19,40 cm	19,40 cm	bis	23,28 cm
23,28 cm	bis	27,16 cm	27,16 cm	bis	31,04 cm
31,04 cm	bis	38,80 cm	38,80 cm	bis	42,68 cm
42,68 cm	bis	46,56 cm	46,56 cm	bis	50,44 cm
50,44 cm	bis	58,20 cm	58,20 cm	bis	62,08 cm
62,08 cm	bis	65,96 cm	65,96 cm	bis	69,84 cm
69,84 cm	bis	77,60 cm	77,60 cm	bis	81,48 cm
81,48 cm	bis	85,36 cm	85,36 cm	bis	89,24 cm
89,24 cm	bis	97,00 cm	97,00 cm	bis	100,88 cm
100,88 cm	bis	104,76 cm	104,76 cm	bis	108,64 cm
108,64 cm	bis	116,40 cm	116,40 cm	bis	120,28 cm
120,28 cm	bis	124,16 cm	124,16 cm	bis	128,04 cm
128,04 cm	bis	135,80 cm	135,80 cm	bis	139,68 cm
139,68 cm	bis	143,56 cm	143,56 cm	bis	147,44 cm
147,44 cm	bis	155,20 cm	155,20 cm	bis	159,08 cm
159,08 cm	bis	162,96 cm			

Ein Abstand zwischen der glatten Oberfläche eines Möbelstücks und der Zimmerdecke von 35 cm ist also geeignet, ein Abstand von 60 cm ungünstig.

Zeitunterschied zwischen Ortszeit und MEZ

Deutschland			Essen	- 32 min
Görlitz	- 0 min		Köln	- 32 min
Cottbus	- 3 min		Düsseldorf	- 33 min
Dresden	- 5 min		Trier	-33 min
Berlin	- 6 min			
Leipzig	- 11 min			
Regensburg	- 12 min		**Niederlande**	
Rostock	- 12 min		Groningen	- 34 min
München	- 14 min			
Erfurt	- 16 min		**Luxemburg**	
Nürnberg	- 16 min		Luxembourg	- 35 min
Lübeck	- 17 min			
Braunschweig	- 18 min		**Österreich**	
Hamburg	- 20 min		Wien	+ 5 min
Hannover	- 21 min		Graz	+ 2 min
Kassel	- 22 min		Linz	- 3 min
Stuttgart	- 23 min		Salzburg	- 8 min
Bremen	- 25 min		Innsbruck	- 14 min
Paderborn	- 25 min			
Frankfurt/Main	- 25 min		**Schweiz**	
Mannheim	- 26 min		Zürich	- 26 min
Mainz	- 27 min		Luzern	- 27 min
Osnabrück	- 28 min		Bern	- 30 min
Recklinghausen	- 31 min		Basel	- 30 min

Beispiel: Wenn Sie für 10.00 Uhr MEZ (mitteleuropäische Zeit) die Ortszeit für Hamburg bestimmen wollen, müssen Sie 20 Minuten abziehen. Die Ortszeit für Hamburg ist also erst 9.40 Uhr. Für 10.00 Uhr MEZ ist die Ortszeit für München 9.46 Uhr (14 Minuten abziehen), für Wien 10.05 Uhr (5 Minuten zuzählen).

(Wenn Sie die Ortszeit außerhalb des deutsprachigen Raums bestimmen möchten, benutzen Sie am besten die Anweisungen aus einem gängigen Buch über westliche Astrologie.)

Rat und Hilfe durch die Autoren

Die Autoren sind unter den aufgeführten Adressen zu erreichen. Sie erhalten dort Informationen zu:

- Feng-Shui-Beratungen für Privat- und Geschäftsleute in Deutschland und den angrenzenden Ländern
- Feng-Shui-Beratungen für Industrie, Handel und Gewerbe
- Seminare in Feng Shui und Business-Feng-Shui
- Ausbildungen in Feng Shui und Business-Feng-Shui
- Aktuelle Bezugsquellen für: Feng Shui Power Disc 99, Tensor (Einhandruten), L-Ruten, Korkplatten geeigneter Qualität, Zellglasplatten geeigneter Qualität sowie andere Feng-Shui-Hilfsmittel.

Institut für angewandtes Kanyu (Wilhelm Gerstung)
Lotzestraße 3, 37083 Göttingen
Tel.: 0551/9 10 06, Fax: 0551/9 10 08
eMail: info@kanyu-institut.de
Webseite: feng-shui-kanyu.de
Bürozeiten: Montag bis Freitag 10 bis 12 Uhr

und

Feng Shui Büro Neumünster (Jens Mehlhase)
Am Teich 11–12, 24534 Neumünster
Tel.: 04321/4 45 55, Fax: 04321/4 69 46
eMail: feng-shui@web.de
Webseite: http://www.move.to/feng-shui

Leserservice

Informationen zu diesem Buch können Sie unter folgender Internet-Adresse abrufen:

www.windpferd.de

Auf der Startseite unserer Homepage finden Sie eine Rubrik mit dem Namen „Leserservice". Diese führt zu einer Liste mit allen Büchern, zu denen wir Service-Informationen anbieten. Klicken Sie beim gewünschten Buchtitel bitte auf „PDF".

Über die Autoren

Wilhelm Gerstung, Jahrgang 1948, Pädagoge, beschäftigt sich seit Anfang der 80er Jahre mit Feng Shui in Theorie und Praxis. Schon früh erkannte er, daß es sich bei Feng Shui nicht in erster Linie um ein philosophisches System handelt, sondern um direkt erfahrbare Energien, Strukturen und sonstige Einflüsse, die sich u. a. im Haus und in der Wohnung konkret bestimmen lassen.

Jens Mehlhase, Jahrgang 1956, ist Arzt, Feng-Shui-Berater und Buchautor. Bereits während seiner Studienzeit befaßte er sich intensiv mit der Wirkung feinstofflicher Energien auf den Menschen. Bei der Arbeit mit Feng Shui interessierte ihn die Kombination von westlicher Radiästhesie mit dem fernöstlichen System des Feng Shui, die eine genaue Bestimmung der Einflüsse auf den Menschen erlaubt.

Wilhelm Gerstung und Jens Mehlhase arbeiten seit vielen Jahren zusammen. Sie beschäftigten sich intensiv mit der Differenzierung der verschiedenen Energieformen des Feng Shui und entwickelten ein System zur direkten Bewertung der einzelnen Energien und deren quantitativen Bestimmung mittels Biotensor oder Pendel. 1997 erschien ihr erstes Buch zu diesem Thema im Windpferd Verlag mit dem Titel „Das große Feng-Shui Gesundheitsbuch". 2000 erschien ebenfalls im Windpferd Verlag „Das große Feng Shui Garten- und Pflanzenbuch" In den USA erschien 2000 „The Complete Feng Shui Health Handbook", Lotus Press.

Für die Unterstützung bei den Buchprojekten bedanken wir uns herzlich bei Frau Keidel-Gerstung.

Bauanleitung für ein Pendel

Ein Pendel besteht aus:
1) einem Pendelkopf, 2) einer Pendelschnur

zu 1) Der Pendelkopf ist normalerweise ein Kegel, dessen Spitze nach unten zeigt. Sie können aber auch einen anderen Gegenstand mit einem Gewicht von ca. 12 bis 50 Gramm nehmen. Selbst ein Ring (z. B. der Ehering) ist als Pendelkopf geeignet.

zu 2) Die Pendelschnur ist ein normaler Zwirnsfaden, eine Schnur oder Kette. Am unteren Ende der Pendelschnur ist der Pendelkopf befestigt, den oberen Teil der Pendelschnur halten Sie zwischen Daumen und Zeigefinger oder unter Zuhilfenahme des Mittelfingers, je nachdem, wie es für Sie angenehmer ist. Der Abstand zwischen Pendelkopf und Hand sollte ca. 10 bis 15 cm betragen. Der optimale Abstand ist abhängig vom Gewicht des Pendelkopfes und der Art, bzw. dem Zweck des Pendelns. Probieren Sie aus, mit welchem Abstand Sie am besten zurechtkommen.

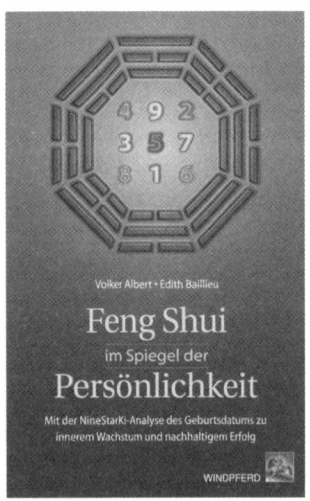

Volker Albert und Edith Baillieu

Feng Shui im Spiegel der Persönlichkeit

Mit der NineStarKi-Analyse des Geburtsdatums zu innerem Wachstum und nachhaltigem Erfolg

Mit der NineStarKi-Analyse des Geburtsdatums können Wege zu innerem Wachstum und einem nachhaltig erfolgreichen Leben aufgezeigt werden. Im Zentrum dieses traditionellen Systems steht der Mensch mit seinem Geburtstag, der ihn auf immer mit einem energetischen Band versieht. Dies ist die Basis für die individuelle Entwicklung seiner Potentiale, hier zeigen sich Tendenzen und Kraftquellen. Die neun Zahlen dieses «magischen Quadrats» entsprechen ebenso den Trigrammen des I Ging wie der chinesischen Fünf-Elemente-Lehre und dem Bagua des Feng Shui, das hier um eine weitere wesentliche Komponente bereichert wird. Die gesamte Analyse der auch als «Nine-Star-Ki» bezeichneten Methode gibt detaillierte Einblicke in das Muster der Persönlichkeit jedes einzelnen Menschen. In diesem Buch finden Sie die Grundlagen, Berechnungsmethoden und Deutungen.

192 Seiten · ISBN 3-89385-344-8
www.windpferd.de

Brigitte Gärtner

Feng Shui Glücksbringer

Die geheimnisvolle Magie von Feng-Shui-Accessoires. Kristall, Windspiel, Spiegel, Spirale und vieles mehr zur Stärkung der guten Chi-Kräfte

Untrennbar verbunden mit dem Feng-Shui sind auch die Feng-Shui-Glücksbringer, zumeist geheimnisvolle, magisch wirkende Gegenstände, die an Ort und Stelle ihre verborgenen Kräfte zur Geltung bringen. Mit ihnen lässt sich vieles bewirken. Nicht immer kann man umstellen, umbauen oder umziehen, wenn schlechtes Sha im Raum ist – in all diesen Fällen helfen Feng-Shui Hilfsmittel, die die Energie lenken, stärken oder wandeln. Sie werden vielerorts angeboten und können, richtig eingesetzt, wahre Wunder vollbringen. Man muss nur wissen, wo und wie sie die gewollte Wirkung entfalten können. Und genau das steht in diesem Buch. Die häufigsten Fragen zu Feng-Shui-Artikeln werden hier beantwortet. Mit 150 farbigen Abbildungen.

96 Seiten · ISBN3-89385-323-5
www.windpferd.de

Roland Rottenfußer

Mein Persönlichkeits-Feng-Shui

**Ermitteln Sie Ihren Chi-Typ – und treffen
Sie immer die für Sie beste Entscheidung**

Das Persönlichkeits-Feng-Shui gibt uns wichtige Informationen über den Energie-Typ eines jeden Menschen.
Es können entsprechend dem I Ging, das als die große Mutter des Feng Shui gilt, insgesamt neun Persönlichkeitstypen bestimmt werden.
Mit dem Wissen um den Typ lassen sich schnell und zuverlässig sichere Entscheidungen für die Zukunft treffen – ganz im Geist des Feng Shui. Auch die Partneranalyse kommt nicht zu kurz: Ist die Chi-Kraft meines Partners mit meinem Chi-Typ kompatibel? In welchem Raum der Wohnung fühle ich mich am wohlsten? Welche Aufgaben und Herausforderungen stehen in diesem Monat und Jahr für mich an? Reisen in günstige Richtungen lassen sich planen.

160 Seiten · ISBN 3-89385-301-4
www.windpferd.de

David Wagner und Dr. Gabriel Cousens

Tachyon Energie
Der Weg der ganzheitlichen Heilung

Das umfassende Grundlagenwerk über Anwendungs- und Therapiemöglichkeiten. Tachyonen wirken genau da, wo ein aus dem Gleichgewicht geratenes System sie braucht. Sie sind das Bindeglied, das uns mit der vollkommenen Schöpfungsenergie verbindet. Eine derart großartige Verbindung mit der Schöpfungskraft sorgt für Harmonie auf allen Ebenen. - Tachyonen energetisieren die feinstofflichen Energiefelder (SDEFs) des Menschen und wirken über diese auf die biologischen Lebenssysteme des Körpers. Dieses Buch ist das Grundlagenwerk David Wagners und Dr. Gabriel Cousens über die Funktions- und Wirkungsweise der Tachyonen. David Wagner fand einen Weg, bestimmte natürliche Materialien auf submolekularer Ebene so zu strukturieren, dass sie zu dauerhaften Antennen von Tachyon-Energie werden. Dr. Gabriel Cousens ist Gründer des «Tree of Life Rejuvenation Center» in Patagonia, Arizona. Seit den frühen 90er Jahren ist er vertraut mit der Tachyon-Energie und gibt Tachyon-Seminare.

144 Seiten · ISBN 3-89385-302-2
www.windpferd.de

Maya Tiwari

Das große
Ayurveda Handbuch

**Das umfassende Praxisbuch über alle
Wirkungsweisen und Anwendungsbereiche
von Ayurveda**

Mit 528 Seiten eines der umfassendsten
Praxisbücher der ayurvedischen Naturmedizin.
Das Wissen um die Kunst des Heilens ist in der
spirituellen Weisheit des Ayurveda tief verwur-
zelt. Maya Tiwari hat Ayurveda jahrzehntelang
studiert und praktiziert. In ihrem großen
Handbuch erfahren wir alles über die ursprüngliche Kraft menschlicher Heilung. Sie
führt uns in die uralten Geheimnisse spiritueller Praktiken, Therapien und Heilmittel,
Ernährungssysteme und natürlicher Körper-
rhythmen ein, die – richtig angewandt – die
notwendigen Erkenntnisprozesse für eine tief-
gehende Heilung wachrufen. Dieses Buch ist in
seiner Art die wohl umfassendste Darstellung
der ursprünglichen Reinigungs- und
Verjüngungs-therapien, Pancha Karma.

528 Seiten · ISE N 3-89385-370-7
www.windpferc de

Jutta Mattausch

Ayurveda –
Die sieben Energietypen

**Von Schmetterlingstypen, Vulkanfrauen und
Wassermännern Die Quellen der Lebens-
freude entdecken**

In diesem Buch sind die ayurvedischen Ener-
gietypen Vata, Pitta und Kapha und die Misch-
typen umfassend und mit einer bilderstarken
Sprache beschrieben, so dass wir diese Ener-
gieprinzipien in jedem Menschen leicht erkennen können: am Aussehen, an der Art zu sprechen, zu essen, sich zu bewegen, zu denken, zu
fühlen und in seinen Beziehungen zu anderen.
Da gibt es zum Beispiel den liebenswerten,
lebensfrohen „Schmetterling", aber auch den
kämpferischen, alles erneuernden „Vulkan" und
den friedvollen unergründlichen „See", der sich
nur in seiner eigenen Tiefe wieder findet. Hier
können wir unseren ganz ursprünglichen Typ,
unsere Wesensnatur, entdecken und ihn als nie
versiegende Quelle von Zufriedenheit und Gesundheit kultivieren. Wer dieses Buch liest,
kann seine Wurzeln wieder finden. Und wer
um seine Wurzeln weiß, wird aus ihnen alle
nötige Kraft schöpfen, die er braucht, um seinem Leben die Krone aufzusetzen und seine
schönsten Seiten zur Blüte zu bringen.

302 Seiten · ISBN 3-89385-396-0
www.windpferd.de